JN086687

神神の契約

古墳と北斗七星に秘められた真実

西風隆介

ビジネス社

プロローグ・其（そ）の一

西暦二〇〇〇年代のことである。

日本の東国にある小島で、神と神とが契約をかわした。

片方は倭（やまと）を代表する大神様で、もう片方は異国のそれだ。

彼らが倭に住むことを快諾し、庇護（ひご）することを約束したのだ。

彼らは倭人とは外見が異なり、護（まも）ってあげないと、倭の地では生きてはいけなかったからだ。

かわりに異国の大神様は、あたかも魔法のような特別な力を授けてくれたのである。

そして数々の、まさに奇跡としか言えないような物語が編まれていくのであった。


――これは実話だ。けれど、真相が明るみに出るのは最終章で、結論を知りたくて先読みしたい気持ちは分かるが、読んでも理解できないし感動は味わえないだろう。ミステリーは順に読むにかぎるのだ。筆者は、細心の注意を払って物語のピースを配置した。これが正真正銘実話だということをご理解いただけるようにと。神神の契約のことはいったん忘れ、頭のすみっこにでも置いておかれ、古代史の謎に挑もう、そんな通常の手法（スタイル）で本書は始まる。――

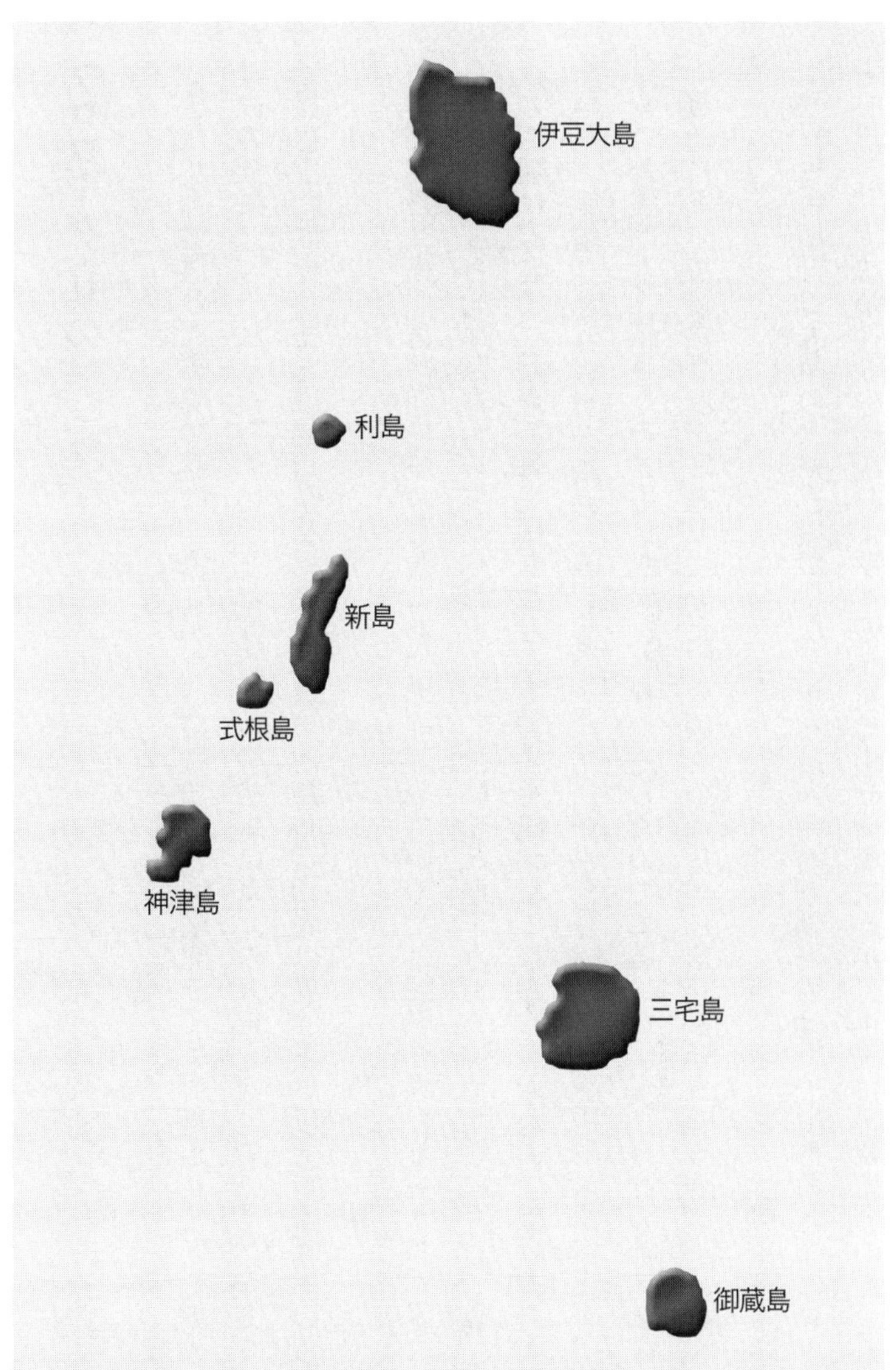
伊豆大島
利島
新島
式根島
神津島
三宅島
御蔵島

プロローグ・其の二

※さきたま古墳群と大國魂神社は、信じがたい精度でもって南北ラインで貫かれている。大國魂神社の社殿は、これも稀らしいことに拝殿・本殿ともに真北の方角を向いていて、つまりその延長線上にさきたま古墳群が座しているのだ。ただし、両者は五〇キロ以上も離れている。

俗に「日光東照宮は江戸城の真北にあって守護している」と解説されたりもするが、こちらは眉唾だ。日光東照宮から真南へ線を下ろしていくと逗子あたりに辿り着いてしまう。逗子の西隣は鎌倉で、元来、日光にあった寺や神社を庇護して整備してきたのは鎌倉幕府だったのだ。後年、それらが家康の霊廟を造るさいに転用されたのだが、かの天海僧正が、秘密めいた霊的な仕組みもろとも、ちゃっかり流用したのである。だから「日光の社寺は鎌倉の真北にあって鎌倉幕府を守護していた」と説くのなら、ほぼ正しいだろうか。

さきたま古墳群は**九基**の大型古墳からなるが、最大の前方後円墳は二子山古墳と呼ばれ、その中心点と、大國魂神社の拝殿および本殿を貫く中心ラインとが、正確に一致するのだ。

経度であらわすと、東経一三九・四七九〇、となる。

これは十進法による表記だが、一三九・四七九一、あるいは一三九・四七八九——ではない。小数点以下四桁目が一ちがうと、実測では約一〇メートルずれてしまい、つまり、それほどの精度でもって、南北ラインで貫かれているのである。

ちなみに、大國魂神社の本殿の祭神数は、奇しくも**九柱**で、こちらも対応している。


これは無名の古墳と小っぽけな神社についての話ではない。さきたま古墳群は「古代東アジア古墳文化の終着点」として世界遺産登録を目指しているほどの陣容で、かたや大國魂神社は、武蔵国（現在の東京都・埼玉県・神奈川県の横浜市と川崎市）の総社である。その神域は東京ドームに匹敵するほどの広さで、創建は第十二代景行天皇四十一年と、関東でも屈指の古社なのである。

さらに、忘れてはならない特記事項が一つある。日本の古代史を語る上ではかかせない第一級の国宝、獲加多支鹵大王（すなわち雄略天皇）の名前を含む一一五文字が金象嵌で彫られてあった、世にいうところの〝金錯銘鉄剣〟は、さきたま古墳群から出土したものなのだ。

——役者は出そろった。古代史を彩る錚々たる役者である。

では、その古代史の謎を、本編で解き明かしていこうではないか。

《注釈※》さきたま古墳群の表記

本書では平仮名で「さきたま古墳群」と記すが、他の大半の書物やネットなどでは「埼玉古墳群」と書いて、「さきたま――」と読ませている。この経緯はというと、古墳群の近くに前玉神社という古社があって、詳しくは本文で説明するが、読みは「さきたま神社」だ。この「前玉」という漢字が、『正倉院文書』にある古い戸籍帳などに「武蔵国前玉郡」として表れ、その「前玉」が「埼玉」へと変化し、読みもいつしか「さいたま」に変わったと考えられている。すなわち埼玉という現在の県名の由来でもあるのだ。埼玉県にある日本有数の古墳群だから「埼玉」の漢字を充(あ)てたい、といった気持ちは分かる。だが、さきたま古墳群と呼ばれているのは、前玉神社の近くにあったからで、もし漢字で表したいのなら「前玉古墳群」が相応(ふさわ)しいのではと筆者は思う。なお「埼玉県立さきたま史跡の博物館」や「さきたま古墳公園」などの公的施設は、本書と同じく平仮名を採用している。

神神の契約　古墳と北斗七星に秘められた真実　目次

第五章　笠原一族

第六章　宮之咩・比理乃咩・金比羅

第七章　全世界の神殿

第一章　巨大円墳

星川とありふれた地図

星川とは、奇麗な名前だ。天の河を連想される人も多いだろう。そんな星川が近くを流れていたのは、偶然なのだろうか。

本書は星川で始まって星川で終わるが、最後のそれは人名だ（これについては今は触れない）。さきたま古墳群に関しての希少な専門書である高橋一夫著『鉄剣銘一一五文字の謎に迫る・埼玉古墳群』の冒頭の文章にも「関東平野の北西部、元荒川と星川に浸食されて小さくとり残された埼玉台地に（中略）埼玉古墳群がある」と、奇しくも星川が登場する。

左に示したのはさきたま古墳群の地図だが、東西五五〇メートル・南北九〇〇メートルほどの比較的狭い台地に、九基の大型古墳が密集してある様子が見てとれるだろうか。

この地図（古墳の配置図）は、最近の発掘調査などを踏まえて加筆してはあるが、特に専門的なものではない。グーグルに訊けば、似たような地図やイラストを即座に教えてくれるはずだし、プロアマ問わず多数の研究者や無数の考古学ファンの目に長々と晒されてきたところのごくごくありふれた地図なのだ。けれど往々にして、驚愕の真実は、そういった凡庸の中にひそかに隠されているもので、そのことには、過去、誰一人として気づかなかったのである。

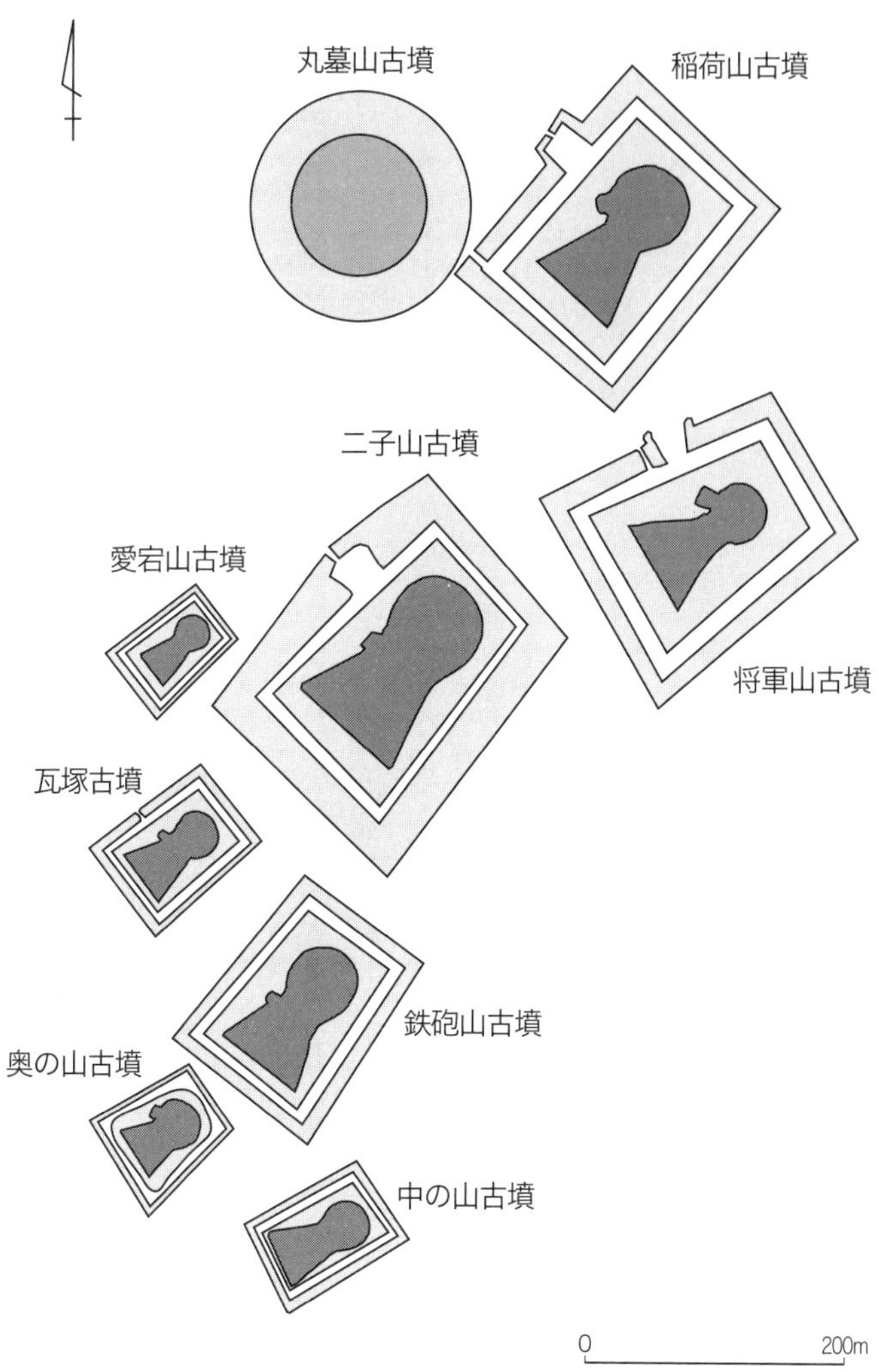
丸墓山古墳
稲荷山古墳
二子山古墳
愛宕山古墳
将軍山古墳
瓦塚古墳
鉄砲山古墳
奥の山古墳
中の山古墳
0
200m

平らな地形

さきたま古墳群は、古代においては武蔵国、現代の行政区分では埼玉県行田（ぎょうだ）市に属し、ごく大雑把にいって、関東平野の真ん中にある。

付近を航空写真地図で眺めてみると、街道沿いに民家はあるが八割方は田畑で、また一帯は古墳公園としてよく整備されており、学校の遠足の定番地でもあるようだ。が、筆者は関西人なので馴染みはなく、四十歳を過ぎてから初めてここを訪れた――。

駅周辺の市街地を抜けると、あたり一面みどりの水田地帯だ。だが妙な違和感があった。ふつうの田舎にはありがちな景色が、見えてこなかったからである。それは竹林や木々の茂ったこんもりとした小山だが、道中その種のものがまったく見あたらないのだ。ただひたすら平坦で、住んでいる人には申し訳ないが、ちょっと気が滅入るくらいの真っ平ら感なのである。

後日調べたところ、行田市の面積は約六七平方キロと東京都の世田谷区よりも広く、だが案の定、高低差のほとんどない平らな地形で、海抜二〇メートル前後で推移し、最高点は海抜三六メートル、それは、さきたま古墳群の丸墓山（まるはかやま）古墳の頂上部、とのことである。古墳は人工物だ。それを市の標高の最高地点と表していいのか？　といった問題は脇に置くとして……。

謎の円墳

古代遺跡に謎はつきものだ。さきたま古墳群で最大の謎はというと、先の丸墓山古墳にほかならない。林立してある九基の大型古墳の中で、他は前方後円墳だが、これ一基だけが**円墳**だからである。しかも、墳丘部の直径が一〇五メートル（周濠を含めると約一八〇メートル）と巨大で、円墳としては、これが日本全国で最大の古墳であるから、謎はいっそう深まるというものだ。まずは、この丸墓山古墳に関して確かなことだけを列挙しておこう。

1〉高さは一八・九メートルで古墳群の中では突出して高く、二番目は二子山古墳の一四・九メートルだが、その他の古墳に対しては、ざっと二～三倍は高い。

2〉墳丘の長さは二子山古墳の一三八メートルには負けるが、墳丘部の体積（土量）でいくと約一・五倍で丸墓山古墳の方が勝っていて、つまり一番の巨体なのだ。

3〉他の古墳にはある造出（墳丘に増設されたような出っ張り）もしくは張出（周濠の堤に設けられた出っ張り、ともに儀式をとり行っていた舞台）などは確認されておらず、墳丘・周濠ともに、まん丸である。

4〉周濠は、丸墓山古墳だけ円形で一重だが、他は方形で二重（一部に三重）だ。

5〉丸墓山古墳のみ墳丘表面に葺石が貼られてあった。他の八基の古墳には葺石はない。

葺石は、人一人で運べる程度の川原石などを、墳丘の斜面に沿ってぎっしりと積み上げていくような工法だ。そういえば、ギザのピラミッドも建造当時はツヤツヤの化粧石で表面が覆われていたそうで、あれほどの神々しさとは比べるべくもないが、葺石の貼られてあった丸墓山古墳も、三割ほどの魔力は有していたかもしれない。だが葺石のなかった他の古墳は、雑草が生い茂って、冬には枯れて褐色の小山だ（古墳群が順次造られていた時代は、専属の守人がいて、手入れはされていたはずだが）。ともあれ、丸墓山古墳の外観は、他の古墳に比べると明らかに際だっており、高くて巨大で丸くて白っぽいのである。

西暦五〇〇年

古墳の年代は、出土した埴輪もしくは須恵器や土師器の形式などから推定するのが一般的だ。だが、さきたま古墳群では参照できる有力な指標がもう一つあって、それは北西に七〇キロほど離れた群馬県の榛名山に起因し、ちょうど古墳群の築造年代に重なるあたりで、ここが断続

稲荷山古墳に登って丸墓山古墳を見ている（人が米粒のように）。

丸墓山古墳の頂上部から稲荷山古墳を見下ろしている。

的に大噴火を起こしており、周囲に大量の火山灰などを降り積もらせていたからだ。その榛名山の有史以降の主だった火山活動は二回――。

①四八九〜四九八年。二ツ岳渋川噴火。ＶＥＩ＝４。
②五二五〜五五〇年。二ツ岳伊香保噴火。ＶＥＩ＝５。

ＶＥＩとはVolcanic Explosivity Index（火山爆発指数）の略で、噴火の規模を八段階に区分したものだ（ポンペイを壊滅させたベスビオ火山の噴火もＶＥＩ＝５にランクされている）。

より専門的には、①の噴火で降り積もった地層のことをＨｒ‐ＦＡ、②のそれはＨｒ‐ＦＰと分類され、また軽石の形状や火山灰の色などから、ＦＡとＦＰはさらに細かく分析されており、つまりそれらの積もり具合を観察すれば、年代がかなり精緻に推定できるわけなのだ。

さて、古墳には周濠（周りを囲っている池）がつきものだが、これは地面を掘って濠にし、そのさいに出てきた土砂を積み上げていって墳丘部を造る、といった工法に由来する。

仮に、①の噴火終了後に古墳を造ったとすると、周濠からＦＡは消えてしまうが、旧表土と墳丘の境目にはＦＡは残り、その後全体的にＦＰが重なるはずだ（左のイラスト参照）。

丸墓山古墳は、まさにこういった状態であることが判明していて、さらに埴輪や須恵器・土師器などを考慮に入れた結果、その築造年代は、①の噴火が沈静化した直後であったと考えられている。すなわち――西暦五〇〇年頃だ。

　また、この丸墓山古墳の南に位置する二子山古墳は、周濠を含めると全長約二五〇メートルの規模で、これは武蔵国でも最大の前方後円墳なのであるが、その築造年代に関しては、ほぼ同様の結果が得られているのである。すなわち、こちらも西暦五〇〇年頃なのだ――。

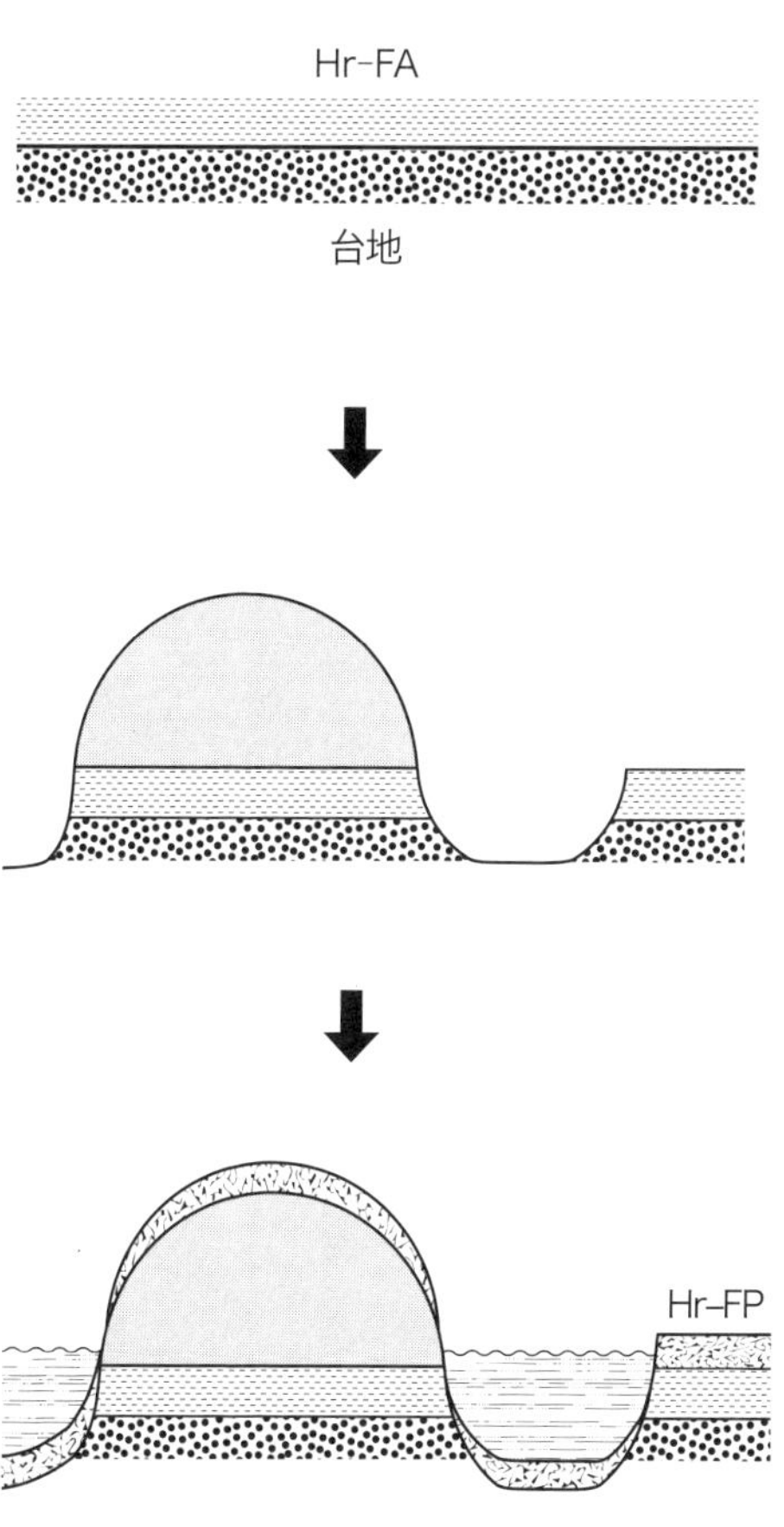

かたや武蔵国で最大の前方後円墳、かたや日本一の円墳、そのような巨大古墳を二基同時に造ったとは考えにくいこともあってか、後先を決めるべし！……と強迫観念にかられるらしく、どちらが何年ぐらい先かは、研究者によっても見解は様々である。

けれど、埼玉県立さきたま史跡の博物館のホームページによれば、「二子山古墳は、六世紀初頭前後に造られたと推定されて」おり「相前後して日本最大の円墳である丸墓山古墳が造られたとみられ、両者の関係は埼玉古墳群の大きな謎となっています」と書かれてあって、これが今現在（二〇二〇年）の公式見解と考えて良さそうだ。初頭前後とは、断定をさけるためのまわりくどい表現だが、相前後してとは、すなわち同時のことである。

なぜ円墳か？

高橋一夫著『鉄剣銘一一五文字の謎に迫る・埼玉（さきたま）古墳群』によると、丸墓山古墳だけが「**なぜ円墳か**　これには研究者も頭を痛めているが、これといった決定打は見出せない。この謎に挑戦した見解を紹介しよう」と三つの説が述べられている。

1）武蔵国造（こくぞう）の子弟が雄略天皇を誹謗（ひぼう）するという不祥事をしでかしたので、本人または父親は前方後円墳を築けなかった（経緯は『日本書紀』雄略天皇十一年十月の条にある）。

2）当初大王墓に匹敵する前方後円墳を築こうとしたが、大王の権威をないがしろにするので認められなかった（当時は天皇号はまだ使われておらず大王と呼ばれていた）。

3）丸墓山古墳の被葬者を武蔵国造職をめぐっての争いに敗れた同族の小杵と想定し、そのために前方後円墳を築けなかった（同安閑天皇元年の条にある）。

だが、いずれの見解にも鋭い反駁が添えられ「結局、大円墳造営の謎はいまだ解けない」と締めくくられている。

とくに見解3）は、安閑天皇元年だと五三四年になり、すると、榛名山の後期の噴火（五二五〜五五〇年）が始まっていて、しかるべき場所に特徴的なＦＰ層が現れるはずだが、その種の証拠はない。それにそもそも、争いに敗れた人間のために、あれほどの威容を誇っている日本一の巨大円墳を造ったりするだろうか？――

また、先の三つの謎解きはいずれもが、円墳は前方後円墳よりも格下である、そんな前提に基づいて考察されているのだ。これは一般論としては確かに正しいのだろう。けれども、さきたま古墳群の、際だって巨大で高くて白っぽい、丸墓山古墳に関しては、例外的にあてはまらないのではないだろうか――。

では、本書における謎解きの概要を、先に述べておこう。

一、丸墓山古墳は、他の前方後円墳とは明らかに異質で、つまり別種のものである。

二、丸墓山古墳という名称は、いわゆる重言(じゅうげん)だ（馬から落馬する。犯罪を犯す。今朝の朝刊。等々）。けれど、単なる〝お墓〟とは、むしろ考えにくい。

三、その頂上部は、現代においてすら地域の最高地点であり、古代においては頭抜けて高く、威容を誇った巨大な構造物として君臨していただろうと想像される。

四、近隣に〝星川〟が流れていたことからしても、結論、これは星辰信仰に基づいたある種のシンボル（象徴物）に違いない。

二重星―ミザールとアルコル

では、再度、さきたま古墳群の配置図を示そう。もっとも今回は、線が書き加えられてある。いかがだろうか？　何かの星座らしき図形が浮かび上がってはこないだろうか？

――北斗七星だ！

おおおっと驚いていただきたいところだが、本書のタイトルにもあるので白々しい。それに、このままで素直に納得されるような読者は、そう多くはおられないだろう。

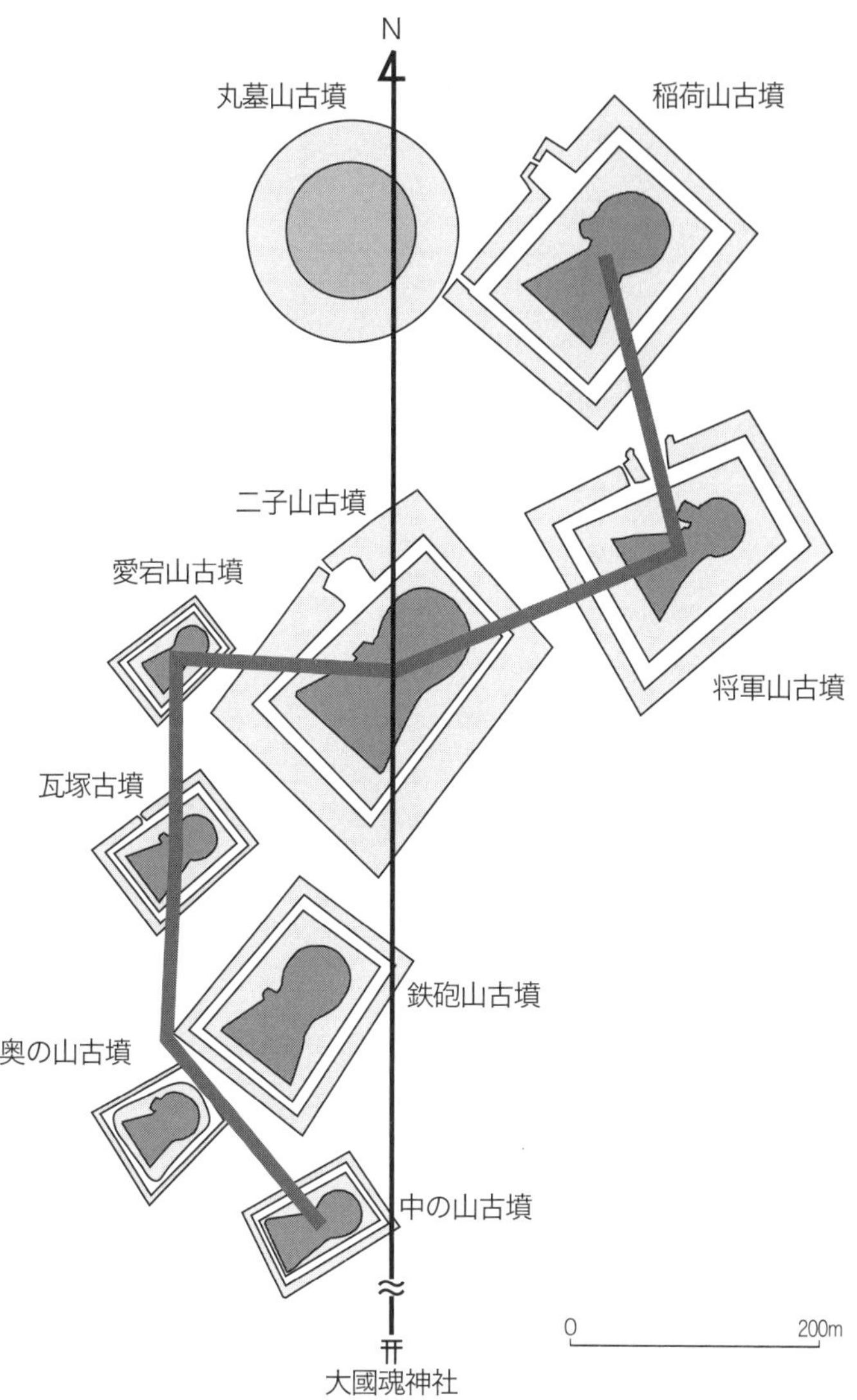
N
丸墓山古墳
稲荷山古墳
二子山古墳
愛宕山古墳
将軍山古墳
瓦塚古墳
鉄砲山古墳
奥の山古墳
中の山古墳
0
200m
大國魂神社

柄杓の柄の最後のあたり、引かれた線が古墳を貫いておらず、古墳の間をあやふやに通っているではないか？　さらに、そもそも前方後円墳は八基あって、どうして北斗七星といえるのか？　これらはもっともなクレームだが、実は、至極明快な解答が用意されているのである。

北斗七星は、その名のとおり七つの明るい星で構成されている。だが実際は、尻尾から数えて二つめの星は〝二重星〟なのである（左のイラスト参照）。

主星のミザールは二等星、伴星のアルコルは四等星だが、この小さなアルコルは、望遠鏡などを使わないと確認できない――わけではなく、視力が良ければ裸眼でも見える星なのだ。

アルコルは、アラビア語のアル・カワール（かすかなもの）が語源で、古代ローマやギリシアでは徴兵のさいの視力検査に用いられたりした。またアルコルを騎手、ミザールを馬に見立てた伝承は各地にあって、ラテン語ではエクエス・ステルラ（小さな星の騎手）、イギリスではJack on the Middle Horse（馬に乗ったジャック）、ドイツではハンス・ドュムケン（キリスト教がからむ複雑な話なので意味は割愛）などなど。また、中国では古来より輔星と呼ばれ、天帝を輔佐する役割だ（司馬遷の『史記』天官書などにある）。和名は、添え星が代表的だが、後陽成天皇の御宸翰（直筆の）星図にヘソボシと仮名で記入してあるのが知られ、また、寿命星ともいって正月にこの星の見えないものは寿命が尽きた、そんな迷信もある（野尻抱影『日本の星』）。これが転じて漫画『北斗の拳』では死兆星（しちょうせい）と称され、北斗七星の横にこの星が見えると死期が迫っていると描かれた（厳密にいうと誤用だが）。……つまりアルコルは、その見えにくさゆえに（一部の世界で）逆に知名度が高く、知ってる人は知ってる二重星なのである。では、以上のことを踏まえて、前ページの古墳の配置図と見比べていただきたい。

鉄砲山古墳を主星のミザール、奥の山古墳を伴星のアルコル、そう見做（みな）すと、古墳の大きさ位置関係ともに、まさに生き写しではないだろうか……。

また配置図をご覧になっても分かるとおり、この二基の古墳は、そもそもが異様に近接して造られてあって、この点も、さきたま古墳群の謎の一つだったのだが、二重星を模していたからだ、そう考えると至極納得だろうか。

さらに、最近（二〇一三年〜）の発掘調査で大発見があったのだ。

鉄砲山古墳の周濠の外側に、もう一つ〝濠〟があることが確認されたのである。発掘されたのは古墳西側の一部だけだが、二重目の濠から約五メートル外側にあって、幅十メートルほどの立派な濠である。ここは従来の調査では二重周濠だったので、すなわち三重周濠となるが、これは全国でも数例しかないほどの稀らしい造りなのである。

すると、さらに熟考すべき点があることに誰もが気づくだろう。この三重目の濠が鉄砲山古墳全体を囲っていたと想定すると、ほぼ間違いなく、奥の山古墳の周濠と接続してしまうからである（左のイラスト参照）。

奥の山古墳は二〇〇七年の発掘調査で二重周濠であることが確認されている。つまり大きな鉄砲山古墳の三重目の濠が小さな奥の山古墳の二重目の濠と水域を同じくし、その接続した濠が、二基の古墳のぐるりを取り囲むといった、もう古今東西ここにしか絶対にないような希有な造りとなってしまうのだ。これは二重星を模したという説をより強固に補強することは間違いなく、さらなる発掘調査が期待できるというものだ（その後も断続的に続けられている）。

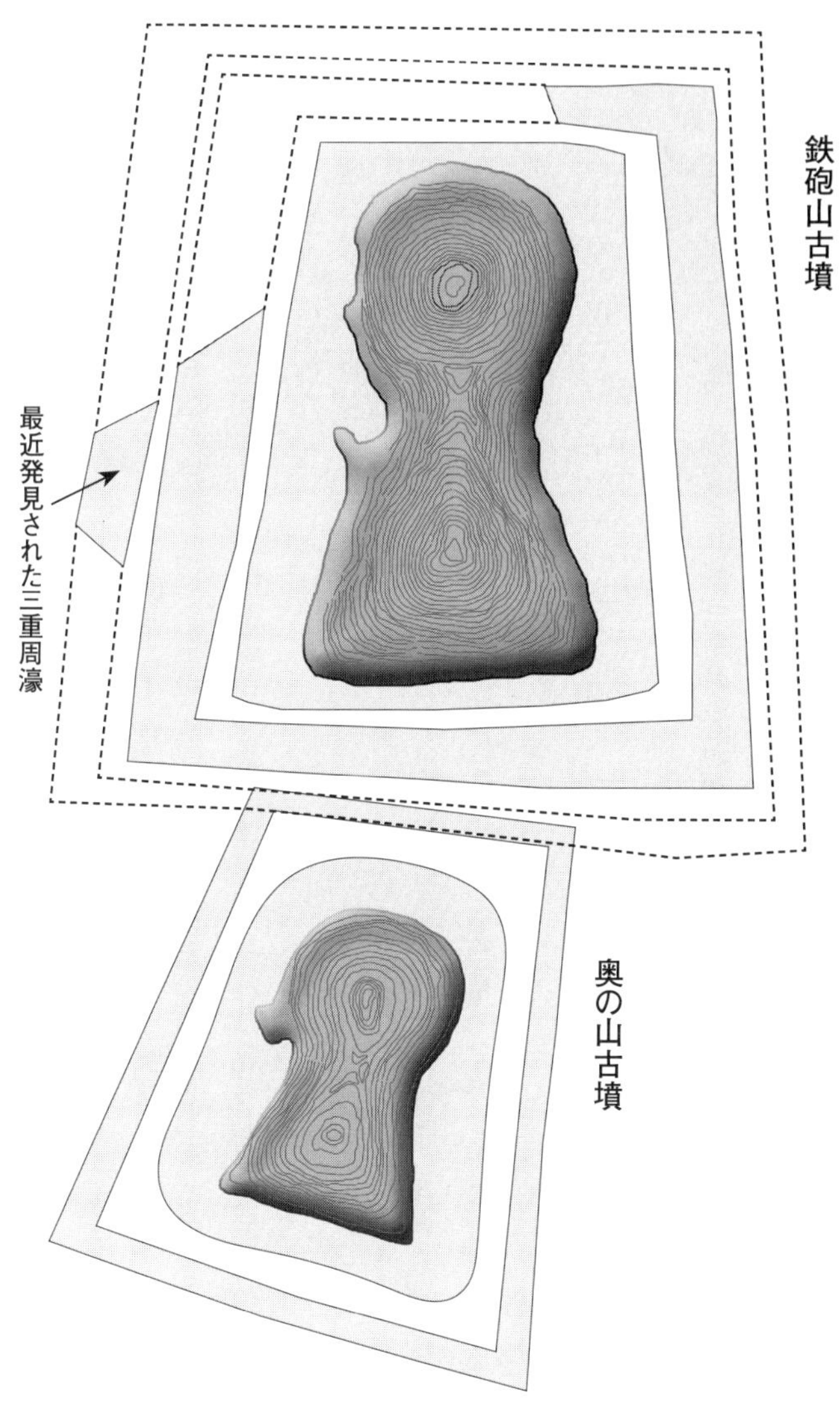

史跡埼玉古墳群保存活用計画・平成31年3月15日（埼玉県教育委員会）発行のpdfを参考にし加筆した。

ひしゃげた柄杓

先の二重星を模したという謎解きは、本書の前段部の白眉だ。筆者としても絶大なる自信がある。だが全体的に見てみると不満が残るのは事実だろう。それは北斗七星の柄杓の形が、ひしゃげているからに相違ない。

この、ひしゃげている原因は何だろうか?

二つのパーツに分けて考えてみるに、柄杓の柄の部分——愛宕山古墳・瓦塚古墳・二重星の鉄砲山古墳と奥の山古墳・中の山古墳——これは北斗七星の星の並び、そのままである。柄杓の器の部分——稲荷山古墳・将軍山古墳・二子山古墳——この三つの並びも北斗七星のそれと瓜二つで極めて正しい。するとつまり、愛宕山古墳の「位置」および前後の古墳との「角度」、これが悪いのである。愛宕山古墳は柄と器の接続部なので、ひしゃげている原因はここに集約されるのだ。では、ちょっとした思考実験をやってみよう。——

愛宕山古墳からの「角度」を修正してみたのが左の図である。さらに「位置」も是正すれば実際の北斗七星にいっそう近づくだろうが、そこまでやる意味はない。

そして仮に、さきたま古墳群の配置図が現実左図のようなものだったとしたならば?……

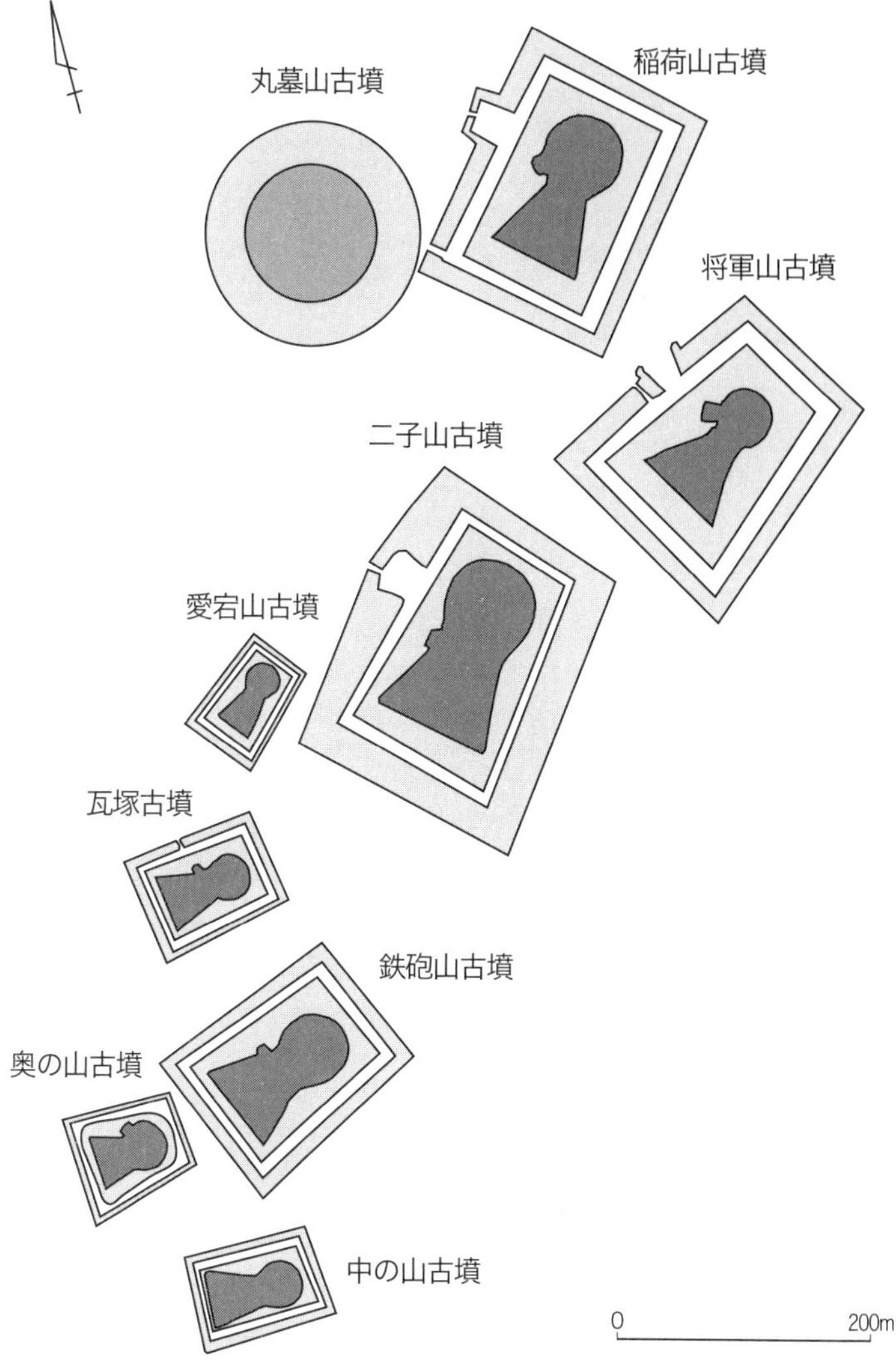
丸墓山古墳
稲荷山古墳
将軍山古墳
二子山古墳
愛宕山古墳
瓦塚古墳
鉄砲山古墳
奥の山古墳
中の山古墳
0
200m

「これは北斗七星だ！」

疾うの昔に誰かが気づいて声高に叫んでいたに違いないだろう。逆説的だが、適度にひしゃげていたからこそ筆者は発見者の栄誉にあずかられたわけだ。

実は、先の配置図のように古墳を築造したくても、現実問題としてできなかった理由があるのである。……

さきたま古墳群周辺は（行田市全体が）前に述べたように、気が滅入るくらいの真っ平らな地形なのだが、それはこのあたりが典型的な沖積平野だからである。

河川が運んできた小石や砂や泥などが堆積してできた比較的新しい地形で、古墳群が造られた西暦五〇〇年ごろだと、網目のように川筋があって、あたり一面ほぼ湿地帯なのだ。

再度『鉄剣銘一一五文字の謎に迫る・埼玉古墳群』から引用するが、「元荒川と星川に浸食されて小さくとり残された埼玉台地に」とあったように、この埼玉台地とは、さきたま古墳群が立っている台地のことだが、その有効面積は小さく、そこに九基の大型古墳をぎっちぎちに詰め込んでいるのである（これほどの巨大古墳が多数、密に築造された例は全国的に見ても極めて稀らしいそうである）。

つまり、前ページの配置図のように古墳を築造しようとすると、この埼玉台地からははみ出してしまい（そのあたりは今現在も水田だ）、じゅくじゅくの湿地帯には古墳は造れないので、やむをえず柄杓の柄の部分を折り畳んだような形にした、と考えられるのである。

実際、先の通りなのだが、苦しい言い訳のように聞こえなくもない。

ところで、さきたま古墳群の配置図（一七ページのそれ）を見た瞬間「これは北斗七星だ！」と筆者は閃（ひらめ）いたのだろうか？……まさか、筆者には霊感などはない。わきたつインスピレーションに充（み）ち満ちているような人間ではなく、むしろ真逆で、理詰めの性格なのだ。

他の、別角度からの様々な謎解きをもってして、「さきたま古墳群は北斗七星を模して造られたに違いない！」と確証を得てから本書を執筆しているわけだ。

なので読者の皆さんも、現時点でご納得いただく必要はないのだ。むしろ疑心暗鬼の状態のままでいていただきたい。実際のところ、本書のような主題を扱った書物には詐欺本（トンデモ）が多々あるので（九割方、いや九九％そうだろう）無下（むげ）に信じるべきではないのである。……

世紀と年代

本格的な謎解きに取りかかる前に基礎資料を整備しておこう。

さきたま古墳群を、築造順に列挙してみた――。

☆稲荷山古墳　五世紀後半　墳丘長一二〇メートル　高さ一一・七メートル
◎丸墓山古墳　六世紀初頭前後　直径一〇五メートル　高さ一八・九メートル
☆二子山古墳　六世紀初頭前後　墳丘長一三八メートル　高さ一四・九メートル
☆愛宕山古墳　六世紀前半　墳丘長五三メートル　高さ三・四メートル
☆瓦塚古墳　六世紀前半　墳丘長七三メートル　高さ五・一メートル
☆奥の山古墳　六世紀中頃　墳丘長六六メートル　高さ七・四メートル
☆鉄砲山古墳　六世紀後半　墳丘長一〇九メートル　高さ一〇・一メートル
☆将軍山古墳　六世紀後半　墳丘長九〇メートル　高さ一〇・一メートル
☆中の山古墳　六世紀末～七世紀初頭　墳丘長七九メートル　高さ五・五メートル

築造の順番は（丸墓山古墳と二子山古墳をのぞいては）研究者のあいだで確定が打たれており、築造の年代は埼玉県立さきたま史跡の博物館のホームページからの引用だ。

けれども、後半・前半・初頭・中頃・末……こういった曖昧（あいまい）表現は直感的に理解しづらい。それに筆者は世紀表記が元来苦手で、とくに西暦年代とごっちゃに書かれていたりすると脳が拒絶反応（パニック）を起こすのだ。よって、次のように変換することにした。

☆稲荷山古墳　四八〇年　墳丘長一二〇メートル　高さ一一・七メートル
◎丸墓山古墳　五〇〇年　直径一〇五メートル　高さ一八・九メートル
☆二子山古墳　五〇〇年　墳丘長一三八メートル　高さ一四・九メートル
☆愛宕山古墳　五一七年　墳丘長五三メートル　高さ三・四メートル
☆瓦塚古墳　五三三年　墳丘長七三メートル　高さ五・一メートル
☆奥の山古墳　五五〇年　墳丘長六六メートル　高さ七・四メートル
☆鉄砲山古墳　五六七年　墳丘長一〇九メートル　高さ一〇・一メートル
☆将軍山古墳　五八三年　墳丘長九〇メートル　高さ一〇・一メートル
☆中の山古墳　六〇〇年　墳丘長七九メートル　高さ五・五メートル

これは丸墓山古墳と二子山古墳の築造を西暦五〇〇年、最後の中の山古墳を同六〇〇年として、あいだを均等に割りふっただけのもので、あくまでも便宜上だ。本書の解説ではこちらを用いるが、この年代表記は他所(よそ)ではまったく通用しないので引用などなさるさいにはご注意を。

また、さきたま古墳群の年代を単一で表す場合には「西暦五〇〇年」を用いる。これは丸墓山古墳と二子山古墳を築造した時点で、全体の設計思想（北極星と北斗七星を地上に模(かたど)る）が確定した、と考えられるからである。

大王と天皇

先にちらと説明したが、古代においては天皇とは呼ばれずに「大王」だ（読みは、だいおう、おおきみ、おほきみ、など）。天皇の称号がつくのは第四十代天武天皇からだが、実は、天皇という言葉には元来「北極星」の意味があって、いずれ詳しく解説する。

また、初代神武天皇から第四十九代光仁天皇までは、いわゆる諡号（死後おくられる諡）に相当し、淡海三船（七二二～七八五年）という当時の大学頭や文章博士などの役職を歴任した偉い学者が、後世に一括して選定しており、この大王にはこんな名前がふさわしいだろう、との想像のもとに諡されてあって、存命中にそう呼ばれていたわけではない。つまり本名は別途あるのだが、本名で書くと誰が誰だか分からないので、とくに必要のない場合をのぞいては、慣例通りに天皇名を使う。また、即位して天皇になる、といったような表現も本書では使う（実際は「大王」でも）。これは日本史を侮っているわけでは決してなく、この種の些末事に煩わされることなくミステリーを堪能していただこう、といった配慮からである。それに最終章までいくと、天皇とか大王とか、その種の枠組みはどうでもよくなってきて、神と人との境目すらあやふやになってくるので（別の意味で）乞うご期待であろうか。……

第二章　北の護り

江の島大師

本書で語られる壮大な謎解きは、江の島を散策していたさいに偶然見つけた、とあるお寺がそもそもの始まりなのである。それは、江島神社の辺津宮と中津宮をすぎてから少し離れた奥津宮へと向かう参道の左手がわに、忽然とあった。

——江の島大師。

門の石柱にそう銘が入っていたから寺であることは即座に分かる。だが、コンクリート造りの奇抜な建物で、あたりの景観にはまったくそぐわない。まるで空飛ぶ円盤が不時着したかのような丸屋根なのだ（左の写真参照）。

ここは江戸時代から賑わう由緒正しき参詣道で、磯料理の食堂や民宿や土産物店などが軒をつらね、どの建物も相応に古びていて風情があり、そんな沿道にぽっかり開けた空間があって、目をやるとくだんの建物が立っていたのだから、その場違い感たるや半端ない。

門の先には阿形・吽形の仁王像（石造もしくはコンクリート製）が突っ立っていたが、こちらも原色ギラギラだ。ともあれ「ご自由にお参りください」の看板が出ていたので、興味津々、中に入ってみた——。

空撮された写真やポスターが飾られてあって、江の島の高台の断崖上に、海に面して建てられていたことが分かる。またパンフレットには、お墓にお困りの方は当院にご相談を、風光明媚な この地にて永代供養を、などの宣伝文句がおどっていた。けれど、ここは島全体が景勝地で、しかも小さな島だから墓地などを新しく作れるはずはなく……パンフレットを読み進めてみると、金ピカの位牌が縦横びっしりと並べられている写真が掲載されてあった。

なるほど！　ここであずかるのは位牌のみなのだ。小さな位牌だから限られた空間でも多数安置でき、さらに位牌棚は増設も簡単そうだから、まあなんと商売上手であることか……などと勝手な感想をつぶやきながら退出したのだった。

そんなことよりも何よりも、後日調べていて、住職の名前を知って驚いた！

江の島大師は、最福寺（鹿児島市）の関東別院で、創建は一九九三年。

開山および住職は、池口恵観。

池口恵観は、炎の行者として知られ、護摩木を次々に投じていって燃え上がる炎を前にして長時間一心不乱に不動真言を唱える、そんな荒行に有名野球選手などが毎年参加していたこともあって、いわば恒例行事としてニュースで放映されていたからご存じの人も多いだろう。また政治家との関わりも深く、実際、ここ江の島大師の創建時の発起人、その世話人代表は、福田赳夫なのである（第六七代内閣総理大臣の）。

筆者が最初に江の島大師を訪れたのは二〇〇一年だが、池口恵観は、その当時すでに有名人だ。もっとも、九州の鹿児島（すなわち日本の端っこ）におられる怪僧、その程度の認識しかなく、関東にこういった拠点を設けていたことは初めて知った。だから驚いたのだ。

そして次には、いそいそと地図帳を用意しだすのが、いつものパターンである。

筆者は、この江の島大師のようないわくありげな建造物を見つけると、地図に線を引かずにはいられないのだ（いわば〝線引病〟だが、これは今現在も治っていない）。ただし、二〇〇一年当時、グーグルマップのような便利なものはまだ普及しておらず、筆者がもっぱら使っていたのは、ミリオンの1万分の1の市街道路地図帖（東京地図出版）だ。これは個人住宅を除くほぼすべての建物が正確に描写されてあって、この種の作業にはうってつけだ。

まずは『神奈川』のそれを開いた。

江の島を見てみると、当然、江の島大師はきちんと描かれてあって、東西に細長い建物だ。また、江の島の東側、島全体の三分の一ほどは、旧東京オリンピック用のヨットハーバーを建設したさいの埋め立て地なので、これを消し去ってみると、江の島大師は、まさに島のど真ん中に位置していることが分かる。

その建物に垂直に定規をあてがって〝線〟を引きはじめた。南側は海だから北の方向へと（実は、南側にも意味があったのだが、そのことに筆者が気づくのは数年後である）。

線は、すぐに湘南海岸に上陸してから藤沢市を北上していく。けれど、線は、これといって何にも当たらない。

実は、この種の作業は徒労に終わるケースが大半なのだ。めぼしいものには何一つ当たらずに日本海側に抜けてしまうことすら、ままある。

線が町田市に入ったので、『多摩』の地図帳に交換して作業続行だ。

北上を続け、ＪＲ横浜線、小田急小田原線、小田急多摩線などを越えて稲城市に入ったが、やはり何も当たらない。さらに京王相模原線を越えて、多摩カントリークラブを縦断してから、多摩川を渡った。そしてJR南武線を斜めに横切ると、右手に府中の東京競馬場が見え、その先で金比羅（こんぴら）神社をかすめたかと思うと、線は、一つの大きな神社を貫いたのだ。

——大國魂神社である。

すなわち、その線をさらに何十キロか北上させていけば**さきたま古墳群**へと辿り着くのだが、筆者の当時の知識では、大國魂神社は武蔵国（むさしのくに）の総社である、程度の最低限の持ち合わせしかなく、さきたま古墳群などは存在すらも覚束ない、もう完全に想像の埒外（らちがい）である。

そして筆者は、なるほどなあ、とほくそ笑んだのだった。

ほくそ笑んだわけは、江の島大師を大國魂神社に繋ぐことによって、その大國魂神社が有している力（神霊力のようなもの）を借り受けることができ、大國魂神社は武蔵国の総社、それすなわち東京の総社であり、東京は日本の首都だから、日本国全体に影響をおよぼすことができる、そう池口恵観は夢想しているに違いない、と想像したからほくそ笑んだのだ。

はからずも、筆者のこのほくそ笑みは十数年後に的中することになる。

一連の〝朝鮮総連本部ビル売却〟問題に関係して、表舞台に颯爽（さっそう）と登場したのが、池口恵観その人だったからである。

経緯を簡単に説明すると、朝銀信用組合（在日北朝鮮人のための銀行）の破綻処理に伴って、朝鮮総連本部ビルの土地・建物が差し押さえられた。二〇一三年、それらが競売に付され、約四五億円で落札された。その落札者が池口恵観なのだ（名義上は鹿児島の最福寺）。だが、最終的には資金調達に失敗したらしく、二ヶ月後に取得の断念を表明、五億円あまりの供託金は没収されてしまうのだ。

その落札直後、それと断念表明、そのさいの記者会見のニュース映像は今でも見ることができる。記者会見の会場は、ともに江の島大師である。

さて、ここで読者の皆さんに問う。江の島大師と大國魂神社が正確に南北ラインで貫かれていたのは、**単なる偶然**なのだろうか？

では、別の似たような例を、一つ紹介しよう。

首相官邸

ＳＮＳなどの公式アカウントや公式なホームページなどはすべて〝首相官邸〟となっている

が、総理大臣官邸が正しい名称のようである。また、官邸と名がつく施設は日本に一つしかないので、単に〝官邸〟といっても通用する。

建物としての官邸は比較的新しく、二〇〇二年に現在地に新造されている。地上五階、地下一階建ての鉄骨鉄筋コンクリート構造で、震度七にも耐えられるほど頑強だ。かつ最先端のハイテクビルであることは想像に難くなく、地下には危機管理センターがあるが、非公開で詳細は不明である。また、それ以前に使われていた旧官邸はというと、現在の総理大臣公邸（首相が居住する建物）へと転用されている。

では、ここから先は、是非お手持ちのパソコンなどを開いて実践して、ご確認いただきたい。

まず〝首相官邸〟を検索する。

それをグーグルマップで表示させる。

航空写真地図に切り替える（こちらの方が分かりやすい）。

官邸の斜め右下に見えるひとまわり小さな建物が、総理大臣公邸（すなわち旧官邸）だ。

つぎに、官邸の建物のど真ん中だと思える位置にカーソルを移動させた後、クリックする。

すると、画面のどこかしらに、緯度と経度が表示されるはずだ。

必要なのは経度で、一三九・七四二六――あたりになるだろう（ちなみにウィキペディアの総理大臣官邸の項では、一三九・七四二六一一度と表記されている）。

この先は、やり方は幾つかあって、①ディスプレイに直に定規をあてがってから、マップを上（すなわち北）の方向へとスクロールさせる。②先にクリックしたカーソルをそのままの位置で動かさず、同じくマップだけスクロールさせる。③画面全体に縦横のグリッドを表示させ、その縦線に建物の中心を合わせてから（以下同じ）。言うまでもなく筆者の方法は③で、『スケールグリッド』というフリーソフトを用いている。

いずれの方法にせよ、マップを北へとスクロールさせていけば十秒程度で（実際の距離は約二・五キロだが）、木々がこんもり茂った場所へと侵入するだろう。

——そこは、**靖国神社**の境内である。

そして比較的小さな建物を線が貫くはずだ。

——それは、靖国神社の**本殿**である。

そして念のため、カーソルを合わせてクリックし、経度が先の一三九・七四二六——からずれていないことを確認しておこう。

では、再度、読者の皆さんに問おう。

日本国の中核を担っている最先端のハイテク建造物・首相官邸と、靖国神社、しかもその本殿が、正確に南北ラインで貫かれているのは、**単なる偶然**なのだろうか？

位置決めの目印

現代においては、特定の建造物を南北のラインで関係づけるのは、とくに建物が密集しているような都心の中央部では、かなりの難事業だったと想像される。

古代においては、そこらじゅう空き地なので、どこに何を建てようが自由だ。だからといって、闇雲に造っていたわけではないのだ。

仮に、Ａという古い寺院があったとしよう。その近くに家を建てる場合、Ａ寺院からの霊的な加護を期待するならばＡの真南に建てよう（つまり背後から護ってもらおう）と考えるのは、ごく自然な発想だ。だがＡ寺院そのものは、近隣にＡよりも古い建造物がなかったとしたら、そもそも何を拠り所として建てたのだろうか？

――このような場合、特徴ある自然の地形を位置決めの目印として用い、それは近場にあった「山」などのケースが多い。

埼玉県川越市にある喜多院（天長七年〈八三〇年〉淳和天皇の命で円仁が建立した大寺院で、天海僧正が一時期住職をしていた）は、日光連山の最高峰・男体山を目印とし、その山頂から真南に線をおろしてきて建てられている。日光は観音様が棲むと考えられていた北関東を代表する聖山で、つまり観音様に護ってもらっている構図だが、川越近辺から北を見やれば、いやがおうでも男体山が見えるので、それを位置決めに用いるのは、ごく自然なことだろう。

さきたま古墳群は、八基の前方後円墳すべてがほぼ同一方向に傾いているが、その傾きを南西方向へ辿っていくと……富士山にあたるのだ。実際、さきたま古墳群の古墳の頂上に立つと奥多摩山系ごしに富士山が見える。約百キロ離れているが冠雪があるので、よく目立つのだ。

江の島は、相模湾に面した湘南海岸からポツンと突き出た、周囲約四キロ・標高六十メートルほどの陸繋島(りくけいとう)だが（引き潮では地続きになって歩いて渡れる）、湘南海岸は数十キロも砂浜が続くなだらかな海岸なので、江の島は、異様に目立つのである。

すなわち、大國魂神社の建造にさいしては、この江の島が位置決めに用いられた可能性がきわめて高く、それが回りまわって（後・先が逆になって）今現在の江の島大師と大國魂神社の関係へと繋がるのである。

パワースポット・レイライン・風水

これは読者諸氏へのおことわりだが、本書のような書物には、いかにも使われそうな用語があるので、例文で紹介しよう——。

①江の島の岩屋洞窟（いわやどうくつ）は龍伝説などで知られ、古代からのパワースポットである。
②さきたま古墳群・大國魂神社・江の島は、いわゆるレイラインで繋がっていたのだ（レイラインとは一九二一年にイギリス人のアマチュア考古学者アルフレッド・ワトキンスによって提唱された造語で、超自然的なエネルギーに共鳴している地点だという仮説がある）。
③首相官邸の建造には（秘密裏に）政府公認の風水師が関わっていたと想像される。

①と②は一見高尚なことを語っているように感じられるかもしれないが、実際は意味のない駄文で、いや、むしろ読者を誑（たぶら）かすための詐欺に等しい文章だ（パワースポットやレイラインのような擬似科学（オカルト）用語を臆面もなく使っている著作やテレビ番組は、筆者は信用しない）。
③は逆の意味で、風水には数千年の歴史があり、だが風水に関しては筆者は門外漢なので、軽々に扱うべきではないと考えている。
といったような理由から、この三つの単語は今後本編では使われない。

それに本書で語られる方位理論は単純な南北ラインが大半で、複雑怪奇（ややこしい）のは出てこないから、ご安心を願いたい。

では、本来の謎解きに戻ろう。次章は大國魂神社のそれである。——

第三章　裏の七不思議

府中と分倍河原（ぶばいがわら）

筆者が最初に大國魂神社を訪れたのは、二〇〇五年の一二月のことである。江の島との関連に気づいていながら何年も経っていたのは、単純に、これだけでは小説の素材としては使えなかったからで、そして最大の理由は、二〇〇五年の七月、革新的なグーグルマップ（β版）の提供が開始されたからだ。縮小拡大自由自在で南北線をひくのにこれほど便利な地図はない。さらに五〇キロ以上も離れて武蔵国の最大の古墳を貫いていたことも判明し、これはもう尋常ならざる線であって、筆者の探求心にめらめらと火がともったのだ。以来、数え切れないほど訪れているので、変遷などもおりまぜながら紹介していこう。

最寄りの駅は、京王線の府中駅とJR武蔵野線・南武線の府中本町駅と二つあるが、府中駅がお勧めだ。駅の階段を降りていけば目の前が参道だからである。

参道の形状はかなり変わっていて、中央は車道だが極端にせまく、両側には一段高くなって並木が植わっているが異様に大木で、両脇の歩道は広々としていてテニスができるぐらいだ。しばらく歩くと案内板が立っていて、謎は解ける。

——馬場（ばば）大門（だいもん）欅（けやき）並木。国の天然記念物。徳川家康が慶長（けいちょう）年間（一五九六～一六一五年）に二筋の馬場を寄進し、両側に土手を築いてケヤキを植えたのが始まりである。付近は戦国時代から関東でも有数の軍馬の供給地で、伝統ある馬市が開かれていた。

ここで馬の品評会をやっていたから特殊な作りなのだ。

凜々（りり）しい武将の銅像も立っていて、艶々（つやつや）の黒石に文字が彫られている。

——馬場大門欅並木は、源頼義公・義家公父子が奥州平定の『前九年の役』の途次、大國魂神社に戦勝を祈願し、同役平定の康平（こうへい）五年（一〇六二年）勝利の報賽（ほうさい）として、神社に苗木千本を寄進したことに始まる。その後、家康公により補植されて、現在の姿になった。

見るからに立派そうな銅像と石碑だが、こちらの内容は眉唾だ。

享保（きょうほう）年間（江戸時代中期）の書物にちらりと記されていた与太話に尾ひれ（千本の苗木）がついて広まったらしく、また近年の科学鑑定で最古木でも一三〇〇年ごろ、といった結果しか出ていない。つまり鎌倉時代だが、鎌倉幕府が大國魂神社やその周辺を整備していたのは、これは事実である。というのも、このあたりは鎌倉幕府にとって北の防御の要（かなめ）だからである。

実際、府中の西隣の駅は分倍河原（ぶばいがわら）で、駅前のロータリーには新田義貞（にったよしさだ）の勇ましい騎馬像が設置されている。すなわち、よく知られた古戦場だが、その『分倍河原の合戦』で新田義貞軍に敗れた鎌倉幕府は、その後数日で滅亡するのである。

くらやみ祭

欅並木の馬市の参道は三〇〇メートルほど続いていて、真南へと歩いていく。

やがてT字路となるが、東西に走っている道は旧甲州街道で、横断歩道の向こう正面に、さらに鬱蒼（うっそう）と木々が茂っている大國魂神社の境内が見える。

幅一〇〇メートル奥行き四〇〇メートルほどの、南側はやや膨らんでいるが、ほぼ長方形をした広々とした境内だ。入口には注連縄（しめなわ）が巻かれたひときわ太い神木が左右にあって、先には高さ十メートルほどの白っぽい大鳥居が屹立（きつりつ）している。これは御影石製で、形式は一般的な明神（みょうじん）鳥居だが、御影石製のそれでは日本一とのことである。

参道は、馬場大門欅並木の延長線上にあって、幅は十メートルぐらいだろうか。定規で引いたかのように真っすぐな石畳が中央に敷かれていて、左右は砂利だ。さらに縁石があって一段高くなった地面に木々が植わっている。境内の幅は一〇〇メートルもあるから広々としており、だが五月の例大祭のおりには（参道の中央を除いて）屋台で埋め尽くされ、その数は約五百店舗、お化け屋敷のような大きな小屋も立って、約七十万人の人出だそうである。

この大國魂神社の例大祭は〝くらやみ祭〟と呼ばれ（俗に、ではなく正式名だが）東京都の無形民俗文化財に指定されている。けれど、現在のくらやみ祭と古のそれとでは、ずいぶん様相が異なるのだ。たまさか司馬遼太郎の『燃えよ剣』の冒頭で語られていたので、抜粋しながらご紹介しよう。

安政四年の初夏、（中略）歳三は、村を出るとまっすぐに甲州街道に入り、武蔵府中への二里半の道をいそいでいた。（中略）

宿場のはずれに出たころ、野良がえりの知り合いから、「トシ、どこへ行くんだよう」と声をかけられたが、だまっていた。まさか女を強姦しにゆく、とはいえないだろう。今夜は六社明神の祭礼であった。俗に、くらやみ祭といわれる。（中略）

歳三だけが悪いのではない。そういう祭礼だった。この夜の参詣人は、府中周辺ばかりではなく三多摩の村々はおろか、遠く江戸からも泊まりがけでやってくるのだが、一郷の灯が消されて浄闇の天地になると、男も女も古代人にかえって、手あたり次第に通じあうのだ。

歳三とは、言うまでもなく土方歳三で、安政四年は幕末の一八五七年だ。当時、くらやみ祭のような夜の祭礼は日本全国の津々浦々にあったらしく、名称や規模の差こそあれ似たり寄ったりのものなのだ。だが、明治政府の世になって、すべて禁止されてしまった。

そして、これら〝夜祭り〟のルーツを古代へずーっと遡っていくと、とある祭礼にいきあたるのだ。

——北辰祭、と呼ばれていたのがそれである。

隆盛を誇ったのは、おおむね奈良時代だが、延暦十五年（七九六年）に「風紀が乱れる」といった理由で朝廷から禁止令が出されたぐらいなのだ。だが明治政府ほどの強制力はなく……連綿と江戸時代まで続くのである。

では、北辰祭の〝北辰〟とは何か？

これは中国の道教（中国の古代宗教）の用語で、狭義では「北極星」を意味するが、「北斗七星」も加味して考えるのが、一般的である。

——おおおっ！　さきたま古墳群と繋がったではないか！

いや、物事はそう単純ではない。さきたま古墳群は西暦五〇〇年だから、この北辰祭つまり北辰信仰とは、年代的にいって、いわゆるミッシングリンク（連続性が欠けた隙間）が生じてしまうのだ。また、古墳と北斗七星といえば、キトラ古墳や高松塚古墳の壁画を連想された人も多々おられるだろう。だか、このふたつの古墳は比較的新しく、ともに西暦七〇〇年ごろの築造なので、こちらはミッシングリンクなどは生じないのである。まあ、状況証拠には使えるが決め手にはならない、といったあたりで、北辰祭に関してはいずれ詳しくご説明しよう。

西暦二〇〇年

ところで、大國魂神社の創建年はいつ頃なのだろうか？

神社の縁起つまり公式見解によると、景行天皇四十一年、とある。

ただし、これを皇紀（『日本書紀』に基づいて、初代天皇である神武天皇の即位年を西暦紀元前六六〇年とする）で換算してしまうと法外に古くなるので、実年代を推測しよう。

ヒントとなるのは、景行天皇だ。かの有名な日本武尊の父君で、記紀（『古事記』と『日本書紀』の総称）の景行天皇の条項に、その日本武尊の西征や東征など一連の物語が記されている。また、景行天皇年間に創建の神社は日本各地に点々とあって、これらの大半はつまり、日本武尊が地域を平定した直後にできた神社ですよ、とそんな意味合いなのだ。

景行天皇は第十二代の天皇だが、一般的な学説では、第十代の崇神天皇から実在すると考えられている。その崇神天皇の条項に〝箸墓〟の物語が記されており、「昼は人が作り、夜は神が作った」そんな伝承でも知られる箸墓だが、被葬者は倭迹迹日百襲姫命で、すなわち卑弥呼の墓だというのが現在の通説だ。その築造年代も最近の研究ではっきりしていて、ほぼ西暦二五〇年である。

第十代天皇が西暦二五〇年頃だとすると、第十二代天皇ならざっと西暦三〇〇年頃となり、すなわち大國魂神社の創建年は、このあたりとなるだろう。

これは文献からの推理だが、現存している遺物からも年代は導き出せる。

箸墓の最大の特徴は、日本最古の前方後円墳といった点だ。俯瞰してみると、鍵穴のような他に類を見ない独特の形状をしている。かりに地方に前方後円墳が出現すれば、それすなわち、その地方が大和朝廷の影響下に入ったことを意味するのである。

では、関東圏における最古の前方後円墳はというと？……東京都大田区の田園調布にある荏原台古墳群に属する宝萊山古墳がそれで、墳丘長は約九七メートルとそこそこ大きく、築造は四世紀前半というのが通説だが、より古く三世紀後半と推定する学者もおり、つまり大雑把にいって、こちらも西暦三〇〇年なのだ。

また、荏原台古墳群は、多摩川下流域の川岸の高台にあって、その多摩川を上流へと遡っていくと……大國魂神社があるのだ。当時、まともな陸路はなく、この多摩川が「道」なのだ。

宝萊山古墳と大國魂神社の関係がどうだったかは後の謎解きにゆずるとして、文献からも遺物からも、西暦三〇〇年頃、と導き出されるのだ。古代の実年代を推測する場合、考古学＋歴史学のように異種の学問を併せて考えるのが実践的だ。また、さきたま古墳群との比較でいくと、大國魂神社の方が古いのである。それも約二〇〇年も古いことは銘記すべきであろうか。

七不思議

そして、古い神社にはつきものというべき〝七不思議〟が存在する。大國魂神社の公式ホームページおよび府中市立図書館編集発行の『こども府中はかせ1』などから抜粋しよう——。

御供田(ごくでん)の苗、田植えの終わった田んぼで裸の子供たちが相撲をとる『お田植え祭』という神事がある。だが翌朝になると、苗は何事もなかったかのように、しゃんと真っすぐに立つ。

樅(もみ)の雫(しずく)、拝殿前にある樅の木からは四季絶えることなく雨のように雫が降ってくる。

大杉の根、参道の両側には数十本の大杉が聳(そび)えていたが、その根は一本たりとも参道にはみ出して伸びてきたことはない。

矢竹(やたけ)の根、拝殿の前にある矢竹（源頼朝が持っていた竹製の矢を戦勝祈願のために地面に突き刺したら根付いたという伝承の竹）の根は、石囲いの外には決して出てこない。

境内の鳥類、境内には多数の鳥類が生息しているが、社殿には決して糞は落とさない。

大銀杏(おおいちょう)の蜷貝(にながい)、本殿裏に樹齢およそ一〇〇〇年と伝えられる大銀杏の御神木があるが、その根元に生息している蜷貝をせんじて飲むと、産婦の乳の出が良くなる。また、この大銀杏に手を合わせると産後の肥立ちが良くなる。

境内に松の木なし、むかしむかし、大國魂の神様が八幡様と一緒に府中に現れた時、泊まるところを探しにいった八幡様だが、気に入った場所を見つけるや一人で住んでしまった。それが現在の府中市八幡町だ。かたや大國魂の神様は、八幡様の帰りをずーっと待ち続けていたが帰ってこないので、「まつのはつらい。まつは嫌いだぁ」と叫んで、そこに住むことにした。それが現在の大國魂神社の所在地である。以来、待つ、から連想される松は嫌われ、神社の境内には松の木は一本もなく、植えてもすぐに枯れてしまうのだ。また、神社のみならず近隣の民家でも、正月飾りに松は用いないのである。

――この最後の不思議だが、解説が必要だろう。一見、大國魂神社の創成の秘話らしくも読めるのだが、実はまったく出鱈目だからである。

さて、聖武天皇による天平十三年（七四一年）の『国分寺建立の詔』はよく知られた史実だが、全国の国府に併設するようにして、国分寺および国分尼寺が建立された。

国分寺・国分尼寺の総本山は、奈良の東大寺である。

その東大寺で奈良の大仏が造営されていた最中、大仏を守護するためにと、宇佐八幡宮（宇佐神宮とも呼ばれ、九州の国東半島の付け根あたりにある）から勧請して――神様の分身・分霊を他の場所に移して祀る――東大寺の近くに神社が設置されたのだ。それは、手向山八幡宮と呼ばれ、創建は天平勝宝元年（七四九年）である。

大仏造立は、国をあげての世紀の一大事業であったはずだが、その守護に、なぜ宇佐神宮が選ばれたのだろうか？……それは単純に、当時この神社が最強だったからだ。かの『宇佐八幡宮神託事件』は神護景雲三年（七六九年）の出来事だが、この宇佐神宮が発した神託——神様からのお告げ——によって、弓削道鏡という一介の僧侶があわや天皇に即位しかけたのだ、ぐらいに権力があった神社で、言いかえれば、それほどまでに強い（畏れ多い）大神様が現に鎮座されていると朝廷から信じ込まれていた神社なのだ。

国分寺・国分尼寺を全国展開するに及んで、寺の守護、もしくは国府の守護のために、この強い八幡神も一緒に付けていたのである（このことは一般的には知られていない）。

武蔵国の国府は、いうまでもなくここ府中だが、国衙すなわち実際の役所の建物が置かれてあった区画は、ほぼ現在の大國魂神社の境内と重なる。

守護する強い八幡神は、大國魂神社から一キロほど東に鎮座していて、武蔵国府八幡宮、と呼ばれている神社がそれである。すなわち、先の伝承の府中市八幡町にあるのだ。

なので、八幡様が先に一人で住んでしまった、の伝承は年代的にいってありえないのだ（青筋を立てて否定するほどのことでもないが）。

これらの七不思議は、お伽話満載の他愛もない話だといえる。

ところが、大國魂神社には、別途、裏の七不思議があるのである。

裏の七不思議

いわば、非公式の七不思議だが、神社としては「その件には触れないでくれ、あまり詮索して欲しくはない」たぐいの話に違いなく、おおよそ次のようなものである――。

①大國魂神社の拝殿・本殿で使われている**紙垂**(しで)**の折り方**は、きわめて特殊だ。

②**狛犬**(こまいぬ)の置き方はふつう阿(あ)・吽(うん)だが、大國魂神社の本殿は逆の**吽・阿**である。

③その本殿裏の一等さびれた場所に**大銀杏の御神木**が聳えている。

④ここ大國魂神社は**六所神社**も兼ねているが、**祭神は九柱**である。

⑤大國魂神社の祭神は九柱だが、**神輿**(みこし)**は八基**しかない。

⑥これほどまでに古くて大きな大國魂神社なのに、『**延喜式神名帳**(えんぎしきじんみょうちょう)』**に記載がない**。

⑦大國魂神社の本殿の屋根飾りの形状からは、**祭神は女神**であることが強く示唆される。

これでいちおう七つ、つまり七不思議となるが、他にもあって――。

⑧そもそもの謎だが、大國魂神社の本殿と拝殿は、なぜか**真北を向いている**。

⑨大國魂神社の境内にある摂社(せっしゃ)・**宮之咩**(みやのめ)**神社は**、**謎だらけ**の神社である。

実は、これら裏の七不思議は（表のそれとは違って）その謎は、おおむね解くことができるのだ。すると自動的に、さきたま古墳群との関わりなどが見えてきたりもするのである。

紙垂

紙垂とは、注連縄から吊り下がっている折られた白い紙である。また、神社でご祈祷をうけるさいに、神官や巫女さんが「はらえたまえ〜きよめたまえ〜」と祝詞を唱えながら、しゃかしゃかと振ってくれる神具、これは祓串もしくは大幣あるいは大麻・太麻（これで、おおぬさ、とも読む）などなど名称はたくさんあるが、これは紙垂を細長くして束ねたものなのだ。

この紙垂の原型は、日本の神話の最も有名なシーンに記述されている。『古事記』をベースにして意訳をまじえながら紹介しよう。実は、ここに登場する神々が、本編の謎解きに深く関係してくるのである。

スサノオが乱暴狼藉を働いたせいでアマテラスは天の岩戸に隠れてしまった。

高天原も葦原中国も真っ暗となり、様々な妖がおこったので、八百万の神は天の安の河原に集まって、思金神が知恵を授けた。常世の長鳴鳥（にわとり）を集めて鳴かせたりもした。天津麻羅と伊斯許理度売命に八咫鏡を作らせた。玉祖命に八尺瓊勾玉を作らせた。

天児屋命と布刀玉命が召され、天の香山の牡鹿の肩甲骨を抜き取って、天の朱櫻（ウワミズザクラの古名）で燃やして、占った（思金神の作戦でうまくいくのかを占った。これは太占と呼ばれ、朱櫻の樹皮を炭にして燃やし、骨が焼けたさいの裂け目の模様などで判断する）。

天の香山の五百津真賢木（枝葉の繁った常緑樹）を根こそぎ掘りおこして、上枝に八尺瓊勾玉、中枝に八咫鏡、そして下枝に白和幣、青和幣を取りつけた。

布刀玉命が、それらを捧げ持った。

天児屋命は、祝詞を唱えた。

天手力男神が、岩戸の脇に隠れると、天宇受売命が、踊り始めるのであった。

紙垂の原型は、白和幣・青和幣である。白和幣の原材料は楮や梶で、青和幣のそれは麻だが、どちらも布に織りあげる前の段階のもので、麻を原料にするとやや青みがかるのだ。

現代の祓串は、紙の紙垂に麻苧（麻をさらして作ったひもで、ほぼ古代の青和幣に等しい）を少し加えるのが定番である。麻苧一〇〇%の祓串も、あるにはある（麻はマリファナだからと悪者にされている関係で、神事に使える純国産の麻製品はきわめて貴重品で高価だ）。

では、大國魂神社の話に戻そう。二枚の紙垂の写真を提示したので、丹念に見比べていただきたい。その違いがお分かりになるだろうか？……

東照宮

鏡の神社

紙垂の折り方は、代表的なものは三種類あって、吉田流・白川流・伊勢流だが、大國魂神社のそれは吉田流である。前ページの二枚の写真は、ともに吉田流だといえる。ところが！……明らかに違いがあるのだ。あたかも、鏡に映したかのように逆の折り方をしているからである。写真下は通常の吉田流だ。写真上が大國魂神社の拝殿のそれで、本殿も同じ折り方なのだ。本書では、こういった逆の折り方を「**鏡折り**」と称することにするが、日本全国の他の神社に似たような鏡折りの紙垂があるのかどうかは（以下定型文だが）筆者は寡聞（かぶん）にして知らない。

さらに、この鏡折りの不思議と呼応するかのように、本殿に置かれている狛犬も違っているのである。

大國魂神社の拝殿は、明治十八年（一八八五年）の建造で、流（ながれ）造り・切妻千鳥破風（きりづまちどりはふ）・銅葺（どうぶき）屋根の素木（しらき）造りだが、武蔵国の総社にふさわしく威風堂々とした黒っぽい建物で、菊の御紋などの金金具が映える。その背後を屋根つきの朱塗りの透き塀がとり囲んでいて、本殿はそこに建っているから、まじまじと観察するには相応の工夫がいる。たとえば、透き塀の隙間から薄っぺらいスマホを差し入れて写真を撮る……みたいな。

大國魂神社の本殿は、四代将軍家綱の命による寛文七年（一六六七年）の再建だが、流造りの社殿三棟を横に連結させた総朱塗りの相殿造りで、かなり稀らしい構造の建物だ。正面から見ると柱が等間隔に六本立っていて、階段、空間、階段、空間、階段、となっているが、階段の奥は神様のやしろ、そして空間のところに狛犬が置かれている。

その狛犬も独特なのだ。エジプトの猫のようなすらっとした造形で、向かって左が金箔、右が銀箔、まるでクリムトの絵から抜け出してきたかのような狛犬だが、左の金箔が口をあけた阿で、右の銀箔が口をとじた吽で、すなわち逆なのである。

その透き塀に沿って外側を歩いていくと、本殿の裏側は通路になっていて、反対側は木々が鬱蒼と繁ったいわゆる鎮守の森だが、その通路の南西のすみっこに（表・裏両方の七不思議に関係する）大銀杏の御神木が植わっているのだ。樹齢はおよそ一〇〇〇年という伝承だが、落雷の影響か裂けてしまっており、また、表の七不思議を信じて蛯貝を探す人に根がほじくり返されたという過去もあったらしく、それやこれやで可哀想な姿である。

ふつう大銀杏の御神木というと、鎌倉幕府の三代将軍実朝を暗殺した公暁が隠れていたらしき鶴岡八幡宮の有名なそれ（冬の嵐で近年倒れてしまった）のように神社の正面にでーんと聳えているのが定番だが、ここ大國魂神社は、いかにもうらぶれた場所にひっそりと立っていて、こちらもまた逆なのである。

金比羅(こんぴら)神社

では、すこし視点を変えてみよう。

大國魂神社の拝殿の右横から、すっと外に出ることができる。車のご祈祷所があった名残だが、神社の楽屋裏のような寂しい裏道に出る。そのまま神社の外塀に沿って南へ歩いていくと、やがて細い路地に入り込む。右は住宅の裏塀で、左は大銀杏の御神木につづく鬱蒼とした鎮守の森だから、ほとんど獣道(けものみち)といった感じだ。さらに百メートルほど南に進むと、行く手を金属製の扉で塞(ふさ)がれてしまう……残念、以前は昼間は通れたはずだが、現在は完全に施錠されてしまっている（その扉は大國魂神社の管理下にあって、二〇一七年五月から閉鎖された）。

実は、扉の向こう側こそ、古代の大國魂神社を想起させてくれる重要な場所なのだが、いったん府中街道に出てから、ぐるっと遠回りして来るしかない。

——そこは一口でいうと、崖っぷちだ。

赤土の地面で、子供が走りまわれるほどの広さはあるが、鎮守の森のはしっこだから適度に大木も植わっていて、その片隅に四畳半程度のみすぼらしい社殿が建っているのだ。

——金比羅神社である。

　いちおう神社と称されてはいるが、崖下にあるお寺の管轄だ。これは明治政府が発した悪名高き『神仏判然令（神仏分離令ともいう）』が原因する。祭神の金比羅（金毘羅も同じ）は別名は宮比羅（宮毘羅も同じ）で、仏法を守護するいわゆる護法神だが、もとはクンビーラといって、ガンジス河に棲む鰐を神格化した水神で、象のような長い鼻を持っているのだ！……。江戸時代初頭に、本家・香川県の金刀比羅宮が参拝の土産物として「金」印のうちわを考案して広め、爆発的な人気となって日本各地に分霊が勧請された。水上交通や船の守り神として、港や海の見える高台に置かれたのが定番だが、この「流行り神」以前に金比羅神社が置かれてあったなら、意味合いは全然ちがう。大國魂神社の周辺は尽くが謎解きの部品なのである。

ハケ

――景色は、数段低いところに広がっていて、右手にサントリーの工場、左手に東京競馬場、そして低層のマンションや民家が立て込んでいるのが見える（荒井由実の名曲『中央フリーウェイ』の「中央フリーウェイ、右に見える競馬場、左はビール工場」の歌詞は反対側から見たそれだ）。

　崖下へと細い石段が延びていて、あたりは広大な墓地である。安養寺などのお寺があって、貞観元年（八五九年）創建と古く、神仏習合時代の大國魂神社の別当寺だ。

ところで、こういった崖っぷちのことを、地元の人たちはハケと言うそうである。

多摩川は、古来から何度となく氾濫（はんらん）を繰り返しており、その暴れた川の水が台地を削り取ってできた断崖、もしくは崖線（がいせん）のことをハケと呼ぶのだ。

金比羅神社が建っているハケからは、現在の多摩川の川筋などはまったく見えない。

ところがだ！……最新の水害ハザードマップによると、見えている景色は、ほぼ全面まっ赤で、過去最大級の四十八時間で総雨量六〇〇ミリ程度の大雨が多摩川流域に降って多摩川が氾濫した場合、東京競馬場などは完全に水没するそうだ。しかも水面下三メートルに（これは昨今の異常気象を考えると冗談事ではすまされないのだが）。

古代の場景

では、古代の場景に思いをはせてみよう。

東京湾から多摩川へ入ってきた船旅の来訪者がまず目にする驚きの景観は？……右岸の崖上（ハケ）に立っている古墳群だろう。先に説明した荏原台古墳群だが、一〇〇メートル級の前方後円墳が二基、以外にも帆立貝形（ほたてがいけい）古墳や円墳やら大小あわせて五〇基あまりもの古墳が点々と立ち並んでいるからだ。ここは原始の川で人の手はほとんど入っていない。木々は深く繁り、その合

南のハケにぽつんと建っている金比羅神社。

荏原台古墳群の前から崖下の多摩川をのぞむ。古代ここを船で行き来していたのだ。

間から、妖しげな古代の遺跡がつぎつぎと現れ見えてきて、浅瀬では熊や鹿や狼や狐や狸や川(かわ)獺(うそ)や水鳥たちが戯(たわむ)れていたに違いなく……そう、まさに『ジャングルクルーズ』さながらの景観だったのである（ディズニーランドにある船で探検する人気のアトラクション）。

そもそも日本の古墳は「見せる」ためのものだそうで（広瀬和雄著『前方後円墳の世界』）、ピラミッドや前方後円墳のような「仰視型のモニュメント」は、強固な帰属意識に支えられた集団が、ほかの集団への競争意識と優越感での充足をうながすことで、いっそう強いアイデンティティを生み出そうとする欲求にもとづくものだ、そうである（松木武彦著『進化考古学の大冒険』）。まあ端的にいって、どうだすごいだろう！　と威張るためのものなのだ。

さらに多摩川を上流へ遡っていくと、ちょっとした入り江（もしくは中洲）があって、船は停泊した。そこが目的地の古代の港である。

下船すると、道は北に通じていた。

先に急な石段があって、よじ登るようにして崖上に出ると、右手に金比羅神社が建っているのだ（もっとも、金比羅は仏教伝来以降なので、古代においては龍神の祠(ほこら)であったろうか）。

さらに道は北へ延びていて、行き止まりに社殿が建っていた。この地を開拓した開拓神、もしくは先祖の神さまや氏神さまが祀られている神社で、すなわち大國魂神社だ。

当時は旧甲州街道はおろか陸路はほとんどなく、この多摩川が道だ。だから大國魂神社も南を向いていたはずで、今は裏にある大銀杏の大木や金比羅神社は、その名残なのである。
なお、この古代の場景は謎解きが深まるにつれて変遷していくので、乞うご期待である。

『源威集』

実は、大國魂神社がかつては南を向いていたことは、『源威集』という書物に記述があるのだ。これは南北朝時代後期の嘉慶年間（一三八七～一三八九年）に成立した、いわゆる軍記物だが、次のように記されている――。

朝敵、奥州の安倍頼時を討伐の為め、源頼義は、長男義家、次男義綱、そして東八カ国の輩たちを従えて京を出、武蔵国に逗留の間、府中六所宮、本南向きを北向きに立ち改める、奥州合戦の間、擁護の為め也。

社殿が北向きの理由までも説かれてあって、もはや謎を解く必要すらない！……などと早合点されてはいけない。これは要するに『前九年の役』の話だが、思い出していただきたい、あの馬場大門欅並木にかかわる千本の苗木の与太話を。

一、奥州の安倍頼時は現在の岩手県あたりを根城とし、つまり大國魂神社を真北に向けたところで効果は薄いのだ。東北に向けないと。

二、いざ大戦に挑もうとしているのに、一神社の社殿を立て替えるみたいな悠長なことを普通やるだろうか？　戦費は嵩むし金銭的にきびしい。

三、ほぼ同時代をえがいた『吾妻鏡』や『源平盛衰記』などにも府中六所宮に関する記述は少なからずある。が、源氏の誰それが社殿を北向きに立て替えた、みたいな話は一切ない。

四、そもそも源氏の氏神様は、かの八幡神で、これは『源威集』にも一章を割いて懇々と説明があるから要点を列挙しておこう。

1、八幡神は奈良の大仏を守護するほどの最強の神様だ。2、清和天皇が信仰していたのは八幡神で、だから清和天皇の世に京都に石清水八幡宮が勧請された。3、源家が清和源氏と称されるのは清和天皇につながる血筋だからで、それゆえ清和天皇の信仰を踏襲すべきであり、だから源家は氏神さまを八幡神とした。4、以上のような流れで鎌倉には鶴岡八幡宮が建っているのである。

だから大國魂神社に擁護を求めるよりは、すぐ近くにある武蔵国府八幡宮の、そちらの社殿を北向き（もしくは東北向き）に立て替える、なら筋は通ったのであったが。

五、この『源威集』の権威・加地宏江氏は脚注の解説でこう述べられている。なお頼義が南

向きの六所宮を北向きに立て替えたとする記述は他書に見えず、『源威集』独自のものである——と。つまり眉唾ではなかろうかと暗に仄(ほの)めかされているようだ。

そんなこんなで、誰が、いつ、何のために社殿を真北に向けたのかは依然として謎のままである（何のために、に関しては読者諸氏は気づかれているだろうが……）。

六所神社

後先が逆になったが、六所宮・六所神社についての説明が必要だろう。

大國魂神社の拝殿の正面扉の上には古びた独特の扁額(へんがく)が掛かっている（写真を参照）。ほぼ象形文字だが、江戸時代の高名な書家の筆によるそうで……これで「総社六所宮」と読む。

では、まずは総社について。

全国に国府が置かれて国衙（役所の施設）が整備されていったのは、ざっと西暦七〇〇年ぐらいの話で、武蔵国の場合、最初の国司（国府の長）が任命されたのは大宝三年（七〇三年）である。

国司は、中央から派遣される官吏で――中級・下級の貴族から選任されて任期は四年で意外と短い――赴任して最初の行事は、国中の主だった神社を巡って参拝することであった。当時、人々は神社単位で（いわゆる氏子として）まとまっていて、国を統治するには、まず各々の神社・神様に礼を尽くすことが必須だったからである。ところが、これは大仕事で、国司の巡拝はほぼ大名行列に等しく、それに神社は国中に散らばっていて、何ヶ月もかかってしまう。

そういった大仰さを解消するために、神様の方に引っ越しをお願いし、勧請してきて一ヶ所に集めたのが総社なのだ。すぐ参拝できるようにと通常国府の近くに置かれた。

では、六所宮・六所神社はというと？……

これはほぼ同じ仕組みのもので、よりすぐった神社を集めて一ノ宮・二ノ宮・三ノ宮……と格付けをしたりもした。また、総社でありながら六所神社とも称していたのは、ここ大國魂神社以外に、出羽国総社、下総国総社、相模国総社、出雲国総社、などがある。

より規模が小さく、郡や郷や村の総社の六所神社も、約二〇社ほどある。

そしてこれらを丹念に調べてみたところ、唯一の例外を除いて、六所神社の祭神は、すべて六柱なのである。その唯一の例外とは、言うまでもなくここ大國魂神社であるが――。

九柱の祭神

単に総社と称する場合は、祭神数に決まりや制限はない。陸奥国の総社である陸奥総社宮などは、百二柱だ。だが六所神社と称するからには、やはり六という数に縛られる……はずであるが、なぜか大國魂神社は九柱なのである。

大國魂神社の本殿は（ご説明したように）三棟の社殿を横に連結させた特殊な相殿造りで、東殿・中殿・西殿と呼ばれている。では、その内訳を見てみよう――。

中殿は、大國魂大神、御霊大神、国内諸神。

東殿は、小野大神（一ノ宮・小野神社、東京都多摩市）。

小河大神（二ノ宮・小河神社、東京都あきる野市）。

氷川大神（三ノ宮・氷川神社、埼玉県さいたま市大宮区）。

西殿は、秩父大神（四ノ宮・秩父神社、埼玉県秩父市）。
金佐奈大神（五ノ宮・金鑚神社、埼玉県児玉郡神川町）。
杉山大神（六ノ宮・杉山神社、神奈川県横浜市緑区）。

一～六ノ宮の格付けは年代によっても変わるので、さほど意味はない。とくに三ノ宮にされている大宮の氷川神社は別格で——毎年一月一日の早朝に行われる宮中祭祀の四方拝では、伊勢神宮・石清水八幡宮・熱田神宮・鹿島神宮・香取神宮などと並んで氷川神社も拝され——ほぼ神宮に匹敵する。実際、氷川神社の公式ホームページには武蔵一宮とある。

大國魂大神は、中殿＝中央に祀られていて、言うまでもなくここの主祭神だが、出雲大社のご祭神である大国主命と同神です、とそこかしこで断定的に書かれていたりもする。だが要するに、この地方を開拓した開拓神で、それを象徴的に表した神名にすぎず、名前が似ている大国主命を奉る出雲族と関係があったかどうかは、また別次元の話となる。ちなみに、先の氷川神社を造ったのは出雲族だ（これは断言できる）。

中殿の御霊大神は、大國魂神社のホームページに解説はないが、一般的に考えれば、祟り神だろうか。そして国内諸神とは、まあ八百万の神だろう。だが、こちらは深く考察する意味はなさそうで、いわゆる数合わせではないかと想像されるからだ。

ところで、一八三六年に刊行された『江戸名所図会』によると――。

本社祭神、大己貴命。相殿、素戔嗚尊、伊弉諾尊、瓊瓊杵尊、大宮女大神、布留大神（以上六神、これを俗に六所明神と称せり）、天下春命、瀬織津姫命、倉稲魂大神（以上三神、これを来客三所の御神と称せり。すべて九神、合わせてともに六所の宮と称す）。

――祭神が、まったく違うのだ！

では、さらに別の資料を見てみよう。同じく江戸時代後期の一八一〇～一八三〇年に編纂された『新編武蔵風土記稿』によると――。

当社祭る所の六神は素盞嗚命・大己貴尊・布留太神、共に一殿、是を中殿とす。瓊瓊杵尊・伊弉冉尊・大宮女命共に一殿、是を西殿とす。外に瀬織津姫・天下春命・倉稲魂太神共に一殿、是を東殿とす。三殿合せて一社とす、是を本社と云う。一説に六神は大己貴尊・少彦名尊・事代主命・建御名方尊・武甕槌命・経津主尊なり。

――一見『江戸名所図会』と同じだが、男神イザナギが女神イザナミに変わっている。また一説の方は、大己貴尊を除いてまったく異なるのだ。

混沌（こんとん）としてくるばかりだが、さらに遡ってみよう。

次に紹介するのは、南北朝時代中期（一三五〇年頃）に成立したとされる『神道集（しんとうしゅう）』からの抜粋だが、大國魂神社の祭神に関する資料としては最古のものだ——。


　武蔵六所大明神事、一ノ宮ハ小野大明神ト申、二ノ宮ハ小河大明神ト申、三ノ宮ハ火河（ひかわ）大明神ト申、四ノ宮ハ秩父大菩薩ト申、五ノ宮ハ金鑽大明神ト申、六ノ宮ハ椙山（すぎやま）ノ大明神ト申。


他の三神については不明だが、一番最初に紹介した内訳と見比べていただきたい。

——同じである！

最初のそれは現代のものだが、はて、この謎解き（からくり）はというと、明治初年の『神仏判然令』にともなって、神社名や祭神を確定させる（古来からの純粋な神社でございますと身の潔白を証明する）必要にせまられ、当時の神職が知恵を絞って案出したもので、そのさいの基礎資料に、この『神道集』が用いられたからである。

江戸時代に祭神が混沌としていたのは、国司制度が形骸化し、それにともなって総社や六所神社も名目だけになって、祭神が時々の都合によって変えられてしまうからだ。単独の神社の場合は祭神は混沌としない。総社だから、六所神社だから、混沌とするのである。

ともあれ、一三五〇年頃までは遡れたのだが、本編の謎解きは、大國魂神社の創成期から西暦五〇〇年を経て、その後の数百年の状況を知ることが肝要で、だが文献類から直接知るのはほぼ不可能（江戸時代の初頭にあった府中の大火で大國魂神社や別当寺の古文書類は灰燼（かいじん）に帰している）なので、今に残るかすかな痕跡を見つけるしか手立てはない。

その点、大國魂神社の神輿にも、かすかな痕跡を見出すことができそうなのである。

八基の神輿

大國魂神社の神輿は、境内にある宝物殿で安置されており常時見ることができるが（有料）、八基あって、その内訳はこうだ――。

一之宮神輿から六之宮神輿は、先の『神道集』通りの祭神。

御本社神輿、大國魂大神。

御霊宮（ごれいのみや）神輿、御霊大神。

なお、中殿に祀られている国内諸神は、御本社神輿に同乗されているとの噂もあるが、公式ホームページには言及がなく不詳である（この件は章の最後で再考する）。

また、この種の最古の資料としては、神主の猿渡盛道によって寛永元年（一六二四年）に記された『武蔵国総社六所宮縁起并社伝』がある——。

一之宮神輿、大國魂大神。

二之宮神輿、御霊宮（現在の御霊大神）伊弉冉尊。

三之宮神輿、一之宮の祭神（当時どこが一之宮だったのか不明）。

四之宮神輿から七之宮神輿は相殿四神の素戔嗚尊・瓊々杵尊・大宮女ノ命・布瑠大神。

八之宮神輿、八百万神。

——案の定というべきか、大幅にちがう。

ただ一つ言えることは、江戸時代初頭においても、**六所**宮と称しながら祭神は**九柱**だという点だ。

にもかかわらず神輿は**八基**しかない。

だから様々な憶測を呼んだらしく、神輿八基のうち二神一基のものがあり社司は神秘としている（一八三六年『江戸名所図会』）とか、そもそも大己貴命と素戔嗚尊の二柱が大國魂大神の正体に違いない（一八二九年『武蔵総社略記』）などなど諸説紛々だったようだ。

だが徳川の世になると、ここはお江戸の総社なのだから、紀伊國屋文左衛門のような酔狂なお大尽はそこかしこにいて、「神輿が八基なのはさぞやお困りでございましょう。一基お作りいたしますよ」そんな申し出は過去何度となくあっただろうと想像されるが、神輿は、現在もなお八基しかないのだ。これは大國魂神社の絶対の**決め事**なのだろう。祭神がどう入れ替わろうが関係しないのだ。――と同じく、九柱という祭神数も**不文律**なのかもしれない。

ところで、読者のみなさんはすでにご存じだ。大國魂神社の真北にはさきたま古墳群が鎮座し、正確な南北線で貫かれていることを。その古墳群は、巨大円墳一基と前方後円墳八基すなわち九基で構成されていることを。うち二基の古墳は異様に近接していて、あたかもミザールとアルコルの二重星であるがごとく造られていたことを。……

御霊大神

大國魂神社の祭神の一柱、御霊大神、これは正体不明だ。

もっとも御霊神社という名前の神社はたくさんある。だが神社の祭神の名前が、御霊神もしくは御霊大神、というのはここ以外では聞いたことがない。たとえば「西風神社」があったとして、そこの祭神は「御神」といってるのに等しいからだ。

これも裏の七不思議に加えてもよさそうだ（謎が解ける可能性を秘めている）。

御霊という漢字は「みたま」と呼べば尊称だが、「ごりょう」もしくは「ごれい」と呼ぶ場合は、いわゆる祟り神で、京都の御霊神社（八六三年創建）が古く、遷都したての長岡京に祟ってわずか十年たらずで再遷都に追いこんだ怨霊・早良親王（七八五年没）が祀られている。怨霊を、御霊という綺麗な漢字にかえて宥めようとしたわけだが、後に続く御霊としては、菅原道真（九〇三年没）や平将門（九四〇年没）などが有名だ。

さて、大國魂神社の例大祭で現在用いられている御霊宮神輿（御霊大神が乗る神輿）は、きわめて特殊なことで知られている——。

まずもって、この神輿だけ外観が違う（写真参照）。くねっと曲がった唐破風の屋根でしかも切妻だから、いわゆる蒲鉾の形で（神輿の屋根はふつう四面ほぼ同じだ）、それに屋根飾りも鳳凰ではなく二匹の竜が睨みをきかせている（竜は極めて稀らしい）。

それに、そもそも祭礼のさいの渡御の段取りが、他の七基の神輿と全然ちがう。

随神門から出ると同じように参道を進むが、大鳥居を前にして、にわかに引き返すのだ。再び随神門の前まで戻ると（そこは十字路になっていて）西の鳥居から外に出るのである。そして単独別の道を通って御旅所に着くと、この神輿だけ別の門から入るのである。

……筆者はネルガル門を連想する。ネルガルは古代メソポタミアの太陽神だが、わけあって

大國魂神社の御霊宮神輿(写真撮影は犀川博正氏)。

冥界の君主になり、そのネルガル門をくぐって城内に入れるのは、戦いで死んだ英雄のみだ。

では、再度、寛永元年(一六二四年)の方の資料を見ていただきたい。

二之宮神輿が御霊大神だが、伊弉冉尊が同乗している。イザナミもある種の祟り神だからとひとくくりにされたのかもしれない。それはさておき、神様二柱が一つの神輿に乗っている、この神秘こそが肝要なのだ。と、ここまでしつこく説明してきて、ミザールとアルコルの二重星を連想されない読者はおられないだろう。……

泰山府君

二重星の小星の方のアルコルは、その見えにくさゆえに逆に知名度が高く古今東西数多くの異名や伝承をもつ星だが、中国では輔星と呼ばれる。これは日本でもそのまま通用する世界があって、それは安倍晴明（九二一～一〇〇五年）などで知られる陰陽道だ。

――陰陽道で輔星とは、泰山府君をさす（太山府君の表記も同じで、その読み方も、たいさんふくん、たいざんふくん、たいさんぶくん、たいざんぶくん……どこを濁ろうが自由）。

泰山府君は、日本の陰陽道の主祭神だが、元はといえば道教の神様（こちらも主神級）で、五岳のうちの東岳（すなわち泰山）に君臨し、輔星の精が降臨したという伝承だ。また、秦の始皇帝が即位直後（紀元前二一九年）ここ泰山で『封禅の儀』を執り行って以降歴代の皇帝も右へならえで、乾隆帝（在位一七三五～一七九六年）などは泰山祭祀を十回も行っている。

一見なじみのない神様だが、実は日本人も大変世話になっていて、四十九日法要の最後の裁きの王が、この泰山府君である。だから言うまでもなく冥界の大神様だ。

京都市上京区にある晴明神社（屋敷跡に一〇〇七年創建）を訪れると、大鳥居の扁額や提灯の神紋には五芒星（一筆書きの五角形の星）が描かれ、また、霊験あらたかで知られる晴明の井戸の前には、北斗七星が地面に刻まれている。陰陽道には反閇（道教では禹歩）と呼ばれる呪術があって、独特の歩き方をして（おおむね九歩で）邪気を祓ったりするのだが、この北斗七星の上で反閇を実践してくださいね、とそんな意味合いだ。

そしてこれらはすべて、陰陽道が星辰信仰を基盤にしていた証しなのである。

だが、これは日本独自に発達したものなのだろうか？……実は違うようで、中国で八世紀後半に密教と道教が融合し、道教で司命神（人の生死を司る神）とされた北極星・北斗七星や泰

山府君などの信仰を取り入れた多数の道密混淆経典が作られ、それらが正統な密教経典とともに九世紀の入唐僧によって日本に伝えられた、とのことなのだ（岡山大学の論文『厳島管絃祭の期日に関する陰陽五行思想からの考察』曾我ともこ著）。

先の論文の最後「九世紀の入唐僧によって日本に伝えられた」の記述で、即座に思い当たる僧侶がひとりいる。——天台宗の高僧・円仁（七九四～八六四年）だ。

赤山明神

円仁は、自筆の旅行記『入唐求法巡礼行記』で世界的に知られるが、最後の遣唐使に加わって、九年六ヶ月もの長きに渡って滞在し、八四七年の帰国にさいし、約七〇〇〇点もの経典類を持ち帰ってくるのだ（京都女子大学の論文『慈覚大師円仁の将来物蒐集に関する研究』小南妙覚著に詳細がある）。

なお、最澄（七六七～八二二年）と空海（七七四～八三五年）も九世紀の入唐僧だが、初頭のそれで、彼らが持ち帰ったのは大半が正統な経典だったと考えられ、ここより天台宗と真言宗の二大密教の歴史が始まっている（それ以前の仏教は顕教と称され、奈良の大仏はこちらだ）。

だが、天台密教の特色は、真言宗に比べ、星辰信仰が非常に強いところにあるようで（すなわち円仁が原因だが）、熾盛光仏頂は北極星、七仏薬師は北斗七星に習合しており、とくに熾盛光仏頂法は鎮護国家のための大法として盛んに修せられ（九〜十三世紀で約五十回）、これは文徳天皇（在位八五〇〜八五八年）の即位にさいして、円仁が修したのが最初だとされている（同論文『慈覚大師円仁入唐求法の成果・比叡山仏教の確立を期して』小南妙覚著）。

では、話を戻そう。関連しそうな興味深い逸話が幾つもある。

たとえば、円仁の遺命によって建てられた赤山禅院（八八八年創建）は、京都御所の鬼門を方位的に正確に守護しているが、その祭神に関して『源平盛衰記』にはこう書かれている。

――赤山明神と申すにや、本地は地蔵菩薩なり、太山府君とぞ申す。

神仏習合の時代は、菩薩や如来のような悟った崇高な存在（本地）は世事には関与せず、それらが化身（すなわち垂迹）した神々が人の願いを叶えてくれる、といった本地垂迹思想が一般的だ。それに、地蔵は、仏教以前のバラモン教時代の存在で、天蔵に対しての地蔵だから、そもそも冥界の大神様なのだ。そういった観点で江戸時代の資料を調べ直してみると、大國魂神社の祭神・御霊大神にも勿論本地があって、案の定！……それは地蔵菩薩なのである。類推していけば、泰山府君や赤山明神なども同一となるだろう。

摩多羅神

また、円仁といえば、——摩多羅神が有名だ。

円仁が唐から帰国のさいに船上に突如現れ、「我が名は摩多羅神なり、臨終のさいにはお前の肝を食ろうてやる、さすれば往生できるであろう、わしを拝め！」と強要し、以降天台宗の「後ろ戸の神」として秘密裏に信仰され続けている神様だ。もちろん冥界神だ。

日光東照宮は、今現在は徳川家康・源頼朝・豊臣秀吉が祀られている。だが天海僧正が造った往時は、主祭神は同じく家康だが、この摩多羅神、そして山王の神（比叡山の守護神）が脇を固める三神形式で、古来より観音が棲むと考えられていた聖なる山の日光は、男体山・女峰山・太郎山の三つの山からなり、その力をいったん三仏堂（円仁による八四八年創建）に仮託し、それら三仏の化身である（すなわち垂迹した）先の三神の霊力でもって、さらに霊峰日光の絶大なる力を背景にしながら江戸を守護する、とそんな仕組みだったのだ（ただし、今現在は全然守ってくれていない。この仕組みを誰かが（明治政府が）壊したので）。

太秦の広隆寺（かの有名な弥勒菩薩半跏思惟像など数多くの国宝や重要文化財を蔵する）で催される奇祭『牛祭』は、実は摩多羅神のお祭りだ。他にも摩多羅神が祀られている有名どころは、十三重の塔で知られる談山神社（神仏分離以前は多武峯妙楽寺というお寺）、比叡山延暦寺の常行三昧堂（八五一年円仁創建）、平泉の毛越寺（八五〇年伝円仁創建）などがある。

また、金比羅神社の断崖下に建っている大國魂神社の別当寺・安養寺は伝円仁創建（八五九年）で、円仁ゆかりのお寺だから過去には間違いなく摩多羅神は祀られていたはずだ（度重な

る火災で現在の本堂は一七八九年再建)。

摩多羅神は、神像以外に、曼荼羅絵(まんだら)(掛け軸)として祀られている例も多く、輪王寺(りんのうじ)所蔵の曼荼羅絵を見ると、摩多羅神の頭上に描かれているのは――北斗七星で、さらに目を凝らして見てみると――ごく小さく輔星が描かれているのが確認できるはずだ(前ページ写真参照)。

……といったふうに、似たような話へと収斂(しゅうれん)するわけだが、これは先に説明した道密混淆経典が原因である。

では、そもそもの謎「御霊大神は正体不明」に話を戻そう。

国内諸神はどの神輿?

ここ大國魂神社には、特定の祟り神に関する伝承は(七不思議の表・裏を見直してみても)、これといってはない。まあせいぜい「まつは嫌いだぁ」と松に祟っているぐらいだ。

考えられる推理としては、大國魂神社には古代において北極星・北斗七星信仰があった。それが陰陽道や天台宗系の別当寺の影響をうけて泰山府君や摩多羅神などと習合した。だが、これらは神社の祭神としてはまったく相応しくないので、先のような冥界の大神様たちを神道で表すとしたならば、御霊大神、となったのだろう。

現在の御霊宮神輿には、この御霊大神が乗っている。そして国内諸神に関してはどの神輿に乗っているのか（どこにも乗せられずに置き去りなのか）詳細不明だと先に書いたが、これはつまり御霊宮神輿に同乗しているはずなのだ（筆者としては一〇〇％そうだと断言できる）。もっとも（再度言うが）国内諸神には意味はなく、単なる数合わせである。

だが大國魂神社の公式ホームページでは、この件には一切ふれられていない。それもそのはず、北斗七星の二重星の輔星が、輔星の精の泰山府君や摩多羅神などと習合し、やがて御霊大神に置き換えられた、それゆえ御霊宮神輿には二柱を乗せるのだ、といった一連の推移を、大國魂神社は説明できないからである（本書において本邦初公開なので知る由もない）。

だがしかし、天台宗の摩多羅神や陰陽道の泰山府君の基になっている道密混淆経典は西暦八〇〇年代後半で、御霊信仰もほぼ同じ年代だ。大國魂神社の創建は三〇〇年、さきたま古墳群の築造は四八〇〜六〇〇年、これらに比べると何百年も後の話であって、そのあたりの変遷をいかに上手く説明できたとしても、古代の謎解きには迫れないのだ。

やはり、より古い資料が必須となるだろう――。

大國魂神社側には、もうバケツをひっくり返しても古い資料はない。だが、さきたま古墳群側には（幸いなことに）それがあるのだ。
国宝〝金錯銘鉄剣〟がその一つで、これは四〇〇年代後半の遺物である。
また『古事記』や『日本書紀』などにも参照できる古い文献がある。
今後は、これら古い資料を基にして、さきたま古墳群側から謎を解いていくことになるが、その前に、短い章を一つ挟む。

――**六所宮**の謎を解き明かしておこう。

本章での解説はおざなりであったが、実はまったく別角度から、大國魂神社が古来から何かにつけて、六所神社だ、六所宮だ、六所明神だ……と言われて続けてきた、その謎を解くことができるのである。

謎解きの舞台は（意外にも）鎌倉から始まって、それがどう六所宮へ繋がっていくのか、章の最後までいかないと見えてこないと思われるが、お付き合いを願いたい。読者諸氏を裏切ることのない特別（スペシャル）な謎解きを提示できる、とお約束しておこう。――

第四章　北斗と南斗

鎌倉の都市計画

頼朝の案出した鎌倉の都市計画は、平安京を模したもの、と一般的には考えられている。中央部の歩道が一段高くなった段葛という特殊な作りの若宮大路は、鎌倉のメインストリート兼参道だが、すなわち京の朱雀大路だ。長さは約一・八キロに対して約三・七キロだから町の規模的には約四分の一になるだろうか。ともに真っ直ぐな一直線の道路だが、若宮大路の北端には、京の大内裏になぞらえて、鶴岡八幡宮の社殿が造営されているのだ。

平安京は（ご存じのように）碁盤の目のような条坊制の都市だが、鎌倉は、その点かなり不完全だ。

さらに両者には根本的な違いがあって、平安京は東西南北が条坊の筋に合致しているが、鎌倉は、基軸の若宮大路そのものが二七度ほど東に傾いているのである。時計の針で表すと、一時―七時ぐらいの角度で、鶴岡八幡宮の建物類も同様の傾きで造られている。

三方を山に囲まれた窮屈な立地の鎌倉なので、とくに北側の鶴岡八幡宮の手前あたりが、山が左右から迫ってきて狭くなっており、平坦地を有効利用するために町全体を傾けざるを得なかったのだ（なお、この二十七度の傾き線は本編の謎解きに関係して再度登場する）。

大蔵（おおくら）幕府

鶴岡八幡宮の参拝を終えると、東鳥居から外に出て散策するのが定番だろうか。その先は住宅街で、しばらくは何もないが、七、八分歩くと特徴ある四つ辻に着く。

手前に赤い丸型ポストが立っていて、いかにもレトロな煙草屋さんがある。反対側はクリスチャンの清泉小学校だが、そちらの角っこに黒石を彫った立派な史跡碑が立っているのだ。

――大蔵幕府舊蹟（きゅうせき）。

源頼朝が治承（じしょう）四年（一一八〇年）に造営し、火事などで再建や増築を繰り返したが、源氏三代の間、つまり承久（じょうきゅう）元年（一二一九年）まで使われていた将軍の御所である（大倉幕府、大蔵御所、大倉御所なども同じ）。敷地はほぼ方形で、東西約三〇〇メートル・南北約二一〇メートルとかなり大きく、北側は将軍の私的空間、南側に侍所（さむらいどころ）などの役所に相当する諸施設があったと考えられており、先の史跡碑は、敷地のほぼ中央に立っているのだ。

若宮大路からは離れているため二七度の傾きの影響は受けておらず、四つ辻の道は、ほぼ正確に東西・南北に沿っている。まずは、この四つ辻を左に折れて、北へ向かおう――。

一〇〇メートルほど歩くと東西の小径（こみち）と交差するが、御所の北門がこのあたりにあったよう

同種の史跡碑は鎌倉に83基あって大半が大正から昭和初期で形式が統一されている。

で、さらに直進すると、白い旗を何本もはためかせている神社が左手にあって、その手前角に、またもや黒石の立派な史跡碑が立っている。

——法華堂跡。

法華堂は高貴な人の墓所に建てられるお堂だが、「跡」となっているのは、それを明治政府が『神仏判然令』で取り壊して、代わりに白旗神社（源氏が祀られている神社）を置いたからである（普通人の墓は寺が管理して問題ないが、神上がりしたような高貴な人は神社の管轄となり、よって仏式の法華堂はダメ、というのが明治政府の見解だ）。

道は、さらに北へと通じているが、その先は登りの階段になる。

小さな石鳥居が途中にあって五十段ほどの石段を登りきると、鬱蒼と木が繁った猫の額よりは少々広い場所に出て、真正面に、五重塔をそのまま小さくしたような高さ二メートルぐらいの苔むした石の塔が、石の柵に囲われた三畳ほどの墓地に立っているのである。

――源頼朝公のお墓だ。

歴史上の偉人の墓としては、あまりにも質素である。お供え物だって墓前に自由に置けるのだ（果物や菓子は厳禁だ。大木を伝って台湾リスが下りてきて食い散らかすからである）。

では、このお墓を背にして、ふり返って見てみよう。歩いてきた道筋や清泉小学校の校舎などが見えるはずだ。つまり御所を見下ろしているのである。頼朝は、神上がりして北の高台から鎌倉に睨（にら）みを利かす、死してなお鎌倉を守護するという役割を担わされているのだ。

――言うまでもないが、日光東照宮も同種の仕組みであり、また、靖国神社本殿にぴたりと合わせて首相官邸が作られてあったのも、やはり同種の発想が根底にある。

実は、頼朝のお墓に関しては、さらに秘密が隠されているので、四つ辻までいったん戻って、つぎは南へ向かうことになる――。

勝長寿院（しょうちょうじゅいん）

頼朝みずからが鎌倉に創建した「鎌倉の三大寺」と称せられる寺がある。

鶴岡八幡宮寺、そもそもは神仏習合の寺院で祭神は八幡大菩薩だったが、明治の『神仏分離令』で建造物の八割方を破却されている。三大寺のうち唯一現存。

永福寺、文治五年（一一八九年）の奥州合戦の直後、大蔵御所から東北へ約七〇〇メートルの場所に平泉中尊寺の二階大堂を模して建立された。『吾妻鏡』に、義経や奥州藤原氏らの怨霊を鎮めるためと明記されており、立地の方角からいって鬼門封じだが、効果はなかったようで、頼朝は落馬死、頼家は入浴中に殺害、実朝は公暁が暗殺、と源氏三代わずか三十年で滅ぶ。

もう一寺が**勝長寿院**で、これが本編の謎解きに関係する。

勝長寿院は、父・義朝の菩提を弔うために元暦元年（一一八四年）に建てられたが、実朝や、北条政子の墓所などもここにあって、源氏のいわゆる菩提寺である。

大蔵御所の南にあったため「南御堂」と呼ばれ、また三大寺の中でひときわ壮大な寺だったから「大御堂」とも呼ばれたが、発掘調査などは行われておらず詳細は分かっていない。

四つ辻からだと南へ一〇〇メートルほど歩けば鎌倉街道に出るが、その南側は山で、沢に沿ってヤツデのように道が延びていて、沢筋は今は住宅街だが、かつては勝長寿院の大小の堂宇がそこに建ち並んでいたはずなのである。

さて、ここで一つの典型例を見ることができるのだ。

それは「北にお墓（御所をはさんで）南に菩提寺」といった構図である。

頼朝の墓所からふり返ってみると梢の合間に見える山に勝長寿院があった。

頼朝は菩提寺では弔われず、単独北に置かれ、南の菩提寺とひそかに結んで、あいだにある自身の領地を守護していたのだ。

だが勝長寿院の伽藍配置がまったく不明なこともあって、どの程度正確な南北ラインが引かれてあったかは判断のしようがない。

そんなこともあって、別の典型例を紹介しよう。こちらは詳細が判明している。

（以下、歴史上の有名人にまつわる、世間にはまったく知られていない逸話が開陳されるが、全編実話であると事前にお断りをしておこう。なお関係する謎解きも筆者独自のものである）。

慈福寺

関東移封で江戸城に入った徳川家康だが、翌天正十九年（一五九一年）、埼玉の奥地で領地の検分を兼ねて鷹狩りをやっていたさい、山鬱密にあったみすぼらしい小さな寺に立ち寄った。

そこは慈福寺という古刹で、貞観二年（八六〇年）に慈覚大師の創建、本尊の地蔵菩薩も慈覚大師一刀三礼の御作、との伝承で、本来は天台宗だったが当時は曹洞宗の僧侶が守りをしていたのだ（本山の比叡山が焼き討ちにされた影響で、末寺も安穏ではない）。

そして祈祷を終えると、家康が唐突に言い出した。

——寺領として三百石を賜う。

それは過分すぎると固辞すると、ならばと家康は懐紙（かいし）を取り出して、

——献香料（けんこう）として高三石を賜う。

とすらすら書いて住職に手渡した。『鼻紙朱印状』と呼ばれ越谷市の指定文化財である。

そして、こう命じられたのだ。

一、天台宗に戻す必要はなく、宗派や住職はそのままでかまわない。
二、寺号を「浄山寺（じょうさんじ）」と改めるべし。
三、寺紋（じもん）として「三つ葉葵（あおい）」を賜う。

いかに無名のボロ寺とはいえ、これほどの古刹の名前を勝手に変えてもよいのだろうか？

それに家康が建てた寺ではないし、無論徳川家の菩提寺などではないのに、「三つ葉葵」を下賜した理由はどこにあるのだ？

これらの謎は、すぐに（数年後に）解ける。

家康は慶長（けいちょう）三年（一五九八年）、かねてよりの懸案だった芝（しば）の増上寺（ぞうじょうじ）の造営に着手した。そのさいの位置決めの「基点」に、この浄山寺（慈福寺）を用いたのである。

――東経一三九・七四七三（小数点以下は十進法）。

この極めて正確な南北線で、それぞれの本堂は貫かれていたのだ。

増上寺は徳川家の菩提寺で、江戸城の南側に建てられたが、宗派は浄土宗である。三河以来の徳川家の宗派が浄土宗だからである。

なるほど！……「浄山寺」と改名されたわけは意外と単純だったのだ。浄土宗の増上寺の真北に位置するから「浄土の山の寺」なのである。

家康が最初に慈福寺を訪れた時、数え歳でちょうど五十歳である。「人間五十年」と謡(うた)われていた戦国の世である。昨今流行りの言葉でいうと「終活(しゅうかつ)」だろうか。

家康は、自身のお墓の地を、この浄山寺と定めたのである。

また家康の母親・於大(おだい)の方(かた)の菩提寺である小石川(こいしかわ)の傳通院(でんづういん)も、同じ南北線に沿って建てられ、江戸城内の紅葉山(もみじやま)（各種宗教施設を集約した場所）を基点にして南北対称の位置にある。

家康が鎌倉幕府の信奉者だったことは有名で、座右の書は『吾妻鏡』だ。これは鎌倉時代末期に幕府みずからが編纂した公的な歴史書だが、五十冊あまりもあった膨大な分量で、日々これに読み耽(ふけ)っていたそうである。

頼朝の墓所・法華堂と勝長寿院の仕組みは、もちろん知っていたはずで、それを模倣しようしたことは想像に難くない。――

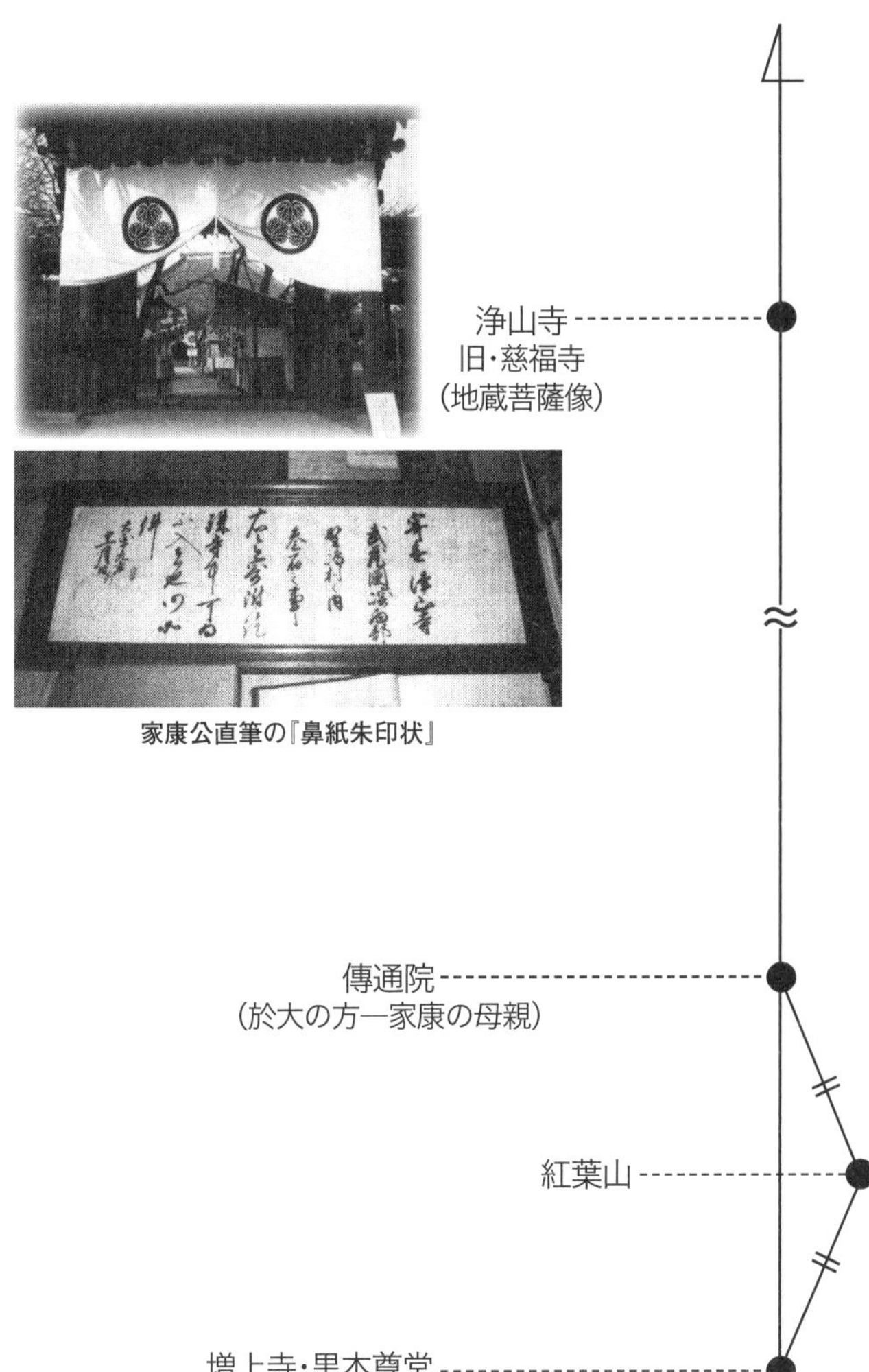

家康公直筆の『鼻紙朱印状』

野島（のじま）の地蔵尊

浄山寺（越谷（こしがや）市野島）の地蔵菩薩像は、野島のお地蔵様として、地元では古くから慕われてきた。ところが、最近文化庁の調査が入って、二〇一六年、国の重要文化財に指定されたのだ。これによって、寺の伝承（八六〇年創建）は証明され、この地蔵尊は**埼玉県最古の仏像**だと確定し、のみならず木彫仏としては**武蔵国で最古**であり、かつ**日本最古の地蔵菩薩像**の可能性が取り沙汰されており（候補は五体ほどある）、また慈覚大師作と伝えられている仏像は日本全国に数多くあるが、年代的に合致することが確定した（つまり本物の）現存している唯一の仏像ではないかとも考えられているのだ。

当時の家康は、我々のような素人とは違ってはるかに目利きであったに違いなく、国のお墨付きなどなくても、地蔵尊を見た瞬間に先のような事柄は判断できたと想像される。

また、家康は清和源氏だと称している（家系図を改竄（かいざん）したようだ）。

だが源氏を名乗る以上は清和天皇の宗教観を踏襲すべし……といった話はすでに説明済みだが、八幡神は、これは神道上の話であって、仏教的には別にあるのだ。

清和天皇が深く帰依していた僧侶がいて、それは天台宗の三代座主（ざす）・円仁である。

九歳という若さで天皇になった清和天皇だったが、円仁は六十五歳で、そんな円仁おじいさんから仏教上の様々な教えを授かったそうで、その後円仁が亡くなったさい、清和天皇の発案で日本で最初の大師号（だいしごう）「慈覚大師」が贈られたのである。

徳川家の宗派・浄土宗の開祖は法然（ほうねん）だが、比叡山で学んだ僧侶で、円仁に私淑（ししゅく）（直接に教えは受けられないが、ひそかに尊敬しその人を師と仰いで模範として学ぶこと）しており、死の床についたさいには円仁の九条の袈裟（けさ）をまとって亡くなったという。

もうあれやこれやと、完璧だ！

それに地蔵菩薩は、そもそも冥界の君主。

家康の墓所・法華堂を守護してもらうのに、これほど相応しい仏像はない。

だから三つ葉葵紋をつけて、自分の寺だと宣言したわけであろう。

黒本尊堂（くろほんぞんどう）

家康が、かの天海僧正と初めて対面したのは駿府（すんぷ）城でだが、意外と遅く、慶長（けいちょう）十三年（一六〇八年）のことである。だから説明してきた数々の秘密（からくり）は家康が独自でやったことで、言っちゃ何だがいわば素人の作なので、謎を解いてみると比較的単純（シンプル）だ。

だが家康が天下人になったことによって、状況はがらりと変わってしまうのである。

自明のことだが、家康のお墓は浄山寺にはなく、天海僧正の差配で絢爛（けんらん）豪華な日光東照宮に置かれている。

だが本書の冒頭（プロローグ）でも説明したように、日光東照宮は江戸の真北にはない。江戸城の真北にあったのは他ならぬこの浄山寺なのだ。

かつて浄山寺には、家康公の尊像が置かれてあったことが分かっている。日光東照宮と同様の三神形式をとり、日光からの霊力を江戸へと導く中継基地（プリズム）のような仕掛けがほどこされてあったのでは、とも想像されるが、残念なことに幕末の文久（ぶんきゅう）二年（一八六二年）、火事で本堂もろとも焼失してしまったので（本尊は持ち出せた）詳細は不明である。

『大日本東京芝三縁山増上寺境内全図』の極めて精緻（せいち）な鳥瞰図（ちょうかんず）によると、「黒本尊」と記されているのが家康が建てた最初期の本堂で、一三九・七四七三の南北線は、ここを貫いていた。また、歴代将軍の墓もこの南北線に沿って作られてあったことが分かり、彼らは神上がりはしておらず、真北にある浄山寺・浄土の山の寺へと導かれていたのだ（イラスト参照）。

だが明治時代以降に、徳川憎しの度重なる放火があったそうで、黒本尊堂は（増上寺の本堂も）消失してしまった。その後歴代将軍の墓は移されて、跡地にはホテルが建っている（頻繁

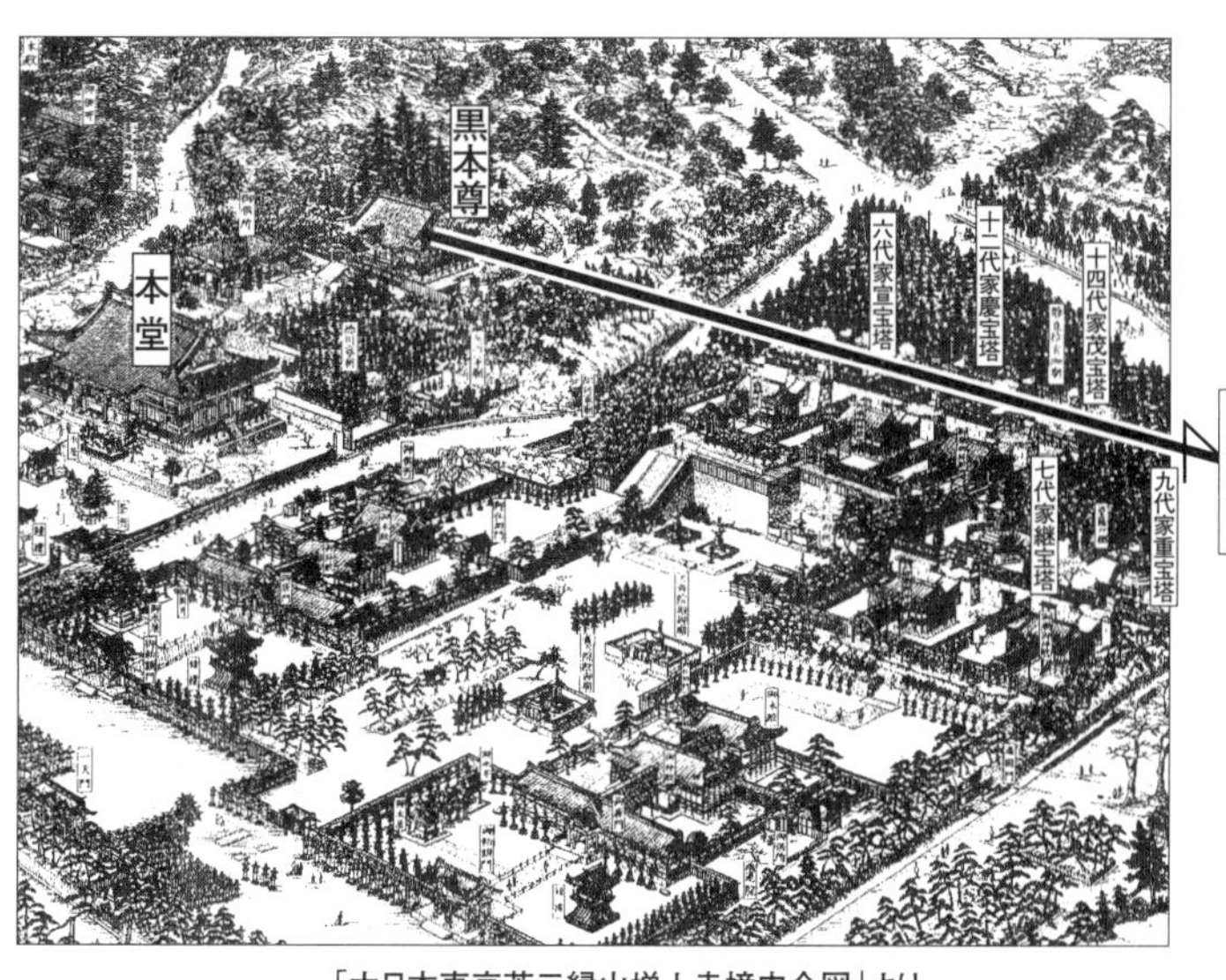

「大日本東京芝三縁山増上寺境内全図」より。

に幽霊が出るという都市伝説のホテルだ）。

そもそも日光東照宮の三神が壊されている
し、家康や天海僧正が苦心してほどこした江
戸の護りはズタボロにされてしまっていて、
今はまったく機能していないのだ。……

「北にお墓・南に菩提寺」
家康は頼朝のそれを模倣したとすると、で
は頼朝は何をモデルにしたのだろうか？

氏寺（うじでら）

家康は鎌倉信奉者（マニア）だったが、その点頼朝は
京信奉者（マニア）なので、モデルはそちら側にあった
はずだ。もっとも、菩提寺と称せられるのは、
ほぼ鎌倉時代からのようで、それ以前は「氏

寺」がこれに相当する。

当時、京で最大の権力者は（天皇家をのぞけば）いうまでもなく藤原氏だ。藤原氏の氏寺は、興福寺（阿修羅像をはじめ国宝約三〇点を有する世界遺産の大寺院）で、平城京の遷都にさいし現在の奈良市登大路町に和銅三年（七一〇年）に創建された。

かたや藤原氏の墓所は、宇治陵と呼ばれ、総面積約九ヘクタール（東京ドーム二個分）に点在する大小三〇〇ほどの陵墓群がそれだが、五～六世紀の円墳や前方後円墳などもあって、古代からここに集約されていたようだ。

位置関係は、興福寺の北方約三〇キロの場所だが、角度的には五度ほどずれていて（時計の針で表すと長針の五九分―二九分）本書的には真北とは言えない微妙なところだ。

丹念に探せば他にもあるだろうと想像されるが、もういっそのこと根源についてご説明しよう。「北にお墓・南に菩提寺（氏寺）」この原典は中国にあるのだ。――

劉邦の墓

秦王朝滅亡後の劉邦と項羽の戦いは有名だが、その劉邦が、紀元前二〇二年、皇帝になって建造に着手したのが漢の長安城である（平安京がモデルにした長安の都は約八〇〇年後の別物）。

劉邦は紀元前一九五年に没したが、お墓は高祖長陵と呼ばれ、高さ約三〇メートル・一辺一五〇メートルほどの簡素な方墳で、ほぼ何もない平らな台地にぽつねんとある（近隣から約三千体の兵馬俑が出土したが秦の始皇帝のそれが凄すぎて知名度はない）。

劉邦の墓と長安城の位置関係は、黄曉芬（東亜大学人間科学部教授）の論文『漢長安城建設における南北の中軸ラインとその象徴性』でGPSによる実測結果が報告されており、長安城の中央南にある正門・安門から北へ一五・六五キロの位置にあって、方位は真北からわずか〇度一三分二〇・一秒の西振れ、とのことで、これは本書的にいっても真北であろうか。

また先の論文には、こんな記述がある——。

漢長安城には天体との対応関係が意識され、当時の宇宙観が反映されているとする見方が実は古くからあった。

城南為南斗形、北為北斗形、至今人呼漢京城為斗城是也（『三輔黄図』漢時代の史跡を記述した地理書で西暦五〇〇年代頃の編纂）。〔訳文〕城の南は南斗の形、北は北斗の形をしている。現在においても人々が漢の都城を斗城と呼ぶのは、このためである。

これは漢長安城の城壁の形を語る内容であり、実際のところ、一直線で築かれた東城壁を除いて、北・西・南の城壁は、所々屈曲した形で築かれていた。

——この北斗と南斗は天体の星座だが、同時に道教の神様でもあるのだ。

北斗星君と南斗星君

中国の神話（道教神話）は、日本の神話（記紀神話）のように意図的に纏めようとしたことが過去なかったせいで、主神級がたくさんいて、人の生死を司るいわゆる司命神も複数存在する。北斗星君と南斗星君は、その司命神の代表的な一対で、中国の怪奇短編集『捜神記』に、こんな面白い説話が載っている（『捜神記』は三三〇年頃で東晋の干宝著）。

魏の国に管輅という、その種の秘術に精しい人がいた。ある日、麦畑で働いていた少年を馬上から見かけ、その人相から察知して、

「不憫ながら二十歳まで命があるまい」と嘆息した。

それを聞いた父親がひどく仰天して、子供の命を助ける術が何かないかと懇願した。

「ならば、清酒一樽と鹿の乾肉を用意して、麦畑の南にある桑の大木へ行きなさい。二人の老人が木陰で碁を打っているはずだ。そこで酒と肉とが尽きるまで、すすめなさい。何を訊かれても、決して口を開いてはいけない。ただ拝みさえすればいいのだ」

言われたとおりに行ってみると、果して二人の老人が碁を囲んでいたので、無言のまま酒をついで乾肉を差し出し、ひたすら給仕し続けた。二人は碁に夢中で、盃を口にはこび乾肉をつ

まむが見向きもしない。やがて勝負がつくと、北側に坐していた老人が気づいて、目を怒らせ、

「何故、こんな処にいる!?」と叱った。

だが言われたとおり、ただただ拝んでいると、南側に坐していた老人が口を出した。

「ただで飲み食いしたのだから、何か返礼をしなければなるまいな」

「寿命帳はすでに決まっておる！」

「では、ちょっと見てみよう」

寿命帳を開いて子供の名を調べ当てると、「寿十九歳」とあった。老人はそれに筆を加えて、上下顚倒の撥ねじるしをつけ、

「これでどうじゃ、九十歳まで生きようぞ」

有頂天になって家に帰ると、管輅に報告した。

「北側にいた老人が北斗星で、南側が南斗星だったのだ。人が母の胎内に宿るのは皆、南斗が北斗に相談してのことだそうだ。なんと合点がいったかな」

南斗を廟となす

北斗は死をそして南斗は生を司り、二神で綱引きをして人の寿命を決める、といったふうに

も説かれ、星座の精が地上に降りてきたさいには老人の姿で描かれる。

だが、説話にあったように両者の性格は異なるのだ。

北斗は冷徹で気むずかしい老人で、ご機嫌を損ねさせると、ふう！……と蝋燭（ろうそく）の炎を吹き消されてしまうのだ（いわゆる寿命の蝋燭だ）。

うって変わって南斗は人情味あふれる温和な老人で、肉や酒などのお届け物をすると、喜んでくれて短い蝋燭に蝋をつぎ足してくれたりもするのである。

このような二神への信仰が、地上の建造物に投影されるようになったのは、先の漢の長安城が最初であったろうと考えられている。また司馬遷（しばせん）の『史記』（紀元前九一年に編纂された歴史書）に、「南斗を廟となす」といった記述がある。

中国でいうところの「廟」とは、死者の霊をまつる祭祀場（さいしじょう）のことだが、墓は別の場所に置かれた（つまり北斗の側だ）。廟は、日本の氏寺や菩提寺へとつながっていくが、古代の日本の神社は（原則墓は併設されないので）廟とほぼ同じと考えられるだろうか。

漢の長安城では、「宗廟（そうびょう）」と呼ばれる祭祀場が城の南側に建てられていて、安門から西南へ一キロほどの場所にあった（頼朝や家康のそれの、まさに原型だが）。

――北にお墓・南に廟。

これはそもそもは、北斗と南斗の極端な性格の違いに、端を発していたのである。

北斗の神様は極めて気むずかしいので、そちらには墓だけを置く。死人は粗相などは起こさないからだ。

かたや南斗の廟では、飲めや歌えや少々ハメをはずしても許される。むしろ南斗の神様は、肉や酒などの供え物を大いに喜んでくれるからである。

北斗七星と南斗六星

それぞれの正式な星座は、北斗は言うまでもなく北斗七星で、南斗は南斗六星である。

夏の南の夜空の代表的な星座は蠍座だが、それを矢で射ろうとしている射手座がすぐ左横に見えて、その矢のあたりだけを南斗六星と称し、南の空にあって北斗七星と形が似ていることから北斗の対とされたのだ。

また『史記』には、北斗は「帝車である」と記されている。

これは「天帝を運ぶ御車」という意味だが、天帝すなわち北極星を、さも運んでいるかのように天空をぐる～と廻っているからだ。バビロニアでは大きな車、エジプトではオシリスの車、北欧神話ではオーディン（もしくはトール）の車、イギリスではアーサー王の車、などなど呼ばれ世界中に同種の発想がある。

かたや南斗六星は、西洋ではミルク・ディパーと呼ばれ、赤ん坊にミルクを与えるときに使う小さなスプーンのことだ。

日本の民俗学の権威・吉野裕子（一九一六〜二〇〇八年）によると――

中国の北斗と南斗の信仰が、日本の宮中祭祀や伊勢神宮の祭祀に深く関係している、とそもそも最初に論じたのは彼女で、女史の学説は今では広く認められている。

――南斗は匙の形をした食物のいれものであり、食器としての南斗は神饌の中継者である、と解説されている。

つまり南斗で供え物をすると北斗側すなわち天帝に届くというわけだ。

下世話にいうと、南斗の神様は供え物は大歓迎なので……といった理屈になるだろうか。

また、七福神として信仰されている寿老人と福禄寿は、ともに南斗老人のことなのだ。

南斗六星の地

さて、皆さんはすでにお気づきかと思われるが、大國魂神社が古来から何かにつけて、六所神社だ、六所宮だ、六所明神だ……と言われ続けてきたのは、ここはそもそもが南斗六星の地だったからなのである。

漢の時代の画像石の拓本（『日光東照宮の謎』高藤晴俊著・講談社現代新書より）。

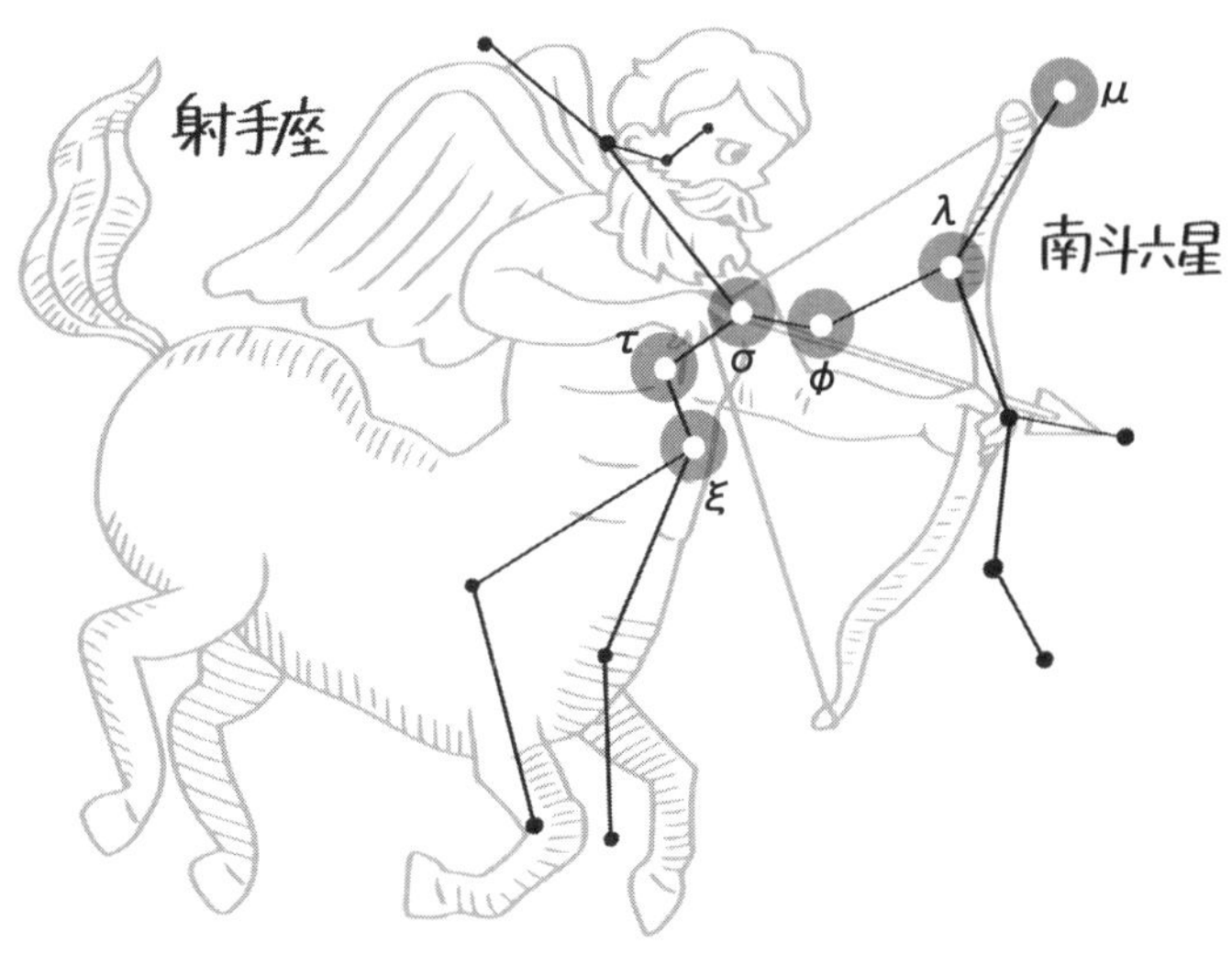

『星座』原恵/林完次共著・小学館より、一部加筆。

古代の日本の神社は、中国の廟に等しい。そして廟は南斗である。

その南斗の祭祀場・大國魂神社の真北にさきたま古墳群が位置し、それはまさに北斗七星を地上に模（かたど）ったような配置で、北斗そのものだ。その北斗の帝車が運んでいるような位置に、天帝だと目される日本一の巨大円墳・丸墓山古墳があるのである。

なお、さきたま古墳群の域内では、古代から人が住んでいたような形跡が（住居の遺構などは）まったくなく、ここは純粋に死者の都であったことが分かっている。——北斗の神様を恐れてのことだろうが、そういった点でも中国での決め事を遵守していたのだ。

道教の北斗・南斗の信仰の原典（オリジナル）そのままの構図で、さきたま古墳群と大國魂神社は形作られてあったことが分かるのである。

もっとも、年代的にいって古いので（大國魂神社はざっと西暦三〇〇年、さきたま古墳群は同五〇〇年）、中国の原典により近づくのは、当然といえば当然だろうが。

実は（予告編だが）大國魂神社よりさらに古い南斗の廟を、いずれ紹介することになり、もちろん日本に実在するそれで、同様に古墳と対になっていて、しかも複数あり、それらは西暦二〇〇年代のものなのだ（あの『神神の契約』と同じ年代だ。本書では西暦二〇〇年頃からの日本の古代史を包括的に扱うことになる）。やはり大國魂神社・さきたま古墳群と同じ一族が関係するが、この予告編は頭のすみっこにでも置いておかれ、いったん忘れていただこう。

では、このような中国の道教神話そのままに地上に星座を模（かたど）るといった驚愕（きょうがく）の遺跡を、古代の日本で（しかも東国という最果ての地で）いったい誰が造ったのか、次章ではその謎に迫ることになる。――

第五章　笠原一族

武蔵国造の乱

さきたま古墳群を築造したのは、文献上では「笠原使主に繫がる一族」である。

これは『日本書紀』の安閑天皇の条項に記されてあった通称「武蔵国造の乱」が関係し、日本の考古学の権威・甘粕健（一九三〇〜二〇一二年）は論文や著作で再々「武蔵国造の乱の史実性は相当に高い」と述べられていて、岩波文庫版による訓み下し文で紹介しよう――。

> 武蔵国造笠原直使主と同族小杵と、国造を相争いて、年経るに決め難し。小杵、性阻くして逆ふこと有り。心高びて順ふこと無し。密に就きて援を上毛野君小熊に求む。而して使主を殺さむと謀る。使主覚りて走げ出づ。京に詣でて状を言す。朝庭臨断めたまひて、使主を以て国造とす。而して小杵を誅す。国造使主、悚憙懐に交ちて、黙已あること能はず。謹みて国家の為に、横渟・橘花・多氷・倉樔、四処の屯倉を置き奉る。是年、太歳甲寅。

国司は貴族が任命されて赴任していたが、それ以前の国造（こくぞう、とも読む）は、豪族が力でのし上がっていって長になるのだ。その国造職をめぐる争いで、登場人物は三人。

まずは笠原・直・使主だが、直は古代の姓（朝廷から授かる称号で公・君、臣、連、直、首、史、村主などがある）だから笠原使主が尊称抜きの名前となる。

そして同族の――小杵。どんな間柄だったのか詳細は分からないが、「同族」この言葉は、謎解きの大いなるヒントになるだろう。

もう一人の上毛野・君・小熊は、君という最高位の姓からいって、大豪族の長である。上毛野は国名で今の群馬県にほぼ相当し、その後、上野国、と名前を変える。

そして乱の概要はこうだ。笠原使主と同族の小杵が、国造職をめぐって争ったが何年たっても決着しない。小杵は、気性があらくて人に逆らい、傲慢で従順ではなかった。ひそかに援軍を上毛野の小熊に求めて、使主を殺そうと謀る。使主はそれを察して逃げ、京（奈良県橿原市にあった勾金橋宮だが異説もある）へ行って現状を報告する。朝廷が裁定を下して、使主が国造に決まる。そして小杵を誅す（罪あるものを殺す、つまり死刑にする意味だが、文章に主語がないので諸説ある）。名実ともに国造となった使主は大層喜び、謹んで国家のために、四ヶ所の屯倉（詳細は後述する）を置いて奉る。この年、太歳甲寅（『日本書紀』では各天皇の初年度に「太歳」と書く決まりがあって、つまり安閑天皇元年の甲寅という意味で、これは五三四年となる。だが重要な異説があるので後述する）。

笠原使主

——乱の勝利者・笠原使主に関しては、かなりはっきりしてる。

まず笠原を人名として検索すると、笠原さんが多く住んでいる第一位は埼玉県である。その出自はどこかと地名として検索すると、北埼玉郡にあった笠原村で、これは現在の鴻巣市笠原だ。鴻巣市は、標高が最低で一〇メートル最高で二五メートルとほとんど高低差のない地形で、それに、埴輪の生産では東日本最大級の窯跡の遺跡『生出塚埴輪窯跡』があって、ここで作られた埴輪は（約五〇キロも遠方の）多摩川の崖上にある荏原台古墳群でも用いられている。

「埼玉の　津に居る船の　風をいたみ　綱は絶ゆとも　言な絶えそね」

これは『万葉集』の歌だが、古代には、こんな奥地に津（みなと）があったのだ。……

鴻巣市の西隣は行田市で、生出塚埴輪窯跡からだと北西に約八キロの場所に（本編の謎解きの主戦場）さきたま古墳群がある。

実は、この二つの遺跡は年代がほぼまったく同じで、そもそも専用窯として開かれたと考えられており、さきたま古墳群からはここの埴輪が多数出土している。だが国をこえて供給されていた点に特色があって、先の荏原台古墳群以外に、さらに遠くの千葉県市川市の法皇塚古墳（下総国）や同県市原市の山倉一号墳（上総国）などで、その製品が確認されている。

『鉄剣銘一一五文字の謎に迫る』で著者・高橋一夫氏がいうには「生出塚埴輪窯の埴輪は出来栄えがすばらしく、だれもが求めるブランド品だったと想定できる」とのことで、窯跡から出土した埴輪約五〇点は国の重要文化財に指定されており、鴻巣市文化センターに常設展示されている（高さ一メートルを超える武人の埴輪などが陳列されてあって、これは必見の価値ありで、実際素人目に見てもブランド品だと分かる）。

かたや、さきたま古墳群の一基・将軍山古墳は、後円部が崩れていたことから発掘調査が行われ、玄室の様子が明らかになっている。幅二メートル長さ三・二メートルの横穴式石室で、側面の壁には特徴ある房州石がブロック状にぎっしり積まれて造られてあったのだ（この将軍山古墳は内部がくり抜かれて展示館になっており、玄室の様子が再現されている）。

房州石は、名前の通り房総半島の石で、主な産出地は鋸山（安房国と上総国の国境の東京湾側にある山）だが、とくに海岸沿い（現在の千葉県富津市金谷海岸）の転石に価値があって、穿孔貝が棲みついて多数の小穴をあけ、すると軽石のように軽くなって扱いやすくなるのだ。

とはいっても、採石場とさきたま古墳群はゆうに百キロは離れている。それに玄室一つ造るのに四トンダンプに換算して約四台分の房州石が必要な計算になるそうで（『埼玉の津と埼玉古墳群』松浦茂樹編著・井上尚明著）、もちろん、舟運しか選択肢はない。だが、ここにちょっとした秘密（からくり）があったのだ。行きの舟で（そこそこ希少な）房州石を運んできて、帰りのそれに（ブランド品の）埴輪を積んで各地に出荷していた、と考えられている。

さきたま古墳群の築造は約百二十年間におよぶが、この種の交易をさくさくやって富をきずき、のし上がっていった豪族がいたのだ。それが笠原使主の一族で、そして言うまでもなく、さきたま古墳群は、笠原使主につながる長（おさ）たちの墳墓なのである（これは筆者の推測ではなく、考古学者・歴史学者の双方からほぼ確定が打たれている）。

金錯銘鉄剣

さきたま古墳群に関してはさらにもう一点、古代の資料——文字が刻まれた資料——が現存する。それは、さきたま古墳群の稲荷山古墳から出土した国宝〝金錯銘鉄剣〟に他ならない。出土は一九六八年だが単なる鉄剣だと放置され、一九七八年に保存のためにサビ落としをやっていて偶然文字が発見されたのだ。しかも表・裏あわせて一一五文字もあったから、世紀の大発見だと各紙朝刊の一面トップを飾ったそうである。

金錯銘鉄剣は、その**実物**が、さきたま古墳公園内にある埼玉県立さきたま史跡の博物館で常設展示されている。不活性ガスが封入されたガラスケースごしに間近で見ることができ、金象嵌（銀を一〇～三〇％含む）で刻まれた文字の精緻さに驚かされるはずだ。

金錯銘鉄剣の実物・裏面。

まずは、その全文を紹介しよう。なお「、」は筆者が加えた。

（表）辛亥年七月中記、乎獲居臣、上祖名、意富比垝、其児、多加利足尼、其児名、弖已加利獲居、其児名、多加披次獲居、其児名、多沙鬼獲居、其児名、半弖比

（裏）其児名、加差披余、其児名、乎獲居臣、世々為杖刀人首、奉事来至今、獲加多支鹵大王寺在斯鬼宮時、吾左治天下、令作此百練利刀、記吾奉事根原也

辛亥年は西暦四七一年が通説で、その七月に記す（つまり鉄剣に刻んだ）。乎獲居の臣（臣は姓）が鉄剣に刻ませた当人で、以下系図が語られる。

先祖の名は意富比垝、その児、多加利の足尼（足尼は姓）、その児の名は、弖已加利獲居、その児の名は、多加披次獲居（もしくはタカハシワケ）、その児の名は、多沙鬼獲居、その児の名は、半弖比（裏面へ）その児の名は、加差披余（もしくはカサハヨ、あるいはカサハラと読めなくもない）、その児の名は、乎獲居の臣、と元に戻るのだ。

――笠原らしき人物名が記されてあって、日本の古代史の権威・佐伯有清（一九二五～二〇〇五年）が、早くも一九八五年の著作『日本古代氏族の研究』の中で言及されている。けれど、大御所でなくってもこれは気づきそうだ。

　そして以下の訳文に関しては、ほぼ異論はなく通説である。

世々（先祖代々）杖刀人の首と為って（杖刀人という言葉がこの銘文以外にはなく、刀という字から一般的には「武人」と考えられている）、奉事し来り今に至る。獲加多支鹵大王の寺（これは謎の用語で最終章で説明しよう）が斯鬼宮に在る時、吾、天下を左治し（大王が天下を治めるのを助け）、此の百練の利刀を作らしめ、吾が奉事の根原を記す也。

――ワカタケル大王とは、『古事記』に大長谷若建、『日本書紀』に大泊瀬幼武、読みはともにオオハツセワカタケルという本名の、雄略天皇であると研究者の意見は一致している。

けれども、先の系図に関しては、幾つか疑問点があるのだ。

①テヨカリ獲居、タカヒシ獲居、タサキ獲居、と獲居が三人続くが、この獲居もやはり古代の姓なのである。だがしかし、すると乎獲居臣という名前は「乎」姓姓となってしまう。

②先祖代々杖刀人の首を、と言っておきながら、カサヒヨとハテヒ（父親と祖父）には姓がついていないのだ（朝廷から授かっていない）。先祖のオホヒコは、ヒコも古代の姓なので、つまり二人だけ姓の称号がなく、はたして本当に首だったのだろうか？

　佐伯有清著『日本古代の政治と社会』によると、ワケ（獲居、和気、和希、和居、別など）という姓は、三〇〇年代では頻繁に使われたが、四〇〇年代中頃あたりから次第に使われなくなっていき、臣や直などに置き換わっていったそうなのだ。

するとオワケという名前は、先祖代々授かっていた由緒正しい姓（かばね）（だが鉄剣に刻んだ四七一年では姓（かばね）としてはほぼ使用不能だ）それを自身の名前にとり込むことによって、血筋としての正統性を誇示したかったのでは、と考えられ、と同時に、先の系図には若干の改竄（かいざん）があったのでは、と推理できるのだ。では、改竄を修正した後のそれを示そう——。

オホヒコ——タカリのスクネ——テヨカリワケ——タカヒシワケ

　　タサキワケ——（　）——（　）——（★）

　　　　ハテヒ——カサハヨ——オワケのオミ

要するに、オワケのオミは分家筋だったのではないだろうか。

そしてタサキワケにつづく本家筋の方に、姓（かばね）をもらっていた杖刀人の首が、一人あるいは二人もしくは三人……いたのではと想像されるのだ。

この分家・本家の説はいちおう筆者独自の推理なのだが、同種の結論に至っている研究者やブログ主（ぬし）はおられまいか……と探してはみたけれど、見つけられなかった（ごく単純な推理なので、まず間違いなくおられると思う）。

ともあれ、推理をさらに飛躍させよう——。

先の系図の最後の二人を合体させてみると、カサハヨ・オワケ・オミとなる。父親のカサハヨがこの地を発展させた立役者だから地名が笠原になった、これは充分に考えられる話で、だからその児がカサハヨ（もしくはカサハラ）を名乗るのは不自然ではない。説明したようにワケは古代の姓なので消してみると、**カサハヨ・オ・オミ**となる。

かたや、武蔵国造の乱の主人公の名前は、カサハラ・アタイ・オミだが、アタイは正真正銘の姓だから消せる。すると**カサハラ・オミ**となって、両者はほとんど同じ名前になるではないか！……

また、先の系図に★印が置かれてあったが、つまりこのあたりに（タサキワケから数えて何代目なのか正確なことはさておき）武蔵国造の乱のもう一人の主役、乱の敗者の方、すなわち同族の小杵が入ってくると考えると、話はぴたり合致するではないか！……

ところがだ、一見見事なこの推理には、根本的な齟齬があるのだ。

金錯銘鉄剣の銘文が刻まれた辛亥年は――四七一年で、かたや武蔵国造の乱があった安閑天皇の太歳の甲寅は――五三四年となり、年代がまったく合わないからである。

金錯銘鉄剣の辛亥年は、雄略天皇との関係さらには稲荷山古墳の築造年代からいって、動かせない（だから通説としての地位がある）。だが安閑天皇の方は、どうだろうか？……

安閑天皇

そもそも『日本書紀』に記された武蔵国造の乱の出来事は、さきたま古墳群の築造年代とは合致しない。戦いに勝利したから大古墳を造営しよう、なら筋はとおるが、乱の決着をみたのが安閑天皇甲寅・五三四年だとすると、さきたま古墳群で最大規模の丸墓山古墳と二子山古墳の築造は丁度（ジャスト）五〇〇年だから三十年以上も前で、続く愛宕山古墳や瓦塚古墳も築造済みとなり（筆者が強引に割り振ったさきたま古墳群の築造年代を参照）、それに最初の稲荷山古墳（金錯銘鉄剣出土）を加えると、さきたま古墳群をあらかた造ってしまっていたことになる。

ところで『日本書紀』の安閑天皇の条項は、ある種異様なことで知られている。記述の大半が屯倉（みやけ、とんそう、読みはどちらでもいい）獲得の話で埋め尽くされているからだ。屯倉は、古代大和朝廷の直轄領すなわち皇室の私的財産で、朝廷の経済的基盤となる制度である（大化の改新（六四五年〜）で廃止された）。

歴代天皇別に、『古事記』『日本書紀』『風土記』などに記載がある屯倉を、その数だけを以下に示してみた（朝鮮半島にも若干あるが国内分のみ）。

垂仁（すいにん）天皇—一、景行天皇—三、仲哀（ちゅうあい）天皇—一、応神（おうじん）天皇—三、仁徳（にんとく）天皇—五、履中（りちゅう）天皇—

二、清寧天皇―二、継体天皇―二、宣化天皇―六、欽明天皇―五、敏達天皇―三、推古天皇―七、皇極天皇―二、孝徳天皇―二。

安閑天皇は、なんと四十一だ！（数え方によって多少前後する）。日本全国津々浦々から屯倉を得たと記述があるが、在位期間はわずか一年と十ヶ月なのである（『古事記』では即位年が五三一年と食い違うが、それでも在位期間は五年弱だ）。

走水の海

記紀（『古事記』と『日本書紀』）は、複数人の業績を一ヶ所にまとめて書くといった悪しき慣習があることで知られている。

たとえば、景行天皇の皇子・日本武尊の記述では、東征の往路、尾張にいた美夜受比売を見初めて結婚の約束をする。そして走水の海（現在の浦賀水道、東京湾の入口で古代から海上交通の難所だが、本編の謎解きに重要な場所で今後も再々登場する）を渡ろうとしたとき突然嵐になって船が沈みかける。すると后の弟橘比売が「これは海神の心なり。願わくは我が身を王の命にかえて海に入ろう」と入水して、嵐は鎮まった。そして房総半島へ渡って陸奥国や常陸や甲斐国や武蔵や上野などを平定し、やがて足柄の坂本（神奈川県の足柄山）に到ると、毎に弟橘比売を顧んでいた日本武尊は、三たび嘆き悲しんで「吾妻はや」とのたまう。ゆえ山の東の諸国を号して、吾妻の国（東国）というのだ。そして帰路についた日本武尊だが、尾張に立ち寄ると、かねてより約束してあった美夜受比売と結婚をし、祝宴が催されるのであった。

——妻を何人娶ろうが自由な時代ではあるが（しかも皇子だし）、けれど、この奇妙な予定調和・辻褄合わせ感は否めない。

日本武尊はその後、伊吹山（滋賀県米原市にあるが新幹線の車窓から見えて冬は雪深い山）に荒ぶる神がいると聞いて討ちにいく（なぜか愛用の草薙剣を美夜受比売のもとに残して）。だが大氷雨や霧をかぶって病の身となり（伊吹山にはイブキトリカブトの群生地があって、この毒の関与が示唆されている）、大和へ帰ろうとするが途中で力つきて亡くなるのだ。そのおりに各地をめぐりながら歌を詠んで、その一首がよく知られたこれである——。

「倭は　国のまほろば　たたなづく　青垣　山隠れる　倭しうるわし」

また、遺された草薙剣は美夜受比売が神社を創って奉納し、それが熱田神宮となる。つまり熱田神宮創建の由緒を語るために、美夜受比売ともども挿入された話では、と考えられている。それに日本武尊は東征の前に西征にも赴いていたことだし、だから複数人の話をあれこれ纏めたのだろうというのが通説なのだ。

先の安閑天皇の（法外な数の）屯倉話も、同種の例である可能性はきわめて高い。それに安閑天皇の一代前の天皇が誰なのかを知ると、この種の疑念はいっそう深まるのである。

継体天皇

安閑天皇の父親は継体天皇で、そして歴史好きの人なら即座に思い当たることがある。いわゆる〝王朝交替説〟だ。

筆者は万世一系を否定するつもりなどは毛頭ないが、多くの歴史学者から指摘があるように、このあたりの天皇の系図や記紀の記述が極めてあやしいのも事実である。

それと、ここしばらくは天皇に関する話が続くがお付き合いを願いたい。これは当時の倭朝（やまと）廷すなわち時代的背景を知ることによって、笠原の一族が、なぜあのような素っ頓狂な巨大構造物（北極星と北斗七星）を地上に模（かたど）ったのか、その真意が分かるかもしれない……からである（実際真相にかなり迫ることができる）。

継体天皇の一代前は武烈（ぶれつ）天皇だが世継ぎが皇子・皇女ともになかったため、大連（おおむらじ）・大伴（おおともの）金村（かなむら）、物部麁鹿火（もののべのあらかい）、大臣（おおおみ）・巨勢男人（こせのおひと）ら有力豪族が協議し、五世代前の応神天皇まで遡って、その第五皇子の血をひく子孫を探し出してきて即位させたのが、すなわち継体天皇なのである。

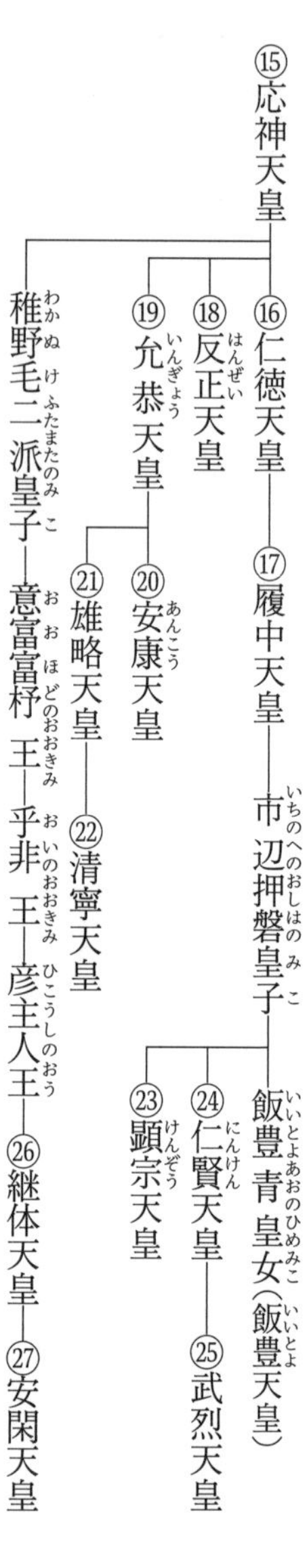

系図をご覧になれば一目瞭然で、種々の物議をかもすのは、むべなるかなであろうか。

それに、先の系図を見てまっ先に思うことは、武烈天皇の一代前、もしくは二代前、せめて三代前あたりの血筋から、なぜ皇位継承者を探し出せなかったのか？……といった点だろう。

雄略天皇

実は、そもそもの原因は（金錯銘鉄剣にも名前があった）雄略天皇が、天皇の血筋をほぼ根絶やしにしてしまったことにあるのだ。

雄略天皇の父親・允恭天皇には、五皇子・四皇女がいた（すべて同じ母親）。ふつう五人も皇子がいれば血筋は安泰のはずだ。が、あにはからんやで、第一皇子・皇太子の木梨軽皇子は実の妹・軽大娘皇女と情を通じた罪で廃太子されて伊予国へ流刑後に妹ともども自害。そして第三皇子が即位して安康天皇となったが、在位三年あまりで、皇后・中磯皇女の連れ子だった眉輪王に寝首を掻かれて殺されてしまうのだ。

これは第五皇子（末っ子の）大泊瀬稚武皇子にしてみれば好機到来で、眉輪王は当時わずか六、七歳だったから裏があるに違いないと、第二皇子・境黒彦皇子さらには第四皇子・八釣白彦皇子に嫌疑をかけ、眉輪王らを屋敷にかくまった豪族・葛城円ともども、皆殺しにしてしまうのだ。これに飽きたらず、市辺押磐皇子（履中天皇の第一皇子だが安康天皇は生前彼を後継者にと考えていた）を言葉たくみに狩猟に誘い出すや、舎人（従者）ともども射殺してしまう。数日後、御馬皇子（履中天皇の第二皇子）が豪族の館へと避難する道すがら、三輪の磐井（現在の天理市）で待ち伏せにあって戦うも、捕われて殺害されてしまった。

かくして、他の皇位継承者たちを排除し終えると、晴れて雄略天皇として即位したわけだが、天皇、誤りて人を殺したまふこと衆し。天下、誹謗りて言う。「大悪天皇なり」と『日本書紀』に堂々と書かれてしまっているぐらいで、これも、むべなるかなであったろうか。

清寧天皇

雄略天皇の治世は約二十三年と長く続いたが、後継者は、もちろん実子の――白髪皇子(しらかのみこ)だ。生まれながらの白髪で、特に霊異を感じて皇太子にされたらしく、いわゆるアルビノだったのではと考えられている。即位して清寧天皇となったが、わずか四年ほどで崩御し、この天皇には皇后なく、また御子もなかりきと『古事記』にあって、血筋は、ここで途絶えるのである。

雄略天皇の崩御は四七九年、清寧天皇のそれは四八四年だ。これは奇しくも、さきたま古墳群の最初の一基を築造した時期と、ちょうど重なるのである！……

仲哀天皇　墳丘長二四二メートルの前方後円墳　オホヒコ
応神天皇　墳丘長四二〇メートルの前方後円墳　タカリのスクネ
仁徳天皇　墳丘長五二五メートルの前方後円墳　テヨカリワケ
履中天皇　墳丘長三六五メートルの前方後円墳　タカヒシワケ
反正天皇　墳丘長一四八メートルの前方後円墳　タサキワケ
允恭天皇　墳丘長二二八メートルの前方後円墳　ハテヒ

安康天皇　一〇〇メートルほどの方墳　　　カサハヨ
雄略天皇　直径七五メートルの円墳と五〇メートルの方墳　　オワケのオミ

金錯銘鉄剣に記されてあった系図を（実際はぴたりと当てはまらないのは自明だが）天皇のそれと単純につき合わせてみた。墳丘長は宮内庁が治定している陵墓を参考にした。

古墳の大きさ、すなわち天皇の権威を表しているとこれも単純に考えると、歴代の杖刀人の首たちは、古代の錚々（そうそう）たる天皇に奉仕していたことになるだろう。

だが安康天皇のそれは、近年の調査結果から古墳ではなく中世の山城跡だとする見方が強いようで（みじめな殺され方といい）確かなことは分かっていない。

また、オワケのオミが仕えた雄略天皇の墳墓は見るからに異様だが、これはその後の（種々の物議をかもしている）不可思議な皇位継承が関係するようである。……

飯豊天皇

清寧天皇の崩御と相前後して（まことに都合良く）市辺押磐皇子の三人の実子が存命で、ひそかに隠れ住んでいたことが判明するのだ。

——飯豊青皇女と、億計(おけ)と弘計(をけ)の二人の皇子である。

だが皇子たちは互いに譲りあったため、しばらくは飯豊青皇女の執政となった。記紀では天皇として認められていないが、他の大半の歴史書では（現在の宮内庁も）天皇の扱いで、飯豊天皇と称せられ、いうまでもなく女帝である。

だが、執政して一年弱で亡くなったので、弟の弘計が即位し、顕宗天皇になるのだ。

父親の市辺押磐皇子は罪なくして射殺(い)されたため恨み骨髄で、兄・億計と相談しながら雄略天皇のお墓をぶっ壊しに行く、半分喜劇のような復讐談が『古事記』には記されている。すなわち先に紹介した墳墓の異様さは、これが原因だと仄めかされているわけだが、事実だとしたら大変な手間暇だ（巨大古墳を造るのは大事業で、壊すのも同じく容易ではないからだ）。

顕宗天皇は三年たらずで崩御し、子は無く、兄が継いで仁賢天皇となった。

仁賢天皇の在位は十一年とそこそこ長く、六皇女・一皇子に恵まれたが、男子は一人だけで、その小泊瀬稚鷦鷯尊(おはつせのわかさざきのみこと)が皇太子となって、すなわち後の武烈天皇なのである。——

武烈天皇

これは一九七〇年ごろの話だが、筆者の通っていた中学もしくは高校（筆者は六年制の私立校）の日本史の授業で、日本史の教諭が「武烈天皇は実在しません！」と断言されたのを、今でもよく覚えている。それも終業ベルが鳴る直前だったから、いわゆる捨て台詞(ぜりふ)で、質問は受け付けませんといった態度だ。そんな乱暴なこと言っちゃっていいの、と子供心に不安に感じたのを覚えているが、筆者が記紀の原典を読むような年齢になってみて思うに、日本史の教諭がそう断言されたのも、やはり、むべなるかなであったろうか。

『日本書紀』の武烈天皇の条項には残忍で狂気じみた描写が数多くあって、該当する箇所を岩波文庫版から抜粋して訓(よ)み下し文で紹介しよう。なお、個々の解説はおこなわない。

二年の秋九月(ながづき)に、孕(はら)める婦(おみな)の腹を刳(さ)きて、其の胎(このかたち)を観(みそなわ)す。

三年の冬十月(かんなづき)に、人の指甲(なまつめ)を解(ぬ)きて、暑預(イモ)を掘らしむ。

四年の夏四月(うづき)に、人の頭(かしら)の髪を抜きて、樹の巓(すえ)に昇らしむ。樹の本(こもと)を斮(き)り倒して、昇れる者(ひと)を落とし死(ころ)すを快(たのしび)とす。

五年の夏六月(みなづき)に、人をして塘(いけ)の槭(ひ)に伏せ入らしむ。外に流れ出(い)づるを、三刃(みつは)の矛(ほこ)を持ちて、刺し殺すことを快とす。

七年の春二月(きさらぎ)に、人をして樹に昇らしめて、弓を以て射墜(いおと)して咲(わら)ふ。

八年の春三月(やよい)に、女をして躶形(ひたはだ)にして、平板の上に坐(す)えて、馬を牽(ひ)きて前に就(いた)して遊牝(つるび)せしむ。女の不浄を観るときに、沾湿へる者は殺す。湿はざる者をば没めて官婢とす。此を以て楽とす。

また、武烈天皇の条項には「頻りに諸悪を造たまふ。一つも善を脩めたまはず」とそんな記述もあって、「大悪天皇なり」と書かれてあった雄略天皇を彷彿とさせる。

それもそのはず――

武烈天皇の本名・**小**泊瀬**稚**鷦鷯尊は、

雄略天皇の本名・**大**泊瀬**幼**武の、大を小に、幼を同音同意味の稚に、それぞれ変更し、

それに仁徳天皇の本名・大鷦鷯尊を付け加えている。

――いかにも作為的で、意味ありげに作られた名前に違いなさそうだからである。

仁徳天皇に関しては、数ページ前の系図をご覧になっていただければ分かるが、以降十代ほど続く天皇の血筋の根幹に位置する天皇で、だがこの血筋は雄略天皇の殺戮によって実質ついえたわけで、だから両名をひとくくりにして武烈天皇の名前に仮託して表した、のではないかと考えられている（一種の判じ物だが、後世の人が謎を解けるようにと親切設計だ）。

武烈天皇の陵墓は、宮内庁が治定しているそれは自然の丘で、真偽のほどは不明である。

武烈天皇の皇后は、春日娘子だが、その父・母はまったく不詳で、日本の歴史上こういった

出自不明の皇后は彼女が唯一だそうである。

そんなこんなで、武烈天皇は実在しない、と考えるのが一般的だろうか。

王朝交替と屯倉

次代の継体天皇の正当性を際立たせるために非現実な暴君の武烈天皇を描いたのだろう、というのが通説だが、これは裏を返せば、継体天皇が正当ではなかったため架空の武烈天皇を創出したことにもなって（裏事情が露見してしまい）本末転倒ぎみだ。

いずれにせよ、継体天皇は、仁徳天皇のさらに一代前の応神天皇の第五王子の子孫で、もはや地方に土着していた超傍系の出自だが、これが史実通りに血脈は繫がっていたとしても、実質、王朝交替に等しかったのではと考えられている。

継体天皇の即位は五〇七年だが、樟葉宮（大阪府枚方市）で行われ、そして五一一年に筒城宮（京都府京田辺市）へ遷って、さらには五一八年に弟国宮（京都府長岡京市）に遷り……と各地をてんてんとし、大和の磐余玉穂宮（奈良県桜井市）に入ったのは五二六年で、即位から実に二十年近くもたっていたからである。

京に入れなかった理由は、単純で、別の権力者が居座っていたからに他ならないだろう。

それは誰なのか？　どこのどなた様だったのだろうか？

これに関してはそれこそ諸説紛々で、たとえば、武烈天皇とは別人のまともな武烈天皇が実在していた説、物部氏と大伴氏が別の大王を擁立していた説、蘇我（そが）氏が別大王を――説、平群（へぐり）氏が――説、葛城（かつらぎ）氏が――説、そもそも市辺押磐皇子の三人の忘れ形見は（もちろん武烈天皇も）非実在説、雄略天皇の崩御直後に二王朝に分裂してしまった説、飯豊天皇が卑弥呼のように君臨していた説、などなどあって、その個々の詳細は本書では到底紹介しきれない。

ただ言えることは、継体天皇の五〇七年の即位は、これは名目にすぎず、大和に入った五二六年が事実上の即位年なのである。『日本書紀』によると、当時すでに八十歳に近い高齢だ。

ところで、大和の磐余玉穂宮に入って名実ともに天皇になった継体天皇が、とり急ぎやらなければならない重要事項が一つあったはずだ。

――経済基盤の確認である。

つまり屯倉だが、これは以前に説明したように朝廷の直轄領（皇室の私的財産）だ。けれども、前の朝廷（前の皇室）のそれであって、従来と同様に、継体天皇にも恭順の意をしめしてくれるかどうかは、はなはだ心もとない。だから日本全国津々浦々にあった屯倉を精査したに違いないのだ。

安閑天皇の条項にあった法外な数の屯倉話は、すなわち、この精査の結果が反映されてあったと考えるべきで、安閑天皇が直接関与したそれが少数あったかもしれないが、大半はそれ以前の天皇に由来する屯倉なのである。これに関しては、自信をもってそうだと断言できる。

また、より詳しく説明すると、継体天皇の入京直後に、しかるべき役所が日本全国の屯倉の一覧表を作成し、その幾つかには屯倉の獲得の状況なども説明されてあって、そのような資料が後世まで残っており、それらすべてをひっくるめて安閑天皇の条項に転載したのだろうと想像される。実際、条項にある屯倉の七割方は、どの国のどこに屯倉があるといった単純な羅列にすぎないからである。

さて、すると懸案事項だった、武蔵国造の乱の年代は、ようやく「安閑天皇太歳甲寅」の呪縛からは解き放たれることになるのだ。――

武蔵国造の乱の年代

晴れて国造になったから巨大古墳の築造に着手した、そんな当然の流れに従うなら、武蔵国造の乱は、さきたま古墳群で最初の稲荷山古墳のそれよりは、以前の出来事だったはずだ。稲荷山古墳の築造は、説明の簡素化上・四八〇年としてきたが（第一章でご説明した通り）

榛名山の四八九年に始まった火山噴火などを考慮すると、最大限こちら側にふったとしても、この火山噴火の年は越えられないから、つまり四八九年よりは以前となる。

また金錯銘鉄剣の銘文には、杖刀人の首とはあったが、国造を想起させるような単語はなく、国造職にはまだ就いていなかったと考えられるだろう。つまりオワケのオミが鉄剣に刻ませた辛亥年・四七一年、よりは以降のはずだ。

すなわち、**四七一年から四八九年までのどこか**で、武蔵国造の乱が勃発したことになる。

原文によると「……奉置横渟・橘花・多氷・倉樔、四処屯倉。是年也、太歳甲寅」のように干支(かんし)・甲寅の直前に武蔵国造の乱の記述が置かれてあったことから、転載元の資料（しかるべき役所が作成した屯倉の一覧表）に、同じ干支が記されてあった可能性が考えられ、また干支は六十年循環(サイクル)だから、五三四年からマイナス六十年すると、すなわち**四七四年**となって、先の四七一～四八九年にあてはまり、これも一つの推理（有力な候補）だろうか。

また天皇で表すと、雄略天皇（崩御四七九年）、清寧天皇（同四八四年）、飯豊天皇（同四八五年）、顕宗天皇（同四八七年）、そして仁賢天皇の初頭あたりまでぎりぎり該当するだろう。だが清寧天皇以降は、種々様々な王朝交替説があるように、笠原使主が助けを求めにいった京(みやこ)が、どの天皇・どの大王の宮殿だったのかは……実際のところは不明だ。

では、放置したままになっていた謎にせまろう。

同族の小杵

武蔵国造の乱のもう一人の主役、同族の小杵に関しては、乱の戦後処理として献上された屯倉から、推理できそうである。

――謹みて国家の為に、横渟・橘花・多氷・倉櫟、四処の屯倉を置き奉る。

この四ヶ所のうち場所がはっきり分かるのは橘花の屯倉だ。武蔵国に、橘樹郡御宅郷というそのままの地名が残っていたからで、詳しくは後述する。

だが他の三ヶ所に関しては憶測にすぎず、大半の書物や論文などでも次のように書かれているが、信憑性のほどは定かではない。

倉櫟の屯倉は、倉櫟を倉樹の誤記として、武蔵国の久良岐郡（神奈川県横浜市の南東部）。

多氷の屯倉は、多氷を多末の誤記として、武蔵国の多磨郡（多摩川の流域）、あるいは多氷という読みから、大井（東京都大田区だが多摩川の下流域）とする説もある。

横渟の屯倉は、横渟を横見だとみなして、武蔵国の横見郡（現在の埼玉県比企郡吉見町だが、さきたま古墳群から南に十キロほどの場所で、有名な古代遺跡『吉見百穴』がある）。

これらの説に従うなら、つまり勝者の領地から一ヶ所、敗者のそれから三ヶ所の屯倉が献上されたと考えられ、まあ順当といえるだろうか。

けれども！……倉樔や多氷の屯倉は先に結論ありきで、とくに多氷が多末の誤記だというのは都合良すぎだ。また横渟（よこぬ）の屯倉は、読みといい渟の漢字といい近似の地名が見つからず、勝者も一ヶ所ぐらいは屯倉を献上したのでは、の発想のもとに近場から古代の地名・横見を探し出してきて無理やり当てはめた……と想像される。

よって本書では、この三ヶ所の屯倉に関しては不明とし、謎解きにも不要とする。

実は、橘花の屯倉一つだけで、真相にせまれるからだ。

橘樹郡御宅郷は、現代の神奈川県川崎市幸区北加瀬から横浜市港北区日吉あたりで、地理的には鶴見（つるみ）川沿いの北側に位置する。鶴見川は大河ではないが多摩川の南を流れていて、つまり二河川に挟まれるような場所に橘花の屯倉はあったのだ。そこから二、三キロも歩けば多摩川の河川敷に出る。それどころか、ほぼ真北へ五キロほどの崖上（ハケ）に、かの荏原台古墳群が立ち並んでいるのである。いうならばお膝元で、「謹みて国家の為に屯倉を置き奉る」のに、これほど相応しい場所はないだろう。地名がそのまま残っていたのは、まさに奇跡で、それこそ謎を解けという神様の思し召しだ。

さて、唐突だが、再度金錯銘鉄剣の銘文を示そう（系図のみ太字で現している）——。

（表）辛亥年七月中記、乎獲居臣、**上祖名、意富比**垝、**其児、多加利足尼、其児名、弖已加利獲居、其児名、多加披次獲居、其児名、多沙鬼獲居、其児名、半弖比**
（裏）**其児名、加差披余、其児名、乎獲居臣**、世々為杖刀人首、奉事来至今、獲加多支鹵大王寺在斯鬼宮時、吾左治天下、令作此百練利刀、記吾奉事根原也

刻まれてあった系図には秘密があり、つまり本家・分家に別れたのではと筆者は推理したが、実はもう一つ謎が隠されているのである。

この鉄剣には**表**と**裏**がある（自明のことだが別種の意味がある）。系図は、鉄剣の表から始まっていて、だが一部、裏へはみ出して終わっているのだ。長い系図だから字数の都合上、表だけではうまく収まらなくって、彫金師（象嵌師（ぞうがんし））なりの判断で勝手に面をまたいだ……のだろうか？

まさか！　そんなやっつけ仕事が許されるはずもない。この鉄剣を作るのに、どれほど莫大な費用がかかっていたことか！

これは自身の根源を記すための物で、後にお墓に入れることからも、つまり命に匹敵するような代物だ。刻まれてあった銘文は一字一句にいたるまで練りに練って作製されたはずで、当然、どこで面をまたぐのか、あらかじめきちっと指示されてあったはずなのだ。——

引っ越し

小説などで〝行間を読む〟といった手法がある。鉄剣の表と裏の間に文字には表されていない何かの出来事があったのでは？……引っ越しがあったのでは、と筆者は考えている。

つまり別天地への入植で、それを行った人物が鉄剣・裏の最初に記されてあった加差披余、その彼が入植地を発展させたので、笠原という地名になって（かつ笠原という人名にもなって）後世まで伝わったのだろう。そして銘文を刻ませた乎獲居臣は、あっち側の二代目だ。

かたや鉄剣・表に名前を連ねている人たちは、こっち側に住んでいたはずで、するとお墓もこっちにあったはずなのだ。――荏原台古墳群の被葬者である可能性はきわめて高いだろう。橘花の屯倉との位置関係から類推してもだ。

そして同族の小杵だが、その後もこっち側に住んでいた人で、本来は本家筋の長だったのだが、あっちの分家に負けてしまったわけであろう。

その荏原台古墳群だが、考古学的には、四〇〇年代後半あたりから急激に規模を縮小していき（宝萊山古墳九七メートル約三〇〇年、亀甲山（かめのこやま）古墳一〇七メートル四〇〇年代初頭、野毛大塚古墳八二メートル四〇〇年代前半、などの大型古墳がある）、以降おもに円墳で小さな古墳しか造られなくなっていき、それに相反するかのように、北武蔵で、さきたま古墳群が巨大古墳の築造を突如として始めた事実があって、これは「武蔵国造の乱」と関わりがあるに違いないと（本章の冒頭で紹介した日本の考古学の権威）甘粕健が古くから指摘されており、この説は今や定番となっていて関連する多数の書物やネットなどでも目にすることができるはずだ。

上毛野君小熊

武蔵野国造の乱で説明を要する事項がまだ残っていた。関係する記述を再度示そう。

> 小杵、性阻くして逆ふこと有り。心高びて順ふこと無し。密に就きて援を上毛野君小熊に求む。而して使主を殺さむと謀る。使主覚りて走げ出づ。京に詣でて状を言す。朝廷臨断めたまひて、使主を以て国造とす。而して小杵を誅す。

上毛野君小熊は大豪族の長だとさらりと説明したが、実際は、豪族に小・並・大があったとして、その上に特を置いて、さらにその上の超クラスだろうか。

古代の日本においては、倭朝廷に対抗しうる古代王国が幾つかあったと考えられており、出雲、吉備、筑紫、日向などが知られるが、東国にも実は一つあって、それは毛野と呼ばれる王国だ。つまり上毛野君小熊は、この毛野王国の大王様なのだ。これは古代伝承に基づいたお伽話の類ではなく、その権力の大きさは（例によって）お墓を見れば分かるからだ。

この毛野の領地には、墳丘長が八〇メートルを超える大型古墳が四十五基あって、最大のそれは太田天神山古墳と呼ばれる前方後円墳で、現在の群馬県太田市にある。築造は四〇〇年代前半から半ば（さきたま古墳群の少し前）、墳丘長は二一〇メートル、周濠を含めた全域は東京ドーム二個分を超えていて、築造当時では全国第五位の規模なのである。二〇〇メートルを超える巨大古墳は、畿内を除けば、他には吉備国に二基あるのみだ。毛野は四〇〇年代のどこかで上毛野と下毛野に分裂したが、上毛野が毛野王国を実質継いでいる。

武蔵国造の乱は、一地方の単なる首長権争いではなく、毛野と大和朝廷という二つの超大国に翻弄される武蔵国、加えて大和政権による地方支配システムの刷新、そのような巨視的な論点で考えるべきだと甘粕健は説かれている。また、主語のない文章「小杵を誅す」の主語は誰かを加味して、幾つかの説があるので紹介しよう。

①抜刀人の長・乎獲居臣は雄略天皇の命によって派遣された将軍で、毛野の傀儡であった小

杵を誅し、元来は毛野の領地であった北武蔵にさきたま古墳群を築造した。毛野の南進を防ぐという朝廷の根本政策にともなった強力な後ろ盾で、その後のさきたま古墳群に見られるように笠原一族は繁栄した（一九九五年・大田区立郷土博物館学芸員・清水久男の説）。

②古代、毛野は武蔵に対して一種の宗主権を有していた。使主（おみ）は、その慣習を破って大和朝廷と結び、朝廷（の軍隊、いわゆる国軍）の助けを借りて小杵を誅し、毛野からは完全に独立して、国造の世襲制を確立したのである（これは甘粕説の概要だが、氏は乱の年代は安閑天皇元年・五三四年を踏襲されていたので、実際はかなり複雑な話となる）。

③先の二説とは真逆で、当時、毛野と大和朝廷は良好な関係にあったと考え、小杵の計略を察知した小熊は、使主に忠告して京へと逃がし、そして小杵は小熊が誅した（これは一応筆者の推理である）。

個々を解説する前に、朝廷（の軍隊、いわゆる国軍）の件りで、武蔵国みたいな僻地（へきち）に京からわざわざ国軍を派遣したのか？……と疑問に感じた方も多々おられただろう。だが実は、東国には国軍が常駐していたのである（西暦三〇〇年頃から以降の話で、つまり国造の乱があった四〇〇年代はもちろん……八〇〇年代ぐらいまで）、しかも精鋭部隊で、かなりの人数だ。常駐先は複数あったので、簡単に説明しておこう（これは今後の本編の謎解きに深く関係してくる。もうお気づきだろうと思うが、筆者は単なる豆知識（トリビア）は書かない性格だ）。

鹿島神宮・香取神宮

霞ヶ浦は、茨城県南東部に広がる全国二位の大きさの湖だが、これは干拓などで縮小を重ねた結果で、西暦五〇〇年あたりだと今の十倍ぐらいの広さはあったようで、琵琶湖など軽く抜いてしまうのだが、当時は湖ではなく内海（塩水）で、香取の海と呼ばれていたのだ。

その香取の海の出入口を南北から制するような位置に、太平洋と挟まれた比較的せまい場所に、鹿島神宮が建っていて、その対岸の内陸側に香取神宮が建っている。鹿島神宮の祭神は武甕槌大神、香取神宮のそれは経津主大神、ともに軍神である。

まあ何と辺鄙なところに、しかも神宮が二つも？……。

これは神社関係のトリビアとしてはそこそこ知られた話である。その解答はというと、つまりここは要害なのだ。そしていうならば古代の国境だったわけである。

香取の海を、あたかも万里の長城のように用いて、これより北側は倭朝廷の権限の及ばないまったく別の国だったからである。

この要害（ちなみに要害とは、地形を利用して守りに有利な場所に築かれた砦）に駐留していた軍隊は、おもに物部氏のそれである（鹿島神宮は最初から中臣氏だったという説もある）。物部氏は、もののふ、すなわち武士の語源で、大伴氏とともに軍事系氏族の筆頭格だが、大伴氏は近衛兵、物部氏は国軍、と少し毛色が違う。なお中臣氏は本来は祭祀系の氏族だ。

だが五〇〇年代後半の排仏・崇仏の争いで物部氏は負けて凋落したこともあって、両神宮は、祭神もろとも、中臣氏に（後の藤原氏に）のっとられてしまう。

また、別の場所には、房総半島のくびれ部分の東京湾岸に、ＪＲの蘇我駅というのがあって、近年千葉市の副都心として再開発が進んでいる地域だが、この蘇我は、あの蘇我氏に由来するのだ。古代このあたりに蘇我氏が国造として赴任していて（地方豪族ののし上がりではなく例外的に朝廷からの派遣）、場所的にいって鹿島・香取への中継基地の港で、軍勢もそこそこは常駐していたと想像されるが詳しいことは分かっていない。そして世が世なら、ここにも蘇我神宮があったやに思われるが、ご存じのように蘇我氏は本国で滅亡したので、駅から数分のところにある蘇我比咩神社というごく小さな神社を、よすがとして今に残すのみである。

また、別の場所だが、房総半島の南端の安房国は、ほぼ一国丸ごと忌部氏の領地だ（もっとも、軍事というより経済的な側面が主目的だったようだが）。さらに関東平野の中央部、現在の埼玉県大宮市には氷川神社（実質神宮）があるが、こちらは出雲族の居城である。

――物部氏、中臣氏、蘇我氏、忌部氏、出雲族、つまり大和朝廷を支えていた有名どころの氏族が東国の要所にそれぞれ居をかまえていたわけだ。では、話を戻そう。

コウモリ

原文「朝庭臨断、以使主為国造。而誅小杵」の流れからいくと、主語は、朝廷（の軍隊）と考えるのが自然だろうか。

だが小杵だって、多摩川沿いのそれなりの要害に居を構えていたはずだから、のんきに舟で近寄ると崖上から矢の雨霰だ。実際、かなりの戦力差がないと討伐は難しい。「而誅小杵」と、わずか四文字ですまされるほどの些末事だったのだろうか？　ちなみに「而して」は、「そして」と同等の、これといって意味のない単純な接続詞だ。

また主語を書かない理由は、「そんなの文章の流れから想像できるだろう」以外に、「書きたくない、秘密にしたい、勘違いしてください」というのも実はあるのだ。

その点、小熊という主語も、なきにしもあらずなのだ。

小杵に信頼されてるっぽい小熊なら、いとも簡単に（人的被害ほぼ零で）小杵を誅することが可能だったろう。わずか四文字程度で。

また「小杵、性阻有逆。心高無順」は、敗者は悪口を書かれるのが常だが（一般的にはそう考えられているが）、記述通りに実際に性格の悪いやつだった可能性も充分ありえるのだ。

そういった武蔵国の鼻つまみ者を、小熊が成敗いたしたわけだ。

毛野の大王・小熊は、いわば「天下の副将軍」のような役割を東国で担っていたのでは、というのが筆者の推理である（同種の主張をされている研究者やブログ主はおられまいか……と探してみたが見つけられなかった。だがたぶんおられると思う）。

これは甘粕説の「一種の宗主権」という言葉とは、似て非なるものであろうか。

だが①の、乎獲居臣は雄略天皇の命によって派遣された将軍説は、本編の謎解きとは根本的に相容れないので却下される（この説に従うと、超大国どうしの代理戦争のとばっちりで小杵は誅されたことになる）。

当時の武蔵国の置かれていた状況は、現在の某国と酷似していたのかもしれない。背後に超大国が陣取っていて、遠く離れて別の超大国があって、だが、その軍事基地は近くに数ヶ所置かれている。さあどっちに与しようか、ひらひらコウモリ外交でもやらないと自身の存亡が危ういのだ。

そして実際のところ……滅んでしまうのである（現在主流の学説では、そう考えられているようだが）。

武蔵国造一族は滅んだのか？

さきたま古墳群の最後・中の山古墳の築造は、ほぼ西暦六〇〇年だ。史実に再登場するのは約一〇〇年後のことで、大宝三年（七〇三年）に引田祖父という人物が武蔵国の国司に任命されたと『続日本紀』にある。だがこれは（言うまでもなく）あちら側の話である。

本書で再々引用している、さきたま古墳群の唯一の専門書・高橋一夫著『鉄剣銘一一五文の謎に迫る』の最終章がこの件なので、長文を抜粋させてもらおう——。

武蔵国造一族の解体　律令時代、埼玉郡は五郷からなる下郡に編成された。大古墳群があった地域としては異例のことである。たとえば、上野国では国造の本貫地である前橋市周辺の群馬郡は、一三郷からなる上郡に編成され、国府と国分寺が置かれた。また、下野国の本貫地の河内郡は一一郷の中郡に、常陸国造の本貫地である石岡市周辺は一八郷からなる上郡の茨城郡に編成され、やはり国府と国分寺が置かれた。

国造の本貫地であった地域は、律令時代になると国府と国分寺が置かれるのが常であるが、武蔵国では国府は現在の東京都府中市に、国分寺は国分寺市に置かれた。また、こうした有力豪族が盤踞(ばんきょ)していた地域では、古墳の造営終了とともに氏寺や郡寺が造営されるが、埼玉郡には郡国衙(こくが)にともなう寺院跡は確認されていない。

こうした事実から、律令時代まで武蔵国造一族はその勢力を維持したとは考えがたく、七世紀中頃に大和朝廷とそれに荷担する上野政権によって解体されたと思われるのである。

埼玉古墳群は一ヶ所に国造歴代の墓を築いた点が大きな特徴で、他の国々とは異なり国造一族に権力が集中していた。さらに、造り出しや張り出しをもつことから、大王との深い関係が認められた。

しかし、律令社会を目指す大和政権にとって、長きにわたり強大な権力をもって盤踞した武蔵国造一族は、むしろ障害となり解体されたのである。

――大和朝廷とそれに荷担する上野政権、この箇所は補足説明が必要だろう。

六八四年に新たに制定された『八色の姓(やくさのかばね)』は、真人(まひと)、朝臣(あそみ)、宿禰(すくね)……など八姓だが、上位の朝臣を授けられた中に、上毛野、下毛野、車持(くらもち)、佐味(さみ)、大野(おおの)、池田(いけだ)の六氏がいるが、特別に東国六腹朝臣(あずまのくにむつはらのあそみ)と呼ばれ、これらは古代毛野王国の王族につながる氏族なのだ。

個人では、上毛野君形名(かたな)（六三七年、蝦夷(えみし)討伐の将軍）、上毛野君稚子(わかこ)（六六三年、二万七千人を率いて新羅(しらぎ)を討ち城二つを奪った将軍）、上毛野君三千(みちぢ)（六〇〇年代後半、現存していない歴史書

『帝紀』の撰定者)、佐味宿那麻呂(六七二年、壬申の乱のさいに大海人皇子・後の天武天皇に仕えて活躍した武将)、下毛野朝臣古麻呂(六〇〇年代末、奈良の東大寺・筑紫の観世音寺とならぶ天下三戒壇の一つ下野薬師寺の創建人、および七〇一年、大宝律令の選定者)、車持千年(七〇〇年頃、歌八首が『万葉集』に掲載されている宮廷歌人)、上毛野朝臣小足(七〇三年に下総の国司、七〇八年に陸奥の国司を歴任した貴族)などなど、多数の名のある人を『日本書紀』その他に見ることができ、大和朝廷にすっかり取り込まれて(もぐり込んで順応し)貴族然として活躍していたことが分かるのである。

先の「天下の副将軍」説は、年代は異なるが、このあたりの状況を参考にしていたのである。けれども、上野(毛野)が荷担したかどうかはさておき、武蔵国造一族は解体された、つまり人為的に解体されたという説は、筆者としては承伏しかねる(これは高橋一夫氏の説というより、現在主流の一般的な学説のようである)。

筆者が思うに、武蔵国造一族はみずからぽしゃった(というより店をたたんだ)、唯それだけのことではないのだろうか?

思い出していただきたい。彼らの主たる稼ぎ、富の源泉が何であったかを。

——ブランド品の埴輪の製作販売だ。

だが六〇〇年代に入ると大型古墳が以前ほどは造られなくなっていき、そして大化二年(六四六年）に発布された薄葬令（皇族以下六等級の身分に応じて墳墓の規模などを制限し、天皇陵ですら七日以内に造れるものと定めた）でとどめを刺され、古墳時代は終焉を告げたのだ。製作した埴輪が、いかに魅惑的なブランド品であったとしても、用途がないと誰も買ってくれはしない。そして稼ぎがなくなると、ふつう家はぽしゃるものである。だが住人は？　没落していく家や村とともに運命を共にしたのだろうか？

関連する興味深い論文があったので、これも長文になるが紹介しよう——。

出戻り

問題なのは、埼玉古墳群成立以降の北武蔵と南武蔵の関係である。日高慎は、埼玉古墳群以降の北武蔵の圧倒的優位性を位置付ける中で、田中広明が明らかにした埴輪・土器の流通ネットワークが「埼玉古墳群を頂点に橘花・多氷・倉樔屯倉」の所在する東京湾岸まで及んでいる事実（田中二〇〇五）から、「古墳時代後期に武蔵は一つのまとまりとして認識できるのではないか」と結論付けた（季刊考古学・別冊⑰『古墳時代毛野の実像』二〇一一）。実際に、埼玉古墳群成立以降の南武蔵に関しては多摩川下流域に三〇～六〇メートルの中小規模の前方後円墳が断続的に築造されるのみで、日高の言う「埼玉古墳群が北武蔵はもとより南武蔵をも包含していたかの如き状況」が生まれる。埼玉古墳群を中心とした土器や埴輪の流通圏が南まで拡大し、七世紀になると南北武蔵に共通性の高い複室構造の銅張り石室が登場するように両地域はおそらく密接に関係している。しかし、仮に日高が想定するように、埼玉古墳群出現以降の南北武蔵が「一つのまとまり」であるとすれば、直線距離で七〇キロも離れた地域に埼玉の首長の支配が及んでいることになる。奈良盆地の三倍近い面積を一人の首長が治めることになり、上毛野・下毛野の事例を考えても破格の勢力圏ということになる。埼玉古墳群の首長が中期の上毛野で共立された太田天神山古墳の首長の倍近い領域を持つことは現実的なのだろうか。

――以上は、『史観』第一六五冊（早稲田大学史学会の論文集・二〇一一年）に納められている城倉正祥『武蔵国造争乱―研究の現状と課題―』からの抜粋だ。城倉正祥は早稲田大学文学学術院の教授、文中にあった日高慎は東京学芸大学教育学部広域自然科学講座文化財科学分野の教授、また田中広明は公益財団法人埼玉県埋蔵文化財調査事業団の調査部主査で大正大学考古学講師も務められている。

先に紹介した文章は、否定するための、前ぶりで、この後（あと）数ページにわたって様々な角度からの反証が述べられ、そのような巨大な国はありえない、一つの「流通経済圏」が形成されていたと考えるべきだ、といった結論へ導かれている。

筆者も、この城倉氏の説にはおおむね賛成で、こんな広大な領域を、くまなく治めるのは現実的にいって不可能だからだ。

だがしかし、ピンポイント的ならどうだろうか?……

両者は、直線距離で約五〇キロ離れているが、水路では一〇〇キロほどの道程(みちのり)で、だが川下りは楽だが遡上(そじょう)はきつく、ならして、かりに時速四キロ(歩く速度と同等)で舟を運行できたとすると、いったん東京湾に出るが、二五時間・ほぼ一日で着けるから、行き来にそれほど不自由はないのだ。荷物が大量に積めるので徒歩よりも楽だ。

……北武蔵(さきたま古墳群および笠原村)と南武蔵(多摩川流域)は、飛び地的な同一国だったのでは、というのが筆者の推理だ。


では、一つ前の話に戻ろう。現代風に言うと、埴輪ビジネスは地域を百年以上の成功へと導いた。だがバブルは崩壊したのである。

住人は、没落していく家や村とともに運命を共にしたのだろうか?……否、飛び地があったので、そちらに移ればいいのだ。そこは旧本家の地だから、つまり出戻りである。

出戻った証拠があるので、それを示そう——。

出戻りの証拠

先の高橋一夫著「武蔵国造一族の解体」の説明の中にあった一文に、はたと閃かれた読者が少なからずおられただろうと想像される。この文章に――。

「こうした有力豪族が盤踞していた地域では、古墳の造営終了とともに氏寺や郡寺が造営されるが、埼玉郡には郡国衙にともなう寺院跡は確認されていない」

――あちら側では、氏寺などをわざわざ造る必要がなかったからである。

――こちら側に、何百年も前から存在していたからだ。

言うまでもなく大國魂神社のことだが、氏寺や郡寺はすなわち中国の廟・死者をまつる祭祀場で、古代の大國魂神社は廟・祭祀場そのものである。

そして、その後の大國魂神社が置かれていた**希有な状況**こそが――

★拝殿・本殿は真北を向かされている（その正確な延長線上に、さきたま古墳群がある）。

★祭神は、大國魂大神＋八柱で九柱だ（さきたま古墳群の巨大円墳＋八基の前方後円墳と対応している）。

★だが神輿は八基で、一基に二神が同乗している（北斗七星のミザール・アルコルの二重星、それを模ったさきたま古墳群の鉄砲山古墳・奥の山古墳と対応している）。

★なのに六所宮だ、六所明神だ、と言われ続けてきた（ここは南斗六星の地だからである）。

――北武蔵の住人（さきたま古墳群の被葬者の子孫）が、出戻った証拠に他ならないのだ。

もし彼らが出戻らずに、そのままあちら側で没していたならば、かくも**摩訶不思議な神社の決め事**は生じなかったはずで、大國魂神社は束縛をうけることはなく、ありきたりの総社の歴史を歩んだに違いないからである。

笠原という名前の人が多く住んでいる一位は埼玉県だとご説明したが、人数は約九千人で、二位は東京都の約八千人、三位は神奈川県の約六千人だ。名前の分布からも、笠原の一族が南下したことが分かるだろう（多摩川は大雑把にいって東京都と神奈川県の境にある）。

出戻りの年代

摩訶不思議な神社の決め事を大國魂神社側に強要できた、それすなわち、出戻り組が実権を握っていた証拠で、武蔵国造一族は、断じて解体などはされていない。

いや、それどころか、以前にも増して隆盛を誇っていた痕跡（こんせき）があるのだ。

前出の日高慎教授は『古墳時代毛野の実像』の中で、次のように語られている。

「武蔵国府は今の東京都府中市に、国分寺・尼寺は東京都国分寺市に置かれたが、この周辺地域に古墳時代の有力な首長墓はあまり存在しない。むしろ、古墳時代前期〜後期にかけての有力な勢力がない場所を選んで国府などを置いたとさえ思われる。ただし、終末期（七世紀中葉）に建造された府中市熊野（くまの）古墳の存在は、それまで目立つ古墳がない場所への初めての首長墓であり、後に国府が置かれたことを考えると極めて重要である」

では、これがどういった古墳なのか府中市のホームページから抜粋しよう。

国史跡武蔵府中熊野神社古墳
《所在地》西府町二丁目九番地（熊野神社境内）。

国内最大・**最古**の**上円下方墳**で、1段目が約32メートルの方形、2段目が約24メートルの方形、3段目が直径約16メートルの円形を呈する三段築成の古墳です。高さは復元高で約6メートルを測ります。

平成15年の調査により上円下方墳と確認し、平成17年7月14日に国の史跡に指定されました。

現在は、保存整備工事が竣工し、**1350年前**の築造時の姿をご覧になれます。

被葬者は不明ですが、武蔵国府設置直前に大きな力を持っていた人物の墓と考えられます。


所在地は、大國魂神社から西北西に二キロほどの場所である。

最古の上円下方墳とは、それまでに誰も見たことがない**最新形式の古墳**を造ったわけだ。

以降、古墳としては全国で五例ほど確認されている。実は、明治天皇の伏見桃山陵、大正天皇の多摩陵、昭和天皇の武蔵野陵が同じ形式なのである（なぜこの形式を採用されたのか、筆者なりの考えもあるにはあるが、読者諸氏の空想にゆだねよう……）。

さきたま古墳群の丸墓山古墳と同様に、表面には**葺石**が貼られてあった。

日本最大の円墳・丸墓山古墳といい、真新しい形式の府中熊野神社古墳といい、その秀逸なセンス（常識はずれっぷり）にはただただ驚かされる。

築造は、二〇〇〇マイナス一三五〇、すなわち六五〇年だから、これで出戻りの年代がおおよそ分かるのである。だが薄葬令（はくそうれい）の発布は大化二年（六四六年）なので、法律すれすれだ。

さて、実は、この府中熊野神社古墳から出土したものの中に、筆者がこれまで縷々（るる）説明してきたことを一瞬にして証明できる驚天動地の遺物が含まれていたのだ！――

Q・E・D

以下の文章は、『東京都教育庁地域教育支援部』の『東京文化財情報データベース』にある武蔵府中熊野神社古墳の解説文からの抜粋だ。

盗掘などのため、出土遺物はほとんどありませんでしたが、刀の鞘（さや）に装着する鞘尻金具（さやじりかなぐ）が出土しています。鞘尻金具には、**七曜文**（しちようもん）の銀象嵌文様（もんよう）が施されていました。これは国内外に類例のない珍しいものでした。この文様は、古代の貨銭である富本銭(ふほんせん)にも取り入れられています。

七曜文とは、易学で「曜」とは「星」のことを意味するので、すなわち七星文、つまり北斗七星信仰および北極星信仰を表す文様なのだ。しかも、この種の遺物としては全国で唯一の出土品だそうである。

よって次のことが証明される。

――さきたま古墳群は、北極星と北斗七星を模して造られていたのだ。

――さきたま古墳群を造った笠原氏の直系の子孫が、武蔵府中熊野神社古墳の被葬者だ。

――本家の地に戻ってきた彼らは、先々まで大國魂神社を支配するのである。

――Q・E・D

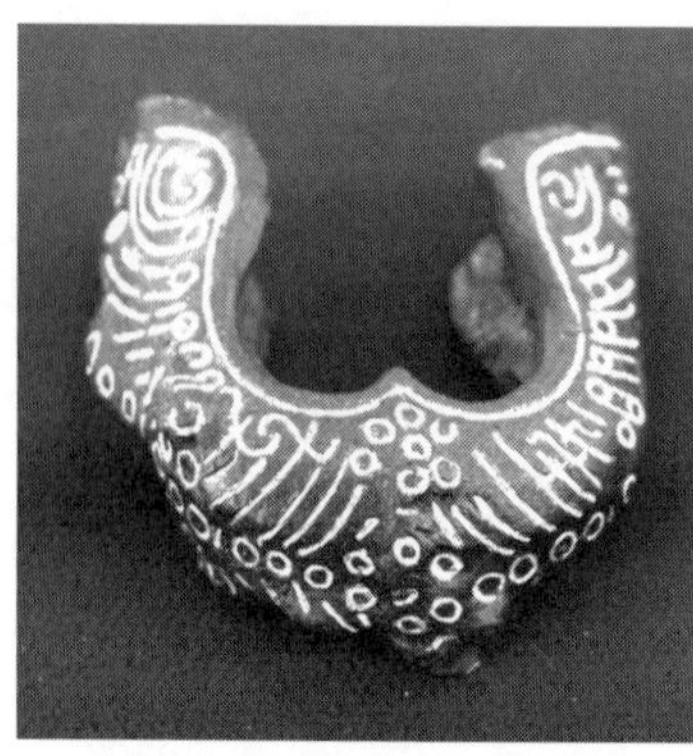

展示の七曜文・鞘尻金具はレプリカで
実物写真と比べると劣る。

「富本銭」
2012年1月31日放送
『なんでも鑑定団』より。

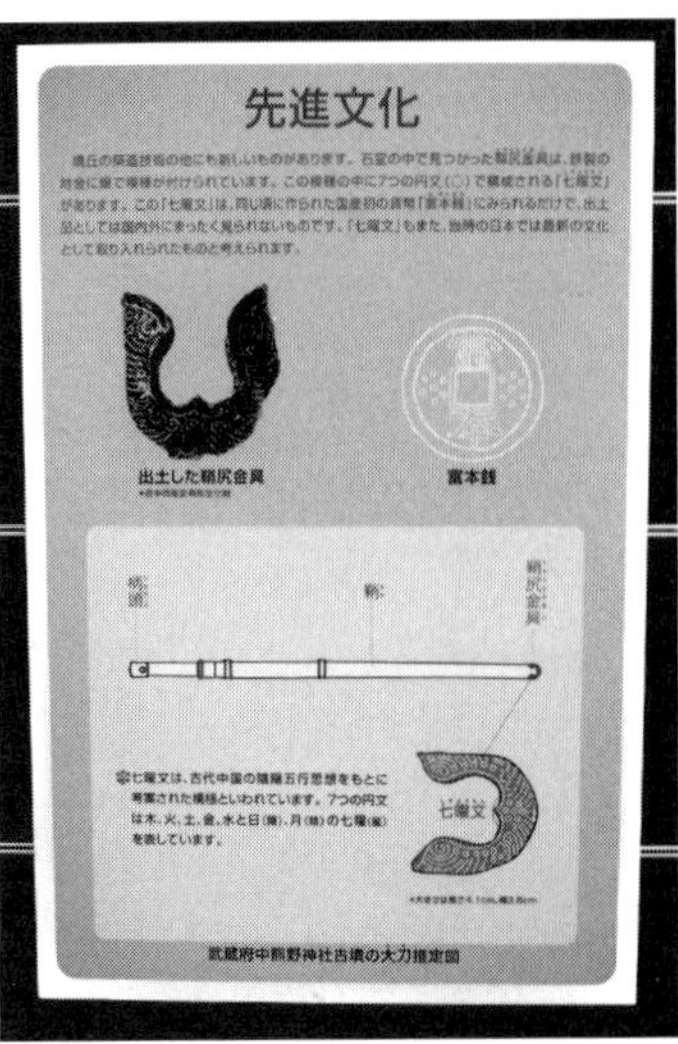

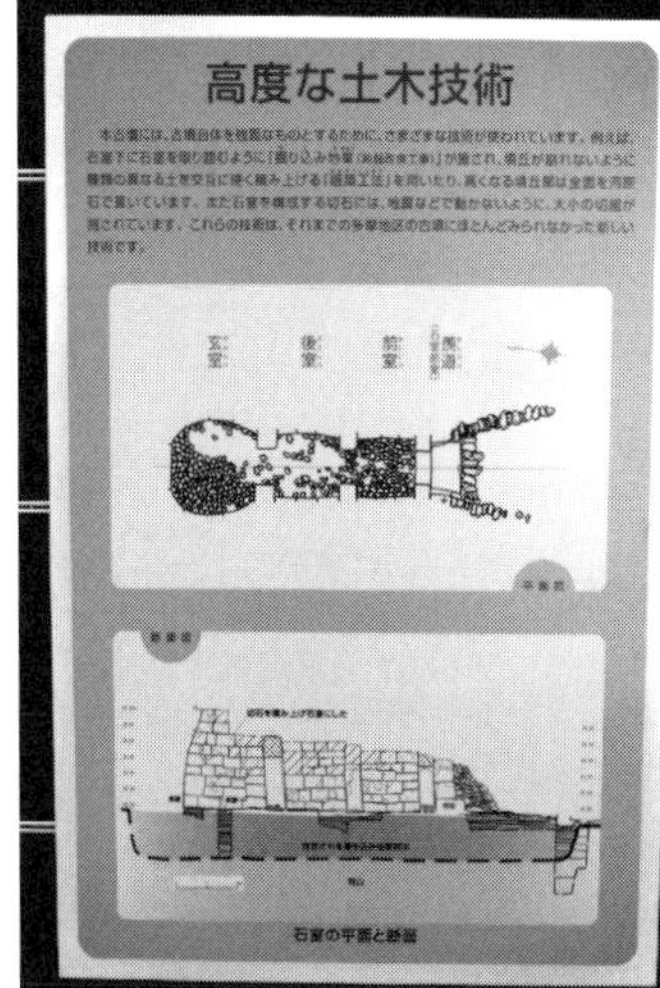

1、$\sqrt{2}$、2の数学的な比率で造られ、土木技術も他に例がないほど高度。

Q・E・Dとは、数学や哲学問題などの最後に「以上で証明終わり」としてつけるラテン語由来の、お洒落言葉である。

だが証明は、本当に終わったのだろうか？　読者諸氏はこれでご納得されただろうか？

いや、筆者自身がまったく納得しておらず、それは本書の残りページ数を見ても明らかだ。

まずもって、先の「七曜文はすなわち北斗七星信仰・北極星信仰を表す文様」と直截に言えるのは「富本銭」が関係しているからで、だが富本銭とは、そもそも何だろう？――

富本銭

――一九九九年、飛鳥京跡の飛鳥池工房遺跡から多数の「富本銭」が発掘され、従来考えられていた「和同開珎」に先んじて鋳造・使用されたらしき日本最古の銭貨で、上下に富・本の文字、左右に**七曜文**の図柄が施されてあったのだ（和同開珎に続く皇朝十二銭〈七〇八～九六三年〉の十二種類の銭貨には、漢字以外の文様は一切使われていない）。

『日本書紀』の天武天皇十二年（六八三年）夏四月の条に、「今より以降、必ず銅銭を用いよ」とあって、この記述が該当すると考えられた。

同じく飛鳥池遺跡の出土品から「天皇」と墨書きされた木簡が発見され、六八〇年頃の天武天皇から「天皇」という称号が公式に使われ出したことが分かるのだ。

唐の高宗（こうそう）が「天皇」の称号を使用し始めたのが六七四年なので、それに倣（なら）ったというのが通説である。

古代中国では、天空のある一点を中心として星々がぐるーっと巡っているように見えることから、そこを「北辰」と呼んで宇宙の中心だと考えた。それを神格化したのが「天皇大帝（てんのうたいてい）」と呼ばれる道教の神様で、それが「天皇」という称号の由来なのだ。

富本銭の**七曜文**は、そういった「天皇」という称号を記して、北斗七星信仰・北極星信仰を表す文様を貨幣に取り入れたのだと考えられ、相互補完しあって、直截に言えるわけだ。

けれども、年代がそぐわない……武蔵府中熊野神社古墳の鞘尻金具の**七曜文**は、六五〇年より以前なのである……なんだか奇妙な感覚におそわれる。そうそう、あの手の話だ。


——因果律（いんがりつ）の乱（みだ）れ。


原因と結果があやふやになってしまう、タイムマシンを使ったりすると往々にして起こる現象だ（竜の時間という特殊な超能力を使っても生じる）。

そもそも「北極星と北斗七・八星を模したさきたま古墳群」自体が古すぎるのだ！——

この種のもので日本最古なのは、推古天皇六年（五九八年）、蘇我馬子の開基と伝わる大阪府南河内郡太子町にある天白山妙見寺だ（焼失・再興・『神仏判然令』でいったん廃寺にされ、往古の面影はない）。

関東で最古なのは、七星山息災寺（群馬県高崎市引間町）で、創建は不詳だが一説には和銅八年（七一五年）頃で、『続日本紀』の宝亀八年（七七七年）の条に記載があり、先の天白山からの分家だったことが分かる。

さきたま古墳群は、蘇我氏の妙見寺より一〇〇年は先行していて、関東最古のそれより二〇〇年以上も古いのである。そうそう、こういったのを表すのに相応しい言葉があったはずだ。

――オーパーツ。

それらが発見された場所や時代とはまったくそぐわないと考えられる物品を指し、英語の「out of place artifacts」を略して「OOPARTS」とした語で「場違いな工芸品」という意味だが、マヤ文明の水晶髑髏や、ピリ・レイスの地図（南極大陸の海岸線が描かれていた一五一三年の地図）や、聖徳太子の地球儀など、ろくでもないものの陳列棚だ。さきたま古墳群もこれらの仲間入りだろうか？　ナスカの地上絵なんかもこれに類するが、あちらは空から見れば判然とする。さきたま古墳群は地上から見ても空から見ても今いち分からず、筆者が原稿用紙数百枚をかけて熱弁をふるっても信じていただけるかは微妙でよっぽど始末に悪い！……。

平良文

関東は全国でも有数の、北辰や妙見信仰の神社や寺院が濃密に分布している地域として知られているのだ。

その代表格は、千葉県千葉市の千葉駅のちかくにある千葉神社で、千葉氏が長保二年（一〇〇〇年）に創建し、祭神は北辰妙見尊星王で、上下に二つの拝殿がある日本初の重層社殿を有する大神社である。

かの平将門が平良文とともに（将門は良文の甥）戦を始めたころ、将門と良文の軍勢は惨敗を喫し、良文が自害しようと彷徨っていると、突然不思議な声に誘われ、後をついていくと寺院があって、そこが七星山息災寺で、良文が妙見菩薩に選ばれし者であると告げられ、みるみる間に、良文の体には星の印が浮き出てきて、この神秘以降、妙見菩薩の加護を受けた良文と将門の軍勢は勝利に勝利を重ねて坂東八ヶ国を討ちすえた、といった伝承があり、その平良文の後裔が千葉氏で、関東全域に妙見信仰をばらまいた張本人が、すなわち彼らなのだ。

大國魂神社の六所の一つ秩父神社は、元来は開拓神の知知夫大神が祀られていたが、西暦九五〇年頃、平良文が先の七星山息災寺から妙見尊を勧請して、江戸時代以前は「秩父大宮妙見宮」と称せられた妙見信仰の一大聖地と化し、例大祭の「秩父夜祭」はユネスコ無形文化遺産に登録されているほど有名だ……くらやみ祭を彷彿とさせるが邪推はしないでおこう。それに年代的にいって、さきたま古墳群・大國魂神社の北斗・南斗信仰とは直接の繋がりはない。

なお、平将門は九曜紋、千葉神社は九曜紋、千葉氏は七曜紋、八曜紋、九曜紋などを本家と分家で使い分けている。

平良文と後裔の千葉氏らが妙見尊を各地に勧請しまくった結果、千葉県―三一一、栃木県―二五三、茨城県―九一、群馬県―七三、埼玉県―六四、東京都―五六、神奈川県―四二、もの妙見信仰に類する神社や寺院が存在する（真言宗智山派・梅松山円泉寺の御住職・諸井政昭さんが丹念に調査された『関東の妙見菩薩』からカウントした）。

関東に約九〇〇もあるというのに、さきたま古墳群と関係しそうな、いわゆる「紐付け」されてあったような神社や寺院はない（……と断言したいところだが、筆者は正直者なので嘘はつけない。大國魂神社は除いて、東京都に一神社、一寺院あって、神社は西暦三〇〇年以前の創建、寺院は同七〇〇年代の創建、ともに関東最古の類で最終章にて説明される）。

さきたま古墳群は、関東平野のほぼ中央にでーんと居座っていたというのに、数多ある同種の信仰をもつ神社や寺院とはほぼ無縁で、あたかも「孤高の存在」であるかのように鎮座しているのだ（どこかに「紐付け」されてあったなら、疾うの昔に誰かが気づいていただろう）。

解くべき謎

以上を整理すると、筆者が解くべき謎は次のようなものであろうか。――


一）さきたま古墳群・大國魂神社の北斗・南斗信仰は古すぎる、その根源（ルーツ）。

二）笠原一族は突如としてブランド品の埴輪の製造を始めた、その技術的な元。

三）古墳築造にさいし五十キロ以上もの遠距離を正確に測量できた、その仕組み。

四）強い星辰信仰に根ざしていた。

五）北極星と北斗七星、南斗六星、二重星、その種の中国の故事に精通していた。

六）日本の古墳は元来「見せびらかす」ためのもので、北極星と北斗七、八星を地上に模（かたど）るといった他に類を見ない偉業をなしえたというのに、なぜ秘匿してしまったのだろう？

それとも、すべては筆者の妄想の産物（本書は全文嘘）なのだろうか？……。

二）は考古学者・歴史学者にも課せられる命題だが、以外は筆者にのみ課せられたそれだ。

だが、どれ一つとっても（まあ信仰はさておき）当時の日本の最果ての地にいた「東国の田舎っぺ」の有するような技能・知識としては、はなはだ似つかわしくないのだ。

さしずめエーリッヒ・フォン・デニケン（一九三五年〜）なら、迷うことなく笠原氏は宇宙人説を唱えただろうか。

また金達寿（キム・タルス）（一九二〇〜一九九七年）なら、笠原氏は渡来人説、とりわけ新羅（しらぎ）人だったはずだと卓越した文章力（うそにうそをかさねて）で誘導しただろう（伊勢神宮は新羅人の先祖廟、神社そもそもの起源が新羅、わっしょいの掛け声は古代朝鮮語、この種の戯（ざ）れごとの大御所（オーソリティ）で、今の韓国は新羅の血筋だから、日本古代史の偉人は新羅系、悪人は百済（くだら）系へと誘導されるのだ）。

ご安心を、そのような荒唐無稽な説は開陳しない。

もっとも、筆者の謎解きに渡来人は関係してくるのである（馬韓（ばかん）・辰韓（しんかん）・弁韓（べんかん）のいわゆる三韓や、その後の百済・高句麗・新羅など朝鮮半島からの渡来人ではなく、中国人でもない）。

では、その笠原氏の正体つまりルーツ、そして関係してくる渡来人、それら新たなる謎解きの旅に出ようではないか。――

第六章　宮之咩・比理乃咩・金比羅

裏ボス

唐突だがゲームに喩えると、前章の最後ですでに大ボスは倒しており、裏の大魔王に挑むことになるのだ。大魔王は文中堂々姿をさらすが正体は見破れない（これもゲームのお約束だ）。おのずと難易度は高く話は一層複雑になる。道筋を先に述べておくと、A・B二つの神社の謎に迫り、Bの謎解きにはC・D・E……神社の謎解きが必須で数珠繋ぎのようになるが、特別な「鍵」を見つけると、ダダダダダッとドミノ倒しのごとくに真相に迫っていけるのだ。

延喜式神名帳

『江戸名所図会』巻之三（一八三四年）に、次のような不可思議な記述がある。

武蔵国総社六所明神社。府中の駅路の左側（旧甲州街道の南側）にあり。『延喜式』の内、大麻止乃豆乃天神の社これなり。

その変わった名前の「大麻止乃豆乃天神社」とやらが、すなわち大國魂神社だと説かれており、にわかに意味不明だ。

それに『延喜式』とは、そもそも何だろう？……。

日本で最初の本格的な法律は大宝律令（大宝元年〈七〇一年〉に制定）だが、律と令は原則変更はせず、格や式で改正や追加を行っていた。それらを編纂したのが三代格式で、弘仁格式（八一九年）、貞観格式（八七〇年頃）、延喜格式（式は九二七年に完成）とあったが、完全な形で残っているのは延喜の式のみで、全五十巻あって、先に話題にされていたのは、その巻九・巻十にあった『神名帳』と題された神社目録のことなのだ。

式は法律だからいわば政府公認の神社で、日本全国津々浦々（離島に至るまで）の二八六一社が国郡別に羅列されてあって、『神名帳』に掲載されていると通称「式内社」と呼ばれ、この式内社であったか否かは今現在も、神社の霊位と大いに関係するようである。

武蔵国は、四十四の神社が掲載されていて、大國魂神社の六所宮（一～六ノ宮）の内、小野神社・氷川神社・秩父神社・金鑽神社・杉山神社の五社は載っている。

ところがだ！……大國魂神社は『延喜式神名帳』には名前が見当たらないのである。

あれほどの古社で大きな神社だというのに、一体どうしたことなのだろうか？……（これは裏の七不思議の一つである。六二ページ参照）。

尾張大國霊神社

調べてみると、総社、の『延喜式神名帳』への掲載は三割ぐらいしかないのだ。総社は、国司の利便性のために作られた施設で、いうならば器である。中身は国中から選りすぐられた祭神だが、その本社は相応に霊位が高ければ式内社として掲載されているはず、なので総社を載せると神様が重複してしまう、そんな理由もあったのだろう。けれども、尾張国の総社・尾張大國霊神社（愛知県稲沢市）は、そのままの名称で掲載されているのである。

主祭神は尾張大國霊神。創建は崇神天皇七年。近くに尾張国の国府（国衙）があったことから、国府宮神社（もしくは国府宮）と呼ばれ、「尾張地方の國霊神であり、尾張人の祖先がこの地に移住開拓し、その日その日を生きていく糧を生み出す根源である国土の偉大なる霊力を神として敬い、尾張大國霊神としてお祀りしたのであります」と神社のホームページにあるが、要するに開拓神である。また「国府宮はだか祭り」は有名で、何千人もの褌姿の男たちが夜の境内でひしめきあって厄落としをする神事だが、県の無形民俗文化財に指定されている。

……軽い既視感におそわれそうなほど、なんだか瓜二つである。はだか祭りの裏でくらやみ祭（北辰祭）を江戸時代ではやっていたのではと邪推してしまうぐらいに。

そして再び冒頭の疑問に立ち返るが、尾張国の総社・尾張大國霊神社は『神名帳』に載っていたというのに武蔵国の総社・大國魂神社が載ってないのは不可思議。すると、何か別の名前で掲載されていたのでは、と誰しも考えるようで、植田孟縉という幕府おかかえの学者（武士で八王子千人同心組頭）が一八二三年に著した『武蔵名勝図会』に、かなり詳しい説明があったので、長くなるが紹介しよう（片山迪夫校訂、慶友社。一九九三年発行より）――。

丸宮明神・祭神不知

大丸村　府中領なり。この村は玉川（多摩川）をへだて南の方なり。府中駅、是政村などの地と、玉川を界として相対す。或云（或るに云わく）この大丸村の文字は古え「大円」と書きてオオマド村と唱え、また転訛してオオマル村と「円」の字を用いけるが、近世は文字をかえて「大丸」の字に作れり。

丸宮明神　村内鎮守。村内円照寺持（寺の管理下）。この寺は社地山の麓にあり。登り口、石階十五級を登りて石鳥居あり。それより十級登り、また五十三級登る。その上に社地平らなり。本社五尺（高さ約一・五メートル）。覆屋三間半二間半。神体なし。祭神不知。

この社は古神社にて、中古までは大丸明神と書きたるを近来は丸宮と唱うる由。これもここに古き神社あるゆえに村名ともなすことにて、同郷氷川の社ある村を氷川村というが如く、ここに大円明神のいますことゆえに大円村と号せしなり。

当村も玉川に臨みて武蔵国府の地にして、上古玉川に「津あり」というのはこの辺のことなり。そのほとりに鎮座まします神社ゆえ、神名帳などに載る大麻止乃豆乃天神と号するはこの社なるべし。大麻止は則ち後世にいう大円のことなりという説その理相当たれり。

当郡中八社の内なる大麻止乃豆乃天神社、しかと知るところなければこそ、同郡中にいま三ヶ所にてこの神社なりと号するところあり。これ、その旧社の慥かならざるゆえなり。その三ヶ所の内にて、御嶽山にて大麻止乃豆乃天神なりといえども、御嶽はすなわち金ケ御嶽の移しなれば金ケ御嶽神社にて、祭神は少彦名なり。蔵王は後に祀れることとなり。大麻止の謂われなし。又、氷川村の氷川神社にても大麻止の社号あると云。これは素戔嗚尊なれば、その説は信用なりがたし。又、府中六所宮の社説に大麻止の社号を府中なりと云。又、総社の謂われを考うるに、このほとりの霊験ある古神社の神をすべてあつめて祀れる社ゆえに総社六所宮と号することなれば、この大麻止乃豆乃天神も往古大円村より移し祀りたることにや。されば、大麻止乃豆乃天神の旧蹟はここになるべし。

論社

式内社の候補が複数あるような場合は「論社」と呼ばれるが、大麻止乃豆乃天神社の論社問題は江戸時代から燻っていたことが分かる。そして明治の世になって、ちょっとした事件になるのだ――。

先の説明にあった御嶽山とは、東京都青梅市にある御嶽山（標高九二九メートル、いわゆる木曽の御嶽山〈標高三〇六七メートル〉とは別）山頂にある現・武蔵御嶽神社のことで、山岳信仰の霊場として発展し、とくに武家の信仰が厚く奉納された武具に国宝や重文が数点ある。また金ケ御嶽とは、奈良県吉野町にある役小角創建と伝わる修験道の総本山・金峯山寺のことだが、これら本山や末寺や同種の名前の寺院はすべて本尊は蔵王権現で、権現とは本地垂迹思想による神号、すなわち神仏習合尊だから、例の『神仏判然令』で行き場を失うのだ。

本山は、分離に抗ったため、なんと廃寺にされた（嘆願により十数年後に復興して今や世界遺産だ）。

だが青梅のそれは神社として生き残る道を選び、みずから蔵王権現を破毀し、社号を「大麻止乃豆乃天神社」に改めるべく届けを出して《明治二年》受理されたのだ。

だが《明治七年》先の決定が覆され、その社号は使えないと一方的に通告を食らうのだ。鳥居の扁額も石柱も案内板も絵馬も各種お守りもお神籤にいたるまで名前を変えてしまったというのに……さぞやはらわたが煮えくり返ったと想像されるが、国家神道には逆らえない。すなわち式内社だと認められたのは、丸宮明神の方なのだ。村内鎮守の。

しかも『武蔵名勝図会』の説明にあったように、祭神不知の。——

大麻等乃知神

もれ伝わっている話をまとめると（半分ほどは筆者の想像だが）こんな経緯だ。

村内鎮守の小さな神社ゆえ政府に提出すべき書面がすごく遅れた（何年も）。そんなおり郷土史家の偉い先生が味方について尽力してくれた。だが「祭神不知」では神社とすら認められず絶望的だ。古文書類をひっくり返して、この変わった名前のヒントになるような記述はないか徹底的に調べた。すると、まさに灯台もと暗しで『延喜式神名帳』大和国二八六社の一つに、天香山坐櫛眞命神社というのがあり、天香山に坐す櫛眞命という社号だから、祭神はすなわち櫛眞命だが、これに添え文（補足説明）があったのを見つけたのだ。

――元名大麻等乃知神。

また『日本三代実録』（清和天皇、陽成天皇、光孝天皇、三代の歴史書）の貞観元年（八五九年）の記述に「天香山大麻等野知神」とあって、元名が実際に使われていたことも判明した。天香山は神話に登場するが実在する山で、畝傍山・耳成山とともに大和三山の一つだ。天香山神社も実在し、山の北麓に坐していて、現在の神社の案内板にはこうある。

御祭神・櫛眞神。元名・大麻等地神。
櫛は奇（不思議）眞は兆（占い）の古語にて、神武天皇記に、天香山の社が見え創建古し。

さらに詳しくは『大和志料』（一九一四年、教育委員会発行の郷土史）などに「鹿骨、亀甲ニ形（アラハ）レタル縦横ノ文ヲ以テ殊ニ奇ノ語ヲ加ヘ『奇兆（クシマチ）』ト称シ直ニ之ヲ神霊トシ櫛眞智命トセルモノナリ」とあって、要するに占いの神様なのだ。

……天の岩戸のシーンにあった、**太占**である（読者諸氏の記憶に火が灯っただろうか）。

大麻止乃豆乃天神社は、大麻等乃知神と同一の神様がこの地に降り立ち、そこが津（港）になったので名前が一部変化したものと想像される。また古えの村名は「大円」と書いてオウマドと呼んでいたが、この神名に影響されてのことであったろう。

さらに『万葉集』の、次の一首を説明に付け加えたかもしれない。

「武蔵野に　占部肩焼き　まさでにも　告らぬ君が名　占に出にけり」

東国の片田舎で、天香山の古式ゆかしい占いが、庶民の恋占い程度に気軽に使われていたことが分かるからだ。

かくして《明治七年》村内鎮守・丸宮明神からの書面が認められて、『延喜式神名帳』に載る由緒正しい社号は現在の東京都稲城市大丸にある大麻止乃豆乃天神社に授けられた――といった経緯なのである。

五伴緒神

では、天の岩戸のシーンから再掲しよう。

――天児屋命と布刀玉命が召され、天の香山の牡鹿の肩甲骨を抜き取って、天の朱櫻で燃やして、占った（現在の天香山神社の境内には「波波迦の木」が植わっている）。

また記紀神話によると、瓊瓊杵尊（ににぎのみこと）の天孫降臨（てんそんこうりん）（天照大御神からみて瓊瓊杵尊は孫で、その瓊瓊杵尊の孫が初代・神武（じんむ）天皇である）にさいして付き従った五伴緒神というのがいて、天児屋命・布刀玉命・天宇受売命（あめのうずめのみこと）・伊斯許理度売命（いしこりどめのみこと）・玉祖命（たまのおやのみこと）の五神だが、つまり側近中の側近でもあるのだ。より具体的には……

★天児屋命は、**中臣氏**の祖神（読みは、そしん、そじん、おやがみ、祖先としての神様）。

☆布刀玉命は、**忌部氏**（中臣氏とともに朝廷の祭祀系氏族の双璧（そうへき））の祖神。

……天の香山に関係する占いの神様といえば二者択一で、このどちらかなのだが、今ここで決着をつける必要はない。もう片方（B神社）の謎を解いていくとおのずと判明するからだ。

明神バケ

また、大麻止乃豆乃天神社には、別途こんな言い伝えが地元に残っている。

――神社は、かつては明神バケ（もしくは天神バケ）と呼ばれた多摩川の崖上（ハケ）に建っていたのだが、ある時、多摩川の氾濫（はんらん）で社殿が崖ごと流されてしまった（奉じていた氏子の家も大半流されてしまった）。そして現在地に再建するまで長い長い歳月を要したため、祭神不知・祭神すら分からなくなってしまったというのだ。

現在地は、ＪＲ南武線の南多摩駅から歩いて七、八分だが、木々の茂った小山が見えるので迷うことはない。麓にある円照寺は臨済宗の古刹で、本堂は安永八年（一七七九年）の改修だそうで風情あるたたずまいだ。その左脇から細い石段を登っていけば、途中に石製の明神鳥居が立っていて、石段の数なども『武蔵名勝図会』のほぼ説明通りで、読んでから訪れると少し得した気分になれるだろうか。だが普段は（すこぶる）さびれた雰囲気なので、祭礼の日などに参詣されることをお勧めする。

筆者は、秋の例大祭のおりに宮司の真壁恵龍さん（神明氷川神社の宮司で兼務）から貴重な話をおうかがいすることができた。

先の言い伝えに関してだが、社殿が崖ごと流された時期は「大雑把に何時代かすら不明」で、いつ再建されたかは「江戸時代には現在地にあった」ぐらいしか分からず、だが明神バケに関しては比較的詳しく伝わっていて、現在地から西に一キロほど離れた多摩川の岸辺で、「地図を見ればすぐに分かりますよ」とのことであった。

実際、グーグルの航空写真地図などを参考にすれば比較的簡単に推定できる。

南多摩駅の前を川崎街道が東西に走っていて、三〇〇メートルほど西へ歩くと、木々の繁った台地が鋭く突き出ているのが分かるはずだ（写真参照）。これはつまり、多摩川の氾濫でけずり取られて、かろうじて生き残った断崖なのである。

この断崖の向こう側（西）に明神バケはあった。

秋の例大祭に撮影したが普段はさびしい。

さらに西へ進むと「ダンプ出入口につき注意！」の看板とともに産業廃棄物の処理施設などが多数並んでいて、また南多摩水再生センターや多摩川衛生組合の施設もあって、これらは河川敷に作られているのだ（付近一帯が大丸町で、古の大円村だ）。その先は木々の繁った緑の台地となって、名門・桜ヶ丘カントリークラブの敷地である（河川敷のゴルフ場ではなく丘陵地に造られている）。

生き残った断崖とゴルフ場のあいだ、約八〇〇メートルに渡って、半円状に台地がごっそりえぐり取られていたことが分かり、明神バケは、すなわちここにあったわけなのだ。

そしてご想像どおり……大國魂神社の本殿から真南に線をおろしていって多摩川を渡ると、えぐり取られた台地の、ほぼ中央を貫くのである（次ページのイラスト参照）。

大麻止乃豆乃天神社はこの線上に建っていたのだ！……と筆者としては豪語したいところだが、現時点でこれを言うのは無謀だろうか（最終章では豪語できる）。

だが**古代の場景**は、いくぶん変わるのだ。

あのジャングルクルーズまでは同じだが、舟が津に着くと、南と北、双方へ行く道が通じていて、それぞれの先に神社が建っていたのである。

この多摩川をはさんで建つ南北ふたつの神社は、無関係だったとはむしろ考えにくく、また

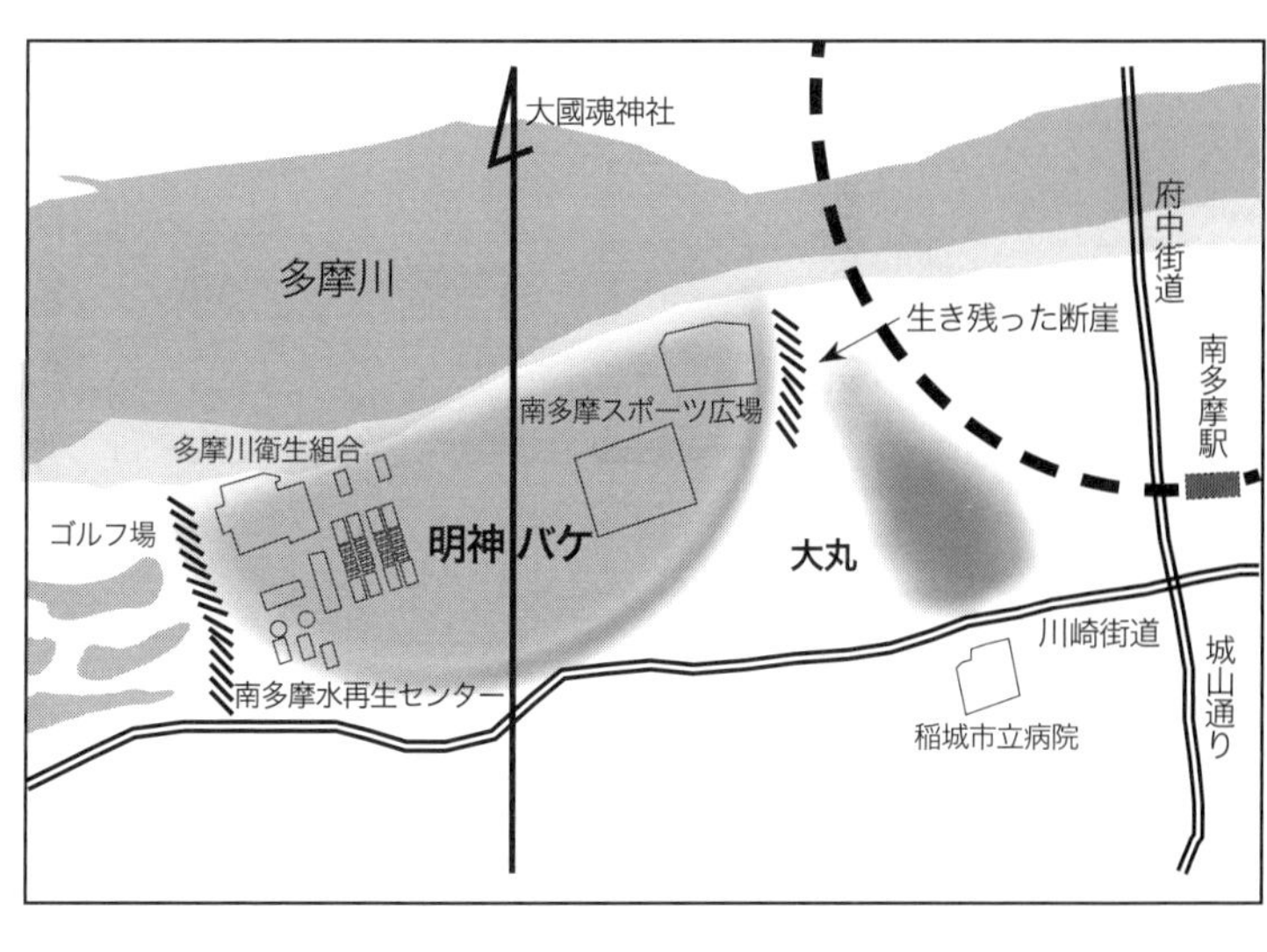

こういった位置関係ゆえ、古来から大麻止乃豆乃天神社すなわち総社六所宮ではと論じられてきたわけで、だが今現在の大國魂神社のホームページには、大麻止乃豆乃天神社や式内社に関する話は見あたらない。いわゆる裏の七不思議なので、詮索されたくはないのだろう。

女神の神殿

また裏の七不思議に、こういうのがあったはずだ。――大國魂神社の本殿の屋根飾りの形状からは、**祭神は女神**であることが強く示唆される。

一般的に、神社に祀られている祭神が男神なのか女神なのかは、次のような二ヶ所を見れば判断がつくのだ（絶対の法則ではないが高確率で当たる）。

千木は、屋根の両端から突き出ているツノのような部材だが、先端が垂直に切られている場合《外削ぎ》は男神で、水平に切られている場合《内削ぎ》は女神である。それぞれ男千木・女千木とも呼ばれるが、外削ぎは見るからに雄々しく、内削ぎは穏やかである。

鰹木は、屋根の棟の上に直角になるよう平行に何本か並べられた部材で、もとは屋根の重しだが、その数が奇数の場合は男神で、偶数の場合は女神である。

では典型例を、幾つか紹介しよう——。

出雲大社の主祭神・大国主命は言うまでもなく男神で、その本殿は延享元年（一七四四年）造営の典型的な大社造りだが、千木は外削ぎ・鰹木は三本だ。

両国国技館の土俵は女人禁制で知られるが、土俵の上にある吊り屋根は神社形式で（相撲はそもそも神事）、千木は外削ぎ・鰹木は五本である。

伊勢神宮の主祭神・天照大御神は、ご存じのように女神様だが、祀られている社は内宮もしくは皇大神宮と呼ばれ、唯一神明造りの社殿で、千木は内削ぎ、鰹木は十本だ。

では、大國魂神社の本殿の屋根飾りは、どうなっていただろうか？　これは寛文七年（一六六七年）に再建された社殿だが、写真をとくとご覧になっていただきたい。——

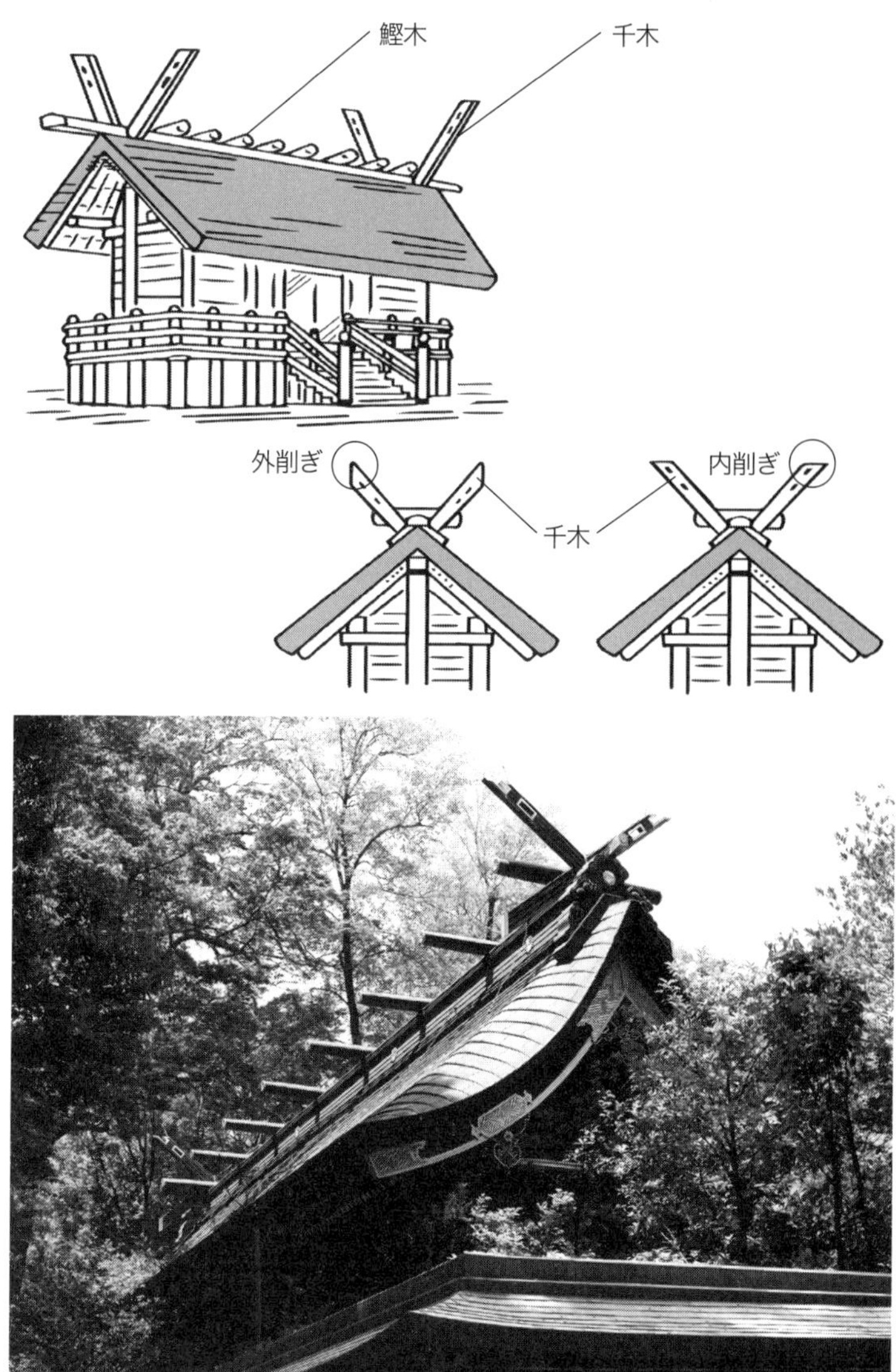

大國魂神社の本殿の屋根飾り。

——千木は内削ぎ・鰹木は八本だ。

つまり祭神は女神を示唆していたわけだが、主祭神・大國魂大神は女神である、そのような伝承はどこをどう探してもまったく見当たらないのは言うまでもない。

摂社・宮之咩神社

大國魂神社の境内のなかに、別途、謎多き女神の神社が建っているのだ（すなわちB神社だが、こちらも裏の七不思議の一つだ）。

御影石の大鳥居から一、二分歩くと、左手に木立に囲まれて小さな社殿が見えてくる。

参道から直角に細い石畳が延びていて、小ぶりの石鳥居をくぐると古い石灯籠が点々と立っているが、狛犬はいない。くすんだ朱色の、屋根も似たような色をした、流れ造りの社殿だが、中央の扉にはハートを逆立ちさせたような（実際は桃もしくは宝珠の）小窓があいていて、やや古びてはいたけれど独特の風情があった神社である。

——残念ながら、これはもう見ることはできない。数年前に新品にすっかり建てかえられてしまったからで、現在は唐破風屋根の素木造りで形式すらも違う。

手前には奉納した絵馬や**柄杓**などが立ち並んでいて、それと立派な案内板が立っているが、

摂社・宮之咩神社。

摂社・宮之咩神社の柄杓。

この説明文には謎を解くヒントが多々あるので、全文をご紹介しよう――。

〈神社名〉摂社・宮之咩神社。〈主祭神名〉天鈿女命。

〈由緒〉この神社の創立は御本社大國魂神社と同じ景行天皇の御代であると伝えられ、古くから芸能の神、安産の神として崇敬されている。例祭日は七月十二日で、文治二年（一一八六年）源頼朝より武蔵国中の神職に天下泰平の祈願を行うよう令して以来、毎年この日の夕刻より翌朝にかけて、国中の神職が参加し終夜神楽を奏し祈祷が行われた。この祭は青袖・杉舞祭と言われる（今は国中の神職は参加しない）。また、頼朝の妻政子が当社に安産を祈願したという伝えもある。安産祈願の折に願いを託した絵馬を奉納し、無事願いが叶うと御礼に底のぬけたひしゃくを納める風習が今でも行われている。――北多摩神道青年会。

★安産祈願で柄杓を納める風習は日本各地の神社にあって、北斗七星・南斗六星とは直接は結びつけられない（ここの風習が日本で最古であることが証明されれば話は別）。

★摂社とは何か？……（神社本庁のホームページによると）摂社に該当する条件としては、本社の御祭神の荒魂や后神・御子神を祀った社のほか、御祭神と関係のある神や現社地の地主神など特別な由緒がある社で、神社によっては別宮とも称する。

要するに、主祭神・大國魂大神と表裏一体のような重要な神社だということだが、さらに創建年が「同じ景行天皇の御代」なので、主祭神と一緒にこの地に鎮座したわけなのだ。

数年前に社殿が新造されたさい、併せて発掘調査が行われ、近隣から国衙（国府の中心的な建物群）の西門が発見されたのだ。すなわち、この神社は国衙の門に隣接して建てられてあったことが判明し、参道の途中におざなりに置かれてあったわけではなかったのである。

といったような様々な理由から、大國魂神社の本殿の屋根飾りが示唆していた女神の正体は、この宮之咩神社ではなかろうかと、もっぱら囁（ささや）かれているのである。

★源頼朝が、宮之咩神社をすこぶる厚く信仰していた様子が記されてあったが、先の説明文で重要なのは年号だ。——文治二年（一一八六年）とある。

文治元年（一一八五年）の春、壇ノ浦の戦いで平家は滅亡したが、頼朝はまだ天下を手中に収めてはいない。奥州藤原氏は、源平合戦の最中まったく平穏（無傷）で、以前にも増して強大な権力（奥州十七万騎と言われた武力）を誇っており、そしておりしも、京から追放された義経が奥州藤原氏に加わろうとしていたからだ（義経はゲリラ戦法を得意とし神出鬼没だ）。

つまり頼朝としては、鎌倉周辺の守りを固めようとしていた時期で、北の守りの要が、ここ大國魂神社だったのだ。そして翌文治三年（一一八七年）、この一環として、とある大きな神社を（鎌倉の外に）頼朝みずからが創建していたのである。——

品川神社

頼朝が建てたのは品川神社（東京都品川区北品川）で、祭神は天比理乃咩命、あまり馴染みのない神様だ。しかも女神様である。

頼朝は治承四年（一一八〇年）以仁王の平氏追討の令旨を奉じて挙兵するも石橋山の戦いで大敗を喫して命からがら船に乗って安房国へと落ちのびた、これはよく知られた史実だが、再決起をはかるさい安房国にあった洲崎明神に願を掛け、成就したので神田を寄進したと『吾妻鏡』に記され、その洲崎明神の主祭神・天比理乃咩命を勧請して祀ったのが品川神社で、海上交通安全と祈願成就の守護神としたのだ。もっとも、これは表向きの説明である。

裏の解説その一）当時は戦国時代のような「城」はなく、神社や寺を臨時の砦として用いるのが一般的だった。たとえば、分倍河原の合戦では緒戦で新田義貞軍は敗れ、敗走するさい鎌倉方に砦に使われないよう武蔵国分寺に火を放って焼失させたのだ（因果応報、天罰は下る）。その点、品川神社は東京湾を見渡せる高台に建っていて、最高の立地なのである。

その二）砦のような物理的な側面以外に、もちろんのこと神霊的な役割を担っていた。以前に鎌倉の都市計画で説明したが、基軸の若宮大路は二七度ほど東に傾いていて、鶴岡八幡宮の社殿も同様の傾きで造られていた。だが鎌倉の住人にとっては、この傾きは頭のすみでは理解しているが日常生活においては無視され、鶴岡八幡宮は真北にある、と認識して日々暮らしているそうである（古来も現在も）。

そんな鎌倉の象徴である鶴岡八幡宮だが、その背後を、霊位の高そうな何かで護ってもらおう、と考えるのはごく自然な発想だ（これも以前にご説明したが）。

では、鶴岡八幡宮から真北へ（この場合は二七度の傾きで）線を延ばしていくと……。

縄張り

……ピタリと、この品川神社に当たるのである。鎌倉から遠く離れた地で頼朝みずからが創建したのは、鶴岡八幡宮の背後を護ってもらうため、そんな理由だったのだ。

城の設計のことを「縄張り」と称したが、物理的なそれ以外に霊的・神霊的な縄張りもあって、往時の人たちはこの種のことに心血を注いでいたようなのだ。

『吾妻鏡』に、次のような興味深い話が記されている——。

養和二年（一一八二年）四月、頼朝は江の島に詣でた。足利義兼や北条時政など十数人の重臣をお供に候う。これは文覚上人が、頼朝の願いを祈らん為、弁才天を勧請し奉って、供養法を始め行う間、監臨せし賜う（いわゆる開眼供養に立ち会ったのだ）。密議なり。此の事、鎮守府将軍藤原秀衡を調伏する為也と云々（秘密を話すと、これは藤原秀衡を調伏、すなわち呪い殺す為にやったのだ……そして後日、文覚上人が報告する）。江の島に参籠し、三七・二十一日を歴て昨日退出した。その間断食し懇祈肝胆を砕いた（懸命に祈った）。

だが『吾妻鏡』の記述を読んだだけでは、なぜ江の島などで調伏の呪法を修したのか（それで効果があると頼朝や文覚上人は考えたのか）理解できないだろう。

実は、鶴岡八幡宮を中心に、永福寺（伽藍跡）と江の島は綺麗に一直線に並ぶのである。

永福寺は（この時点ではまだ未建造だが）鎌倉三大寺の一つで**鬼門**封じの寺であったことは『吾妻鏡』に明記され、江の島は、すなわち**裏鬼門**に相当するのだ。

鬼門・裏鬼門は、同等に扱うような解説が大多数だが、実はまったく性質がちがう。

鬼門からは、怨霊や呪いなど様々な「邪」が侵入してこようとするので、封じるために強力な神仏を鬼門にすえた（日光山輪王寺の大猷院〈家光の墓所〉や赤山禅院などは典型例だ）。

だが「邪」は往々にして内からも湧く、鬼門封じをすり抜けてくる「邪」もいる、それらが居座らないよう外へ放出するのが裏鬼門の役割なのだ。——他人を呪詛する場合、この裏鬼門

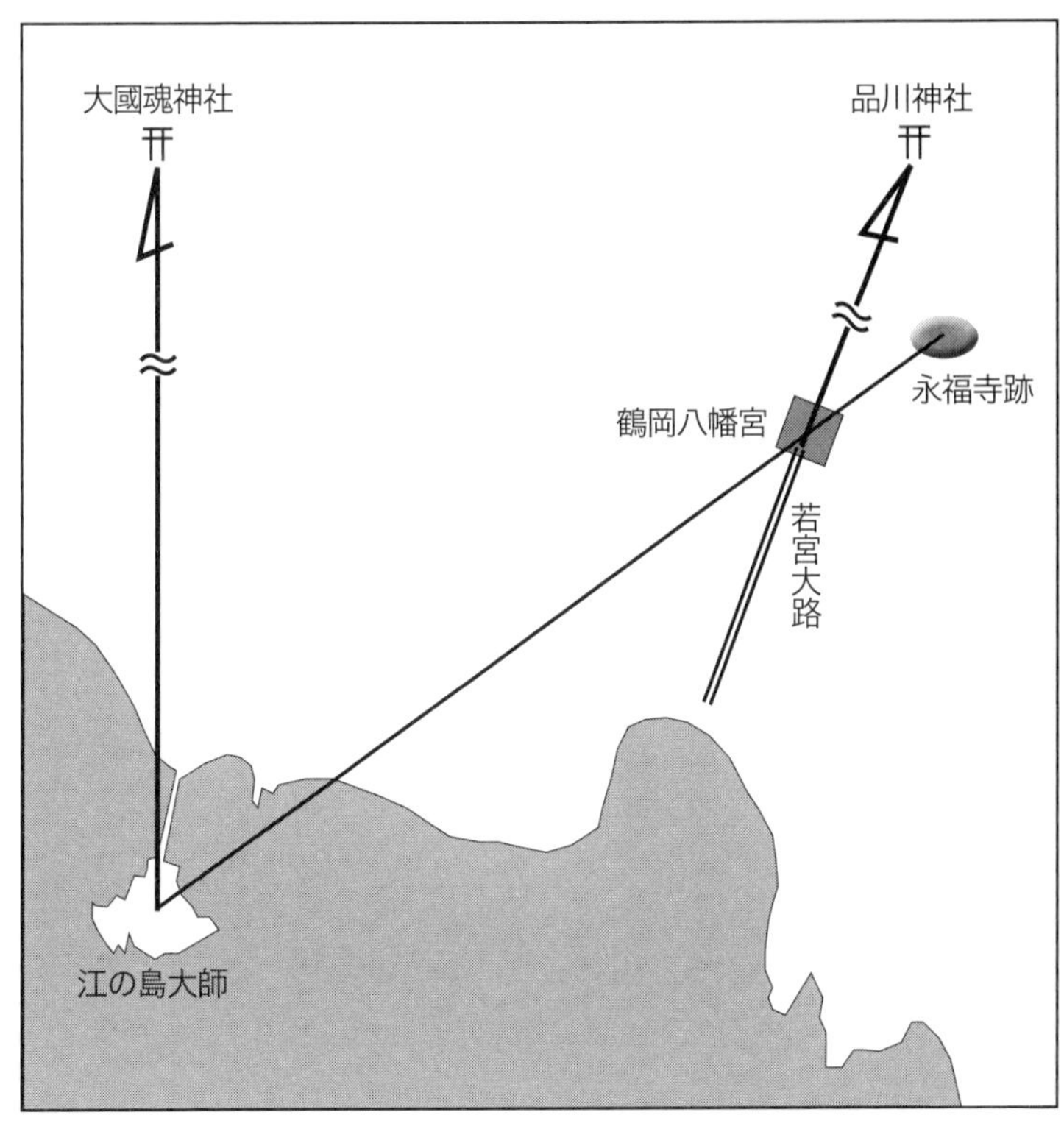

でやるのが正解となる。

そしてご存じのように、江の島と大國魂神社は正確な南北線で貫かれているから、そちらの霊力を借りうけて呪詛は増幅されるはず。また鶴岡八幡宮と品川神社は説明した通りで繋がっている。

それらを表したのが上のイラストだが、かりに、品川神社と大國魂神社が繋がれば、頼朝の意図した神霊的な縄張り、その魔方陣はより完成に近づくのではないだろうか……。

くらやみ祭には『品川海上禊祓式』という重要な神事があって、大國魂神社のホームページによると「神職一行が品川海上に出て身を清めるとともに、清めの汐水を神社に持ち帰り、大祭期間中の朝夕潔斎時にはこの汐水を使用する。ここからくらやみ祭の一連の行事が始まる」とのことだ。品川神社を建立したさい品川湊なども整備され、こういった神事も頼朝（鎌倉幕府）の肝いりで始められたのではと想像される。

品川神社の大鳥居は大変稀らしい**双龍鳥居**で、昇り龍と降り龍が左右に巻きついている。日光山輪王寺の常行堂（嘉祥元年〔八四八年〕円仁創建）には天台宗の秘仏・摩多羅神が祀られているが、社殿は黒漆の荘厳な造りで、前面の柱には、これも稀らしく**二匹の龍**が巻きついているのだ（日光東照宮の祭神の一柱は元来はこの摩多羅神だったが『神仏判然令』で不適格とされ源頼朝に置き換えられている。これは清和源氏につながる頼朝なので円仁が創造した摩多羅神を信仰していたはず、といった一連の連想による。実際、文治二年〔一一八六年〕頼朝は常行堂に田地十五町（約十五ヘクタール）を寄進したと『吾妻鏡』にある）。

そして以前に説明した大國魂神社の御霊神輿は、おそらく摩多羅神とも関係があって、極めて稀らしい造りで、屋根には**二匹の龍**が睨みをきかしているのだ（八五ページ参照）。

鳥居の龍、社殿の龍、神輿の龍、これら各々は日本で唯一のものではおそらくない。だがこういった稀らしい造りが重複するのは、やはり相応に繋がりがあったろうと考えられるのだ。

品川神社は箱根駅伝の走路にあるのでテレビに映る。

常行堂の摩多羅神の社殿は許可を得て撮影している。

ところで、読者諸氏は、次のような類似点に気づかれただろうか?

宮**之咩**神社(案内板では「之」だが大國魂神社のホームページは「乃」を使っている)。

天比理**乃咩**命(安房国から勧請してきた品川神社の祭神)。

この乃咩という表記は(之咩も含めて)実は極めて稀らしく、『延喜式神名帳』全二八六一社のうち、これが神社名や神名に使われていたのは、安房国のそれが唯一なのである。

頼朝は、宮之咩神社の祭神(案内板には主祭神名・天鈿女命とあったがこれは後世の後付けで、ここに鎮座した当初の女神)と安房国から勧請してきた天比理乃咩命は、ほぼ同一の女神もしくは近しい血縁の女神だとみなしていた、と筆者はそう確信している。

では、これより先は、安房国の神々の秘密を解き明かしていくことになる。……

后(きさき)の神

実は『延喜式神名帳』の記載には、接頭語と添え文(補足説明)がついていたのだ。

ご購読ありがとうございました。今後の出版企画の参考に致したいと存じますので、ぜひご意見をお聞かせください。

書籍名

お買い求めの動機

1　書店で見て　　2　新聞広告（紙名　　　　　　　　　）

3　書評・新刊紹介（掲載紙名　　　　　　　　　）

4　知人・同僚のすすめ　　5　上司、先生のすすめ　　6　その他

本書の装幀（カバー），デザインなどに関するご感想

1　洒落ていた　　2　めだっていた　　3　タイトルがよい

4　まあまあ　　5　よくない　　6　その他(　　　　　　　　　)

本書の定価についてご意見をお聞かせください

1　高い　　2　安い　　3　手ごろ　　4　その他(　　　　　　　　　)

本書についてご意見をお聞かせください

どんな出版をご希望ですか（著者、テーマなど）

郵便はがき

料金受取人払郵便

牛込局承認

9410

差出有効期間
2021年10月
31日まで
切手はいりません

162-8790

107

東京都新宿区矢来町114番地
神楽坂高橋ビル5F

株式会社ビジネス社

愛読者係 行

ご住所 〒		
TEL:　(　　) FAX:　(　　)		
フリガナ お名前	年齢	性別 男・女
ご職業	メールアドレスまたはFAX メールまたはFAXによる新刊案内をご希望の方は、ご記入下さい。	
お買い上げ日・書店名 年　月　日	市区 町村	書店

——后神天比理乃咩命神社、元名洲神。

后神とあるのは后の神で、つまり夫がいて、そちらは高貴な大神様ですよという意味だが、では夫の大神様とは誰あろう……布刀玉命である（二者択一の片方で、一八九ページ参照）。

そして、いわゆる論社になっていて、候補の神社は二つだ。

①**洲崎神社**は、千葉県館山市洲崎にあって、頼朝が祈願した洲崎明神でもある（洲崎は、地名は現在はスノサキと読むが、神社名はスサキ・スノサキどちらでも良いようだ）。

御手洗山（標高約一二〇メートル）の中腹にあって、随神門をくぐると、厄払坂と呼ばれる一五〇段ほどの幅広の石段が真っ直ぐに延びていて、登りきると正面が社殿だ。あたりは県指定天然記念物の洲崎神社自然林で（神社の決めで伐採禁止）常緑樹の濃い緑に囲まれている。そしてふり返って坂下を見ると、随神門の先に短い参道と鳥居が立っていてその向こうは……白波が砕けている海（太平洋）なのである。

ここ洲崎は房総半島の南西端に位置し、関東に台風接近のおりにはテレビ中継に使われるような絶好のロケーションで、洲崎神社の社殿や参道も真西を向いているのだ。

②**洲宮神社**は、同館山市洲宮にあって、こちらは海岸から二キロほど入った内陸部だ。

筆者が訪れたさいの感想をひと口で言うならば（すこぶる）さびれた神社である。雰囲気は、かの大麻止乃豆乃天神社にそっくりなのだ。

それもそのはず、ここは文永十年（一二七三年）火災によって社殿を焼失し、その後現在地に移して再建するまで一六〇年以上も放ったらかしで、そういったよんどころない事情とはいえ古社地から離れると、霊位はやはり減じてしまうのかもしれない。……

『式内社の歴史地理学的研究』

論社問題は（意外にも）最初は洲宮神社が式内社に認められた。ここが奥の宮、洲崎神社は遥拝所という説が古来からあったからで、だがクレームがついて洲崎神社に逆転した。詳細は『式内社の歴史地理学的研究』森谷ひろみ論文集（一九七七年）に述べられており（氏の論文では明治政府の決定を再度覆しているが）こちらを参考にしながらご説明しよう――。

洲崎神社は、添え文「元名洲神」といかにも符合しそうな感じがする。だが、これがそもそも勘違いの要因で、いわゆる太平洋プレートのもぐり込み現象で房総半島の突端の安房地方は地震のたびにバネが弾けたように激しく隆起し（関東大震災で約二メートル、元禄大地震で約六メートル）西暦〇年あたりだと現在の標高二〇メートルぐらいまでは海の下となってしまうのだ（プレートテクトニクス理論は一九六〇年代以降なので明治政府は知るよしもない）。

洲宮神社の例祭に「浜降（通称〝お浜入り〟）」と呼ばれる重要な神事があって、御旅所の明神山に神輿が渡御するのだ（論文が書かれたころにはあった祭事だが、現在はない）。

御旅所は、神が最初に降り立った場所を示しているケースが多い。

明神山は、海岸から一・五キロほど入った内陸部にある（山とは呼べない）小さな丘だが、標高二〇メートルから上に数メートルつき出ており、古代の海岸線を想定すると、これこそまさに「洲さきの神」で、白波が寄せてくるような小浜に降りた神、を表していたのだ。

この明神山の周辺、同じく標高二〇メートルを少し超えた、すなわち古代の海岸沿いに、数キロに渡って古代の遺跡が多数分布する。勾玉や管玉などの祭祀遺物が出土した蛇堰山遺跡や、その麓にあった坂井翁作古墳（鳳凰の紋が入った六世紀ごろの金銅製の大刀や人骨が出土したが昭和四二年（一九六七年）発見と同時に建設されたホテルの下敷きになった）などが知られるが、蛇堰山は座席山とも呼ばれ、ここには興味深い伝説が残っているのだ。

「座席山で天太玉命（布刀玉命と同じ）と后神が宴会をして、どこに鎮座しようか相談の上、大神宮と洲宮にそれぞれ別れて御鎮座された。后神の洲宮は〝堂山〟であり、氏子のお籠りしたお堂があったのでその名がついた」とのことである。――堂山は兎尾山（とおやま）（もしくは兎魚山）のことで、すなわちここが火事で焼失した洲宮神社の古社地なのだ（写真参照）。

御旅所の明神山よりさらに五〇〇メートルほど内陸部に位置し、高さ約七〇メートルの山だが、裾野は古代はやはり海である。頂上部は一五〇メートルほどの細長いそれで、古社地はその東北端付近にあったらしく、また現在地へ再建のさい「旧本殿の五分の一に模造」と棟札（むなふだ）に記録があって、かつては后神に相応しい大神殿だった様子がしのばれる。

兎尾山の西南端には近年建立された萬徳寺（まんとくじ）の巨大な涅槃仏（ねはんぶつ）が寝そべっているので、これを地図の目印にして、古社地とおぼしき場所から例によって真南へ線をおろしていくと……。

安房（あわ）神社

……約三キロ離れているが、ピタリと大神宮（安房神社）の社殿に当たるのである。

安房神社は、所在地が館山市大神宮で、それに安房郡は古代では神郡（しんぐん）だったから実質神宮なのである（神郡とは郡全体が神社の所領となる郡で、他に神郡を有していたのは、伊勢神宮、出雲大社、鹿島神宮、香取神宮、日前（ひのくま）・国懸（くにかかす）神宮、宗像（むなかた）大社、だけである）。

安房神社は吾谷山（あづちやま）山麓に鎮座し、社殿は東向きだが、二五〇メートルほどの真っ直ぐで幅広

体長16メートルの涅槃仏の裏が洲宮神社の古社地だが木々が深く入れない。

洲崎神社の拝殿と本殿（頼朝が祈願した方）。

の参道が真北へと延びていて、さも洲宮神社（古社地）と対峙していたかのようである。安房神社の主祭神は言うまでもなく天太玉命で、真北に鎮座した洲宮神社のそれは后の神だ。

両者のあいだは、ほぼ平らな地形で巴川などの細い川が流れていて大半は田畑だが、古代においては海岸線が深くまで入ってきていて、大半が洲であったろうと想像される。


――洲をはさんで、北に后の神殿、南に夫の神殿。


これは安房の神々の謎を解いて得られた、**一つの雛形**だ。

だが安房に関しては、解くべき謎はたくさんある。

まずもって、布刀玉命のような五伴緒神（側近中の側近）の大神様が、なぜあのような辺鄙な場所（東国という最果ての地のしかも房総半島の南端）に御鎮座されているのか？……

『古語拾遺』

話は後戻りするが、太占は、布刀玉命と天児屋命がそろって二神で占った。

だが次の段になると各神別行動をとるのだ。そのシーンを再掲しよう――。

　天の香山の五百津真賢木（枝葉の繁った常緑樹）を根こそぎ掘りおこして、上枝に八尺瓊勾玉、中枝に八咫鏡、そして下枝に白和幣、青和幣を取りつけた。

　布刀玉命が、それらを捧げ持った。

　天児屋命は、祝詞を唱えた。

――古代の祭祀をつかさどる双璧ではあったが、役割が違うのだ。

布刀玉命は各種の**祭祀用具**をうけ持ち、天児屋命は**呪文**を唱えていたのである。

さしずめ《主演》天児屋命、《舞台設営・大道具・小道具》布刀玉命、といったあたりか。

先の文章は『古事記』からの引用だが、これは和銅五年（七一二年）の編纂だ。

入鹿を暗殺して蘇我氏を滅亡に追いやった乙巳の変は（い、い、むしごめ炊いての）六四五年の出来事で、立役者の一人中臣鎌足は一躍英雄になって藤原姓を賜り、その子藤原不比等、さらにその四人の息子を始祖に、藤原南家・藤原北家・藤原武家・藤原京家に別れて増殖していき、その後一〇〇〇年以上に渡って朝廷の権力を我がものにしてきたことはご存じの通りである。

　先の『古事記』の編纂時で、すでにほぼ藤原氏の天下だが、以降状況はひどくなる一方で、祭祀職をつぎつぎと藤原氏に奪われて、忌部氏は凋落していくのである。

だがそんな最中、大同二年（八〇七年）、忌部氏の独自目線でつむがれた『古語拾遺』という歴史書が爆誕するのだ。編纂したのは斎部広成だが、忌部氏の「忌」という漢字が、もっぱら悪い意味に（仏教の影響か）使われだしたので「斎」に改姓したようだ。齢八〇歳を過ぎていて「このままでは死にきれん」と、中臣（藤原）氏への、鬱積した恨み辛みを十一ヶ条で巻末に綴ってあったが、本文は『古事記』や『日本書紀』とともに古代史の貴重な資料として重用されており、この『古語拾遺』を基にして話を進めていくことになる。――

忌部五部神

忌部氏の本貫地（氏族発祥の地）は、奈良県橿原市忌部町で、神武天皇が即位したとされる伝承の橿原宮に近く、天太玉命神社（式内社）が建っている。五伴緒神の本陣だから日本最古の神社の可能性だってあるのに、みすぼらしくて異様に小さな社殿だ。それになんと、江戸時代には「春日社」と呼ばれていたらしく（春日神は藤原氏の氏神）、もう踏んだり蹴ったりで、斎部広成が『古語拾遺』に恨み辛みを書いたのが完全に裏目に出たようだ（これは平城天皇に献上されていて、いわゆる私文書ではない）。

祭祀用具は多種あったので、忌部氏は幾つかの品部（職業集団）に分かれていて、各々生産地が異なり、祖神も「忌部五部神」と呼ばれた神々がいたのだ。——

《出雲忌部》祖神は櫛明玉命、現在の松江市東忌部町・西忌部町・玉湯町玉造あたりが拠点で、『出雲国風土記』（七三三年）に忌部神戸という記述があって、つまり忌部の私有地で、花仙山の良質なメノウを原材料に、勾玉や管玉など日本最大の「玉」の生産地で、約三〇棟の工房跡とともに玉や砥石や錐など数万点が発掘された『出雲玉作跡』遺跡を中心に『出雲玉作史跡公園』として整備されている。八尺瓊勾玉はここで作られた説がある。

《紀伊忌部》祖神は彦狭知命、紀伊国の名草郡御木郷・麁香郷あたりが拠点で、木を採って神殿を造ることを職業とした。『和名類聚抄（平安時代の辞書）』に載る名草郡忌部郷という古地名は現在の和歌山市井辺で、近隣の鳴神社（式内社）には天太玉命が祀られている。

《讃岐忌部》祖神は手置帆負命、拠点は讃岐国の広範囲に渡り、香川県観音寺市にある粟井神社（式内社）などで天太玉命が祀られているが、役割は次項とほぼ同じだ。

《阿波忌部》祖神は天日鷲命、ほぼ一国丸ごとが拠点で、阿波国（徳島県）には忌部氏に関係する神社が多数あって、この阿波忌部が本編の謎解きに深く関係する。

——讃岐の**粟**井神社・四国の**阿波**国・房総半島の**安房**国。

これを見ただけで、繋がりがありそうだとお気づきになるだろう。

なお忌部五部神のもう一神は《筑紫・伊勢忌部》の祖・天目一箇命だが、これは忌部氏とつながる実体が今一つ分からないので本書では扱わない（筆者の小説の方には登場する）。

阿波忌部

阿波忌部が作っていた主たる祭事用具は、布刀玉命が捧げ持っていたうちの、これである。

――白和幣、青和幣。

白和幣の原材料は楮もしくは梶で（ほぼ識別不能）、それら木の皮を蒸して水にさらして紐状にしたものを古代には木綿と呼んでいて（コットンの木綿とはまったくの別物）色は白っぽいが布としてはさほど優秀ではなく、おもな用途は紙である。

青和幣のそれは麻だが、麻紙になるし、もちろん麻布になってと用途は実に幅広い。とくに神事では重要視され、そもそも注連縄が（稲荷神社は稲藁、出雲大社は真菰、などの例外をのぞいて）本来は麻縄で、鈴緒（鈴を鳴らして人と神とをつなぐ太い綱）も本来は麻製だ。

麻にはペクチンという多糖類が多く含まれているせいで、汚れがつきにくく、かつ汚れても簡単に落とせ、また細菌の増殖を阻止する性質があって（古代人がどのように理解していたかはさておき）結果、防臭の効果もあって、そんなことから「穢れを寄せつけない」「穢れてもすぐ落とせる」と考えて神事に重用されたらしいのだ。

祓串も本来は麻製で、麻の不思議な力でもって穢れを浄化してくれるのだ。そんな麻の祓串を箱に入れて配ったのが神宮大麻（伊勢神宮のお神札）の起源で、だから大麻と称された。「麻」と「大麻」の違いはとくになく、「大」は立派なという意味の美称である。

大嘗祭の麁服

大嘗祭は、天皇が皇位継承（践祚）に際して行う宮中祭祀だが、令和天皇の即位で連日報道されたのでご記憶の方も多いだろう。『延喜式』の巻七は『践祚大嘗祭』で、祭祀の細かい取り決めが載っていて、その一節にこう記されているのだ。

――阿波国忌部所織麁妙服（阿波国の忌部が織るところの麁妙服、麁服と同じ）。

麁服は麻の織物で、繒服（絹の織物）とともに、大嘗祭で最重要の儀式が行われる悠紀殿と主基殿の神座に奉安される（服としては身に着けない。神の依代とする説があって、すると麻の麁服はスサノオ・絹の繪服はアマテラスだろうか……詳細は公表されていない）。

徳島県の美馬市木屋平に「三木家」という古い家柄があり（三木家住宅は築約四〇〇年、国の重要文化財）、ここが阿波忌部の直系の子孫で、鎌倉時代の亀山天皇、以下六代の天皇の大嘗祭のおりに、麁服の調製・調進をした古文書が残っており（践祚で大嘗祭が決まると皇室から「慣例に従って調製を」と注文が入り、麁服を作って納品すなわち調進する）、応仁の乱や戦国時代で朝廷の祭祀そのものが途絶したが江戸時代に復活し、その後はずっ……と続けられ、令和天皇の大嘗祭にも三木家当主（鎌倉時代から数えて二八代目）が統括して麁服を調進した。さらに数十代遡れる家系図もあって、まさに神代の時代から同じ仕事を（実際に）やっていた可能性が考えられるのだ！……。

忌部本家は、本貫地の神社を春日社にすげかえられるほど衰微した。だが阿波忌部は、命脈を保って（いや、そこらじゅう忌部の神社だらけなので隆盛を誇って）いたのである。

だが麻織物は、阿波忌部の専売特許、というわけではなかったはずだ。

弥生時代の衣服の素材は、大半が麻であったことが分かっている。また、麻は天然繊維のなかでは最高強度を誇るので、糸（釣り糸）や細紐（ひも）や縄などにも重宝し、古くは縄文時代初期の遺跡から出土していて、ごく日常的に使われてきた繊維なのだ。

秦氏が養蚕や絹織物の技術を伝えたのは西暦二八三年だが、同六〇四年の聖徳太子の十七条憲法に「春より秋に至るまでに、農桑（なりわいこかい）の節（とき）なり。民（おおみたから）を使うべからず（中略）桑（こかい）せずは何をか服（き）む」とあって、桑は蚕（かいこ）の餌だから、絹織物がすでに定着していたことが分かる。

狩衣（かりぎぬ）は、古代の貴族の普段着で、素材は麻だ。そこに絹織物が入ってきて礼服となり住み分けができる。だが、京の雅（みやび）な貴族なら（粋（いき）な江戸っ子も）こう言ったに違いないのだ。

「普段着に贅（ぜい）を尽くしてこそ、通よのう……」

その点阿波忌部の麻織物は、正真正銘、天皇家の御用達である（旅先でふとつまみ食いをされて、これ幸いにと御用達の看板を揚げる、どこぞの菓子屋とはちがう）。式という法律に裏付けされてあって、そのことは貴族全員が知っていたはずだ。

阿波忌部が作っていた麻織物は、貴族が（のみならず庶民や武家も）こぞって欲しがるような、いわゆるブランド品だったと想像されるのだ。

出雲忌部が作っていた各種の「玉」も、まごうことなくブランド品だ。

——**ブランド品**。

忌部を語る上での、一つのキーワードなのかもしれない……。

忌部の東遷伝説

阿波で盤石の地盤を築いた忌部は、東国へと進出するのだ。その経緯は『古語拾遺』にわずか数行でしか語られていないが、読み下し文で紹介してから解説しよう――。

天富命、更に沃き壌を求めて、阿波の斎部を分かち、東の土に率い往きて、麻・穀を植える。好き麻生うる所なり。故、総の国〔古語に、麻を総と謂う。今、上総・下総の二国と為す、是なり。〕と謂う。穀の木が生うる所なり、故、結城の郡と謂う。阿波の忌部の居る所、便ち安房の郡〔今の安房の国、是なり。〕と名づく。天富命、即ち其地に太玉命の社を立つ。今、安房の社と謂う。

◎天富命は、太玉命の**孫**である。「阿波の斎部を分かち」とあるが、斎部に改姓後の八〇〇年代のそれではなく、阿波に定着して孫の代ぐらいになった新しい忌部、という意味だ。

◎「総」には「麻」という意味はなく従来は疑問視されていたが、藤原京から出土した木簡などによって、古くは「捄国」と表記されていたことが判明し、この「捄」の方に「麻」に通じる意味があったので決着した。

◎穀は梶の木で（もしくは楮で）すなわち木綿であるが、それが結城郡（現在の茨城県結城市）の語源であると説かれているのだ。高級織物「結城紬」の産地として有名だが、これは絹織物で、さすがに「大嘘だろう斎部広成」と断罪されそうなのだが……。

県（国）を跨ぐので複雑な話になる。結城市の西隣は栃木県（下野国）小山市で、結城紬はこの二市でおもに作っており、ここは鎌倉時代以降の有力武将、小山氏とその傍系の結城氏の本貫地で、だが本家の小山氏は、居城の小山城を北条氏に陥落されて滅亡し、かたや結城氏は松平姓まで賜って栄えるのだ、ゆえ「結城紬」という。つまり世が世ならば「小山紬」と呼ばれていたやもしれず……そんな小山の方に**安房**神社（式内社）が建っているのだ。

主祭神は天太玉命、創建は崇神天皇と古く、仁徳天皇の代に再建と伝わり、約八〇〇〇坪の境内に鬱蒼とした鎮守の森に囲まれて神楽殿まで備えた立派な神社である。『神名帳』には**阿波**神社と掲載され、地名は小山市**粟**宮で、奇しくも新旧三代の名称が揃っている。

◎四国のアワは古くは粟で、粟の産地だったことに由来するが、国名は二字にすべしといった和銅六年（七一三年）の「好字二字化令」で、倭→大和、木→紀伊などと同じく、阿波に変更された。また、平城京出土の木簡「上総国阿波郡片岡里服織部」から、房総のアワも同じ漢字が使われていたことが分かり、これだと紛らわしいので安房へと変わるのだ（安房国は、上総国に含まれたり出たりを繰り返して七〇〇年代半ばに独立する)。

◎結城市の方に大桑神社という古社があって、案内板にはこう記されているが——

大桑神社の成立については、古代、東国に養蚕・織物を伝えたとされる阿波忌部が、養蚕・農業の神、稚産霊尊を祭神として、北方の大水河原に創建、この辺り一帯を大桑郷と名付けたことに始まり、その後、洪水により流出、文明十一年(一四七九年)、今の地に移ったと伝わります。結城市教育委員会。

——突っ込みどころ満載だ。阿波忌部は古い織物の伝承者で、新しい絹織物とは関係しない。それに大桑という古地名が(現在地名も)この付近には、どう探しても見つからないのだ。

結城・小山で絹織物が盛んになったのは、せいぜい鎌倉時代からで、文献に現れるのは江戸時代初頭が最初だ。忌部が入植して阿波神社を建てたのは遥かに(約一〇〇〇年ぐらい)古代なので、織物業のゆりかごを作った、といったあたりが正解だろう。

結城の語源は十中八、九「木綿の木」であったと考えられるが、いわゆる〝歴史の綾〟で、絹織物の結城紬が有名になってしまったのだ。

大桑神社は、もとは大麻神社だったのを混同して取り違えたのでは、とも想像される。大桑は、古い読み方に「おんま」があって、石川県金沢市にある大桑温泉などがそうなのだ。

実は、結城・小山の、とくに栃木県側は、古来から「麻」の一大生産地なのである!……

野州麻（やしゅうあさ）

この地方は古くから〝野州麻〟と呼ばれる良質な麻を産し、かつて（戦前まで）は約五〇〇〇ヘクタールの麻の畑が広がっていたが、現在は五〇〇アールにも満たないらしく（単位に注意）つまり一〇〇〇分の一以下で、わずか一〇軒ほどの農家が細々（ほそぼそ）と、にもかかわらず全国の約九割をここで産しているそうなのだ。

各農家の販売ページなどを見てみると、同一の解説文が載っていて、どなたがお書きになったのか原典は不明だが実によく推考・推敲（すいこう）されているので、抜粋して紹介しよう——。

《野州麻について》古代、阿波国（徳島県）の吉野川（よしのがわ）流域を中心に大きな勢力を誇り、ヤマト王朝成立の立役者となった阿波国忌部族は、弥生末期から古墳時代にかけて日本各地に麻や穀（かじ）を植え、農業、織物、漁業、製紙、建築、古墳技術を伝搬させた産業技術集団祭祓族であり、さらに海洋民の側面も併せ持っていました。約一八〇〇年前に阿波国を出発、黒潮に乗り安房国（千葉県）に上陸し、利根川（とねがわ）を遡って下野国（栃木県）に到達しました。利根川支流である栃木県鹿沼市永野（かぬましながの）（旧粟野町（あわのまち））は内陸部で風水害もなく、麻を栽培するには最適地であり、ここが安房忌部族最終到達地となりました。

——約一八〇〇年前。

この年代は古すぎるだろう？　とお感じになった人も多々おられるだろうが、昨今、考古学界では徳島県に関係して騒然となっていて、この年代は意外と正しいのだ（詳細は次章）。

——栃木県鹿沼市永野（旧粟野町）。

古地名の「粟」が残っており「最終到達地」とのことだが実際かなりの奥地だ。方角的には安房のほぼ真北だが、ここは〝別ルート〟があって、先に「西」を開拓していたようなのだ。『古語拾遺』は、その記述は一見（一読）頓珍漢で、生半可な知識だと偽書としか思えない。だが丹念に調べていくと真実だと分かり（故、結城の郡と謂う。ここを正確に解説したのは、おそらく本書が初だろう）、信頼に足る歴史書であったことが分かるのである。

縄文海進

小山の安房神社には、興味深い伝承がある——。

房総の安房から当地にやって来たさい、思川を遡ってきた。船頭をつとめたのは「舟太郎」

で、粟粥をふるまってくれた地元の老人は「粟作りの爺や」、ゆえこの地を粟宮という。神輿渡御には粟の穂をかかげ、本殿裏手に粟作翁神社・船太郎神社として祀られている。

粟作りの爺やは説明済みだが、舟太郎の伝承はきわめて奥深い。

この安房神社の西一キロほどを思川が南北に流れていて、下っていくと巴波川に合流し、さらには渡良瀬川になって、利根川へと流れ込む。現在の利根川は銚子から太平洋に注ぐが、江戸時代以前は東京湾へ続いていた。また、先の分岐点から利根川を遡っていくと、左手側から支流に入り込めて、それが星川で、やがて埼玉の津に着いて、さきたま古墳群があるのだ。

――と、口で言うは易しだ。

古代のこのあたりは川が網目のように分岐しており、川筋にくわしい船頭の「舟太郎」なくしては到底目的地にはたどり着けなかったのだ。だから神様として祀られている。

西暦二〇〇年あたりだと、『縄文海進』の影響がまだ残っており――

縄文時代は海が進む。氷河時代が終わると氷が大量に溶けだして海水面が高くなり、江戸湾と呼ばれる遠浅の海になってしまい、東京は大半が、埼玉は半分が、群馬を越えて栃木の一部まで海水が入り込んできて、すると魚介類は捕り放題だから楽天地となって、縄文時代人の約七割がこのあたりに住んでいたと考えられるほどの人口密集地帯で、だが海が後退していくと、網目のような川と湿地帯だらけになって、逆に人が住みづらい場所へと変貌をとげるのだ。

——広大な「香取の海」があったのも、この名残なのである。

多麻川（たまがわ）

では、別ルート「西」の話をしよう。

阿波から安房に来ると、後（のち）に神郡となる安房神社を建てるや、矢継ぎ早につぎなる入植地を求めて、房総半島の内房（うちぼう）に沿って東京湾に入っていく。

だが利根川の下流域は湿地帯だらけで適した場所はなく、説明したように川筋が複雑すぎるので後回しにし、東京湾に沿ってさらに「西」へ行ってみると、好条件の川が見つかったのだ。

河口から数キロ入っただけで、両岸にしっかりした台地があるのが分かる。今で言うところの武蔵野（むさしの）台地だ。川筋は、ほぼ一本で「舟太郎」の必要はない。

河口から十数キロのところで、川は左へ折れてやや蛇行する。正面には断崖が連なっていて、川が何度となく暴れた様子が見てとれた。だが、舟に乗っていた首領（ボス）は、ひらめく！

——この崖上（ハケ）に大きな墓を造ってやろう。目立つぞ！

後の荏原台古墳群である。田園調布古墳群とも呼ばれるが、高級住宅街で知られる田園**調布**の岸辺にあったからだ。調布とは、大化の改新（六四五年）以降、庶民は現物納付の税として「租・庸・調」を課せられていて、このあたりは「調」として布を納めていたのだ。

さらに十キロほど川を遡ると、南側には（岸から二、三キロ離れているが）川崎市の**麻生**区がある。足利尊氏の所領目録に「武蔵国**麻生**郷」と記されていた古い地名で、桜の名所として知られる**麻生**川が流れている（こちらは「あさお」と読む）。

川の北側は**調布**市で（由来は田園調布と同じ）、川岸には『神名帳』に載る古社の**布多**天神社が建っていた。が、文明九年（一四七七年）の大洪水で流されてしまって内陸部へ遷座した。すると霊位は落ちてしまうので菅原道真公を合祀した。**布田**という古い地名も残っている。

「**多麻**川に　さらす手作りさらさらに　何そこの児のここだ愛しき」

万葉集・東歌からの一首で、布を作っている様子を詠んでいるが、染色した布を川でさらすような近代のそれと混同してはいけない。古代の木綿や麻布に関するそれだ。**多い麻**と書いてタマは、多摩市や多摩川や奥多摩湖などの、多摩の語源候補の一つなのだ。

調布市の西隣は、府中市で、大國魂神社がある。そして多摩川をはさんで対岸の明神バケに、**大麻**止乃豆乃天神社が建っていたのだ。
多摩川は、古代から「布」と「麻」の川だったことが分かるのだ。——

大麻比古神

話が後戻りして恐縮だが、四国の阿波忌部と讃岐忌部が、どういった神社を建てていたのか詳細を説明しよう。大きな一群として、俗にそう呼ばれている「大麻」系神社がある——。

☆大麻比古神社（徳島県鳴門市大麻町）、大麻比古神。
大麻比古神社・天満神社（同板野郡藍住町）、大麻比古神。
★大麻神社（香川県善通寺市大麻町）、天太玉命。
麻部神社（同三豊市高瀬町上麻）、天日鷲命（阿波忌部の祖神）。
五社明神の大麻大明神（同三豊市三野町）、手置帆負命（讃岐忌部の祖神）。

大麻比古神とは、忌部の大神様を象徴する神名だが、＝天太玉命だったり阿波や讃岐忌部の祖神だったりとまちまちだ（最終章で「大麻比古神」と「天太玉命」との違いは説明する）。

また、四国以外にも「大麻」系の神社が幾つかある。

大麻山(おおあさやま)神社（島根県浜田市）たいまさん、とも読み、式内社で、寛平(かんぴょう)元年（八八九年）阿波の大麻比古神を勧請して建立された。忌部の開拓神話を伴っているが年代的には新しい。

大麻(おおあさ)神社（栃木県栃木市藤岡町）、祭神は天日鷲命(あめのひわしのみこと)、小さな神社で創建年などは不詳だが、小山安房神社とさきたま古墳群のほぼ中央の渡良瀬川沿いという意味深な場所に位置する。

大麻(おおあさ)神社（茨城県行方(なめがた)市**麻生**(あそう)）、だが祭神は武甕槌命(タケミカヅチ)と経津主命(フツヌシ)で、これは鹿島・香取神宮の最強(バリバリ)の軍神だ。麻植えの農作業をやっていたとは思えない。しかも極めて特異な立地で、だが本編の謎解きとは関連がうすいので章末に補足として掲載した（そちらをご参照に）。

また、そのものズバリの「忌部神社(いんべじんじゃ)」がある——。

忌部神社（徳島県徳島市二軒屋町）、天日鷲命。

山崎(やまさき)忌部神社（同吉野川市山川町忌部山）、天日鷲翔矢尊(あまひわしかけるやのみこと)（天日鷲命と同じ）。

種穂(たなぼ)忌部神社（同吉野川市山川町川田忌部山）、天日鷲命。

忌部神社・御所神社（同美馬郡つるぎ町）、天日鷲命。

忌部神社（香川県三豊市）、手置帆負命。

主祭神は以上の通りだが、天太玉命を加えたりもする。分布は讃岐のそれを除いて吉野川流域で、山崎・種穂・御所は旧麻植郡にある（所以に郡の名を麻植と為す、と『古語拾遺』に載っていたほどの古い地名だが、二〇〇四年に消滅した）。

以外に、天河別神社（鳴門市大麻町）があって、『古語拾遺』に語られた天富命は天太玉命の孫だが、その間の父親・天河別が祀られている。また、以前に説明した粟井神社（香川県観音寺市）があって、祭神は天太玉命である。

四国最古の神社

四国の「大麻」系神社の中で説明を要するものが二社ある。

まずは本家の、鳴門市大麻町にある大麻比古神社だ。

阿波国の**一ノ宮**で、のみならず阿波国（および淡路島）の**総鎮守**で、もちろん**式内社**で、社格は最上位の**名神大社**で、それに四国八十八箇所（通称お遍路さん）の**第一番札所**で、神武天皇年間に創建という**四国最古の神社**だというのに……全国的には、ほぼまったくといっていいほど知名度はない。

おそらく「大麻」という字面のせいだろう。仏教の影響で意味が変わってしまった「忌」といい、謂(いわ)れのない理由でいわゆる〝貧乏籤(びんぼうくじ)〟をひかされているのだ。

名神大社とは、『神名帳』には「小・中・大」の社格が示されていて、大社のなかで特に霊験あらたかな場合は「名神」の称号を賜る。これまでに数多くの神社を紹介してきたが、出雲大社と神宮を除けば名神大社は、氷川神社、安房神社、天太玉命神社（本貫地）、金鑽神社、粟井神社、そしてこの大麻比古神社だ。

一番札所は、現在は霊山寺(りょうぜんじ)（鳴門市大麻町）だが、ここは大麻比古神社の別当寺で、つまり明治以前の神仏習合時代は神社も含めて一番札所なのだ。では、なぜここが一番札所に選ばれたのか？　それは単純に、この大麻比古神社が四国で最古の神社だからだ！――

大麻山(おおさやま)

――その分家が、讃岐国（善通寺市大麻町(おおさちょう)）にある大麻(おおさ)神社である。

「往古(おうこ)当国忌部氏、阿波忌部と協力して讃岐を開拓し、此(こ)の地に麻を植え殖産興業の途(みち)を開かれ、その祖神天太玉命を祀り大麻天神と奉称し、村の名を大麻と云ふ」と由緒にあって、神武天皇（もしくは景行天皇）年間に創建と伝わる式内社で、瓊々杵尊(ににぎのみこと)坐像と天太玉命坐像の国の重要文化財を有し、香川県西部に位置する大麻山の東麓に鎮座している。

おおあさやま、とも読むが、県内では独立峰としては最高の標高六一六メートルで、山の西側には、「**麻**坂峠」、高瀬町「下**麻**」同「上**麻**」、そして「**麻**小学校」や「**麻**部神社」などがあり、また、大麻山の西峰の標高四〇〇メートル付近には、野田院古墳（三世紀後半の前方後円墳で地域で最古）があって、ここを旗頭にして北方に四〇〇基以上の古墳が点在しており、これらは国指定史跡・有岡古墳群だが、「日本版〝王家の谷〟とも呼ばれる聖地であった」と書かれていたブログ主がおられ、その慧眼には感心した。

ところで、この山は最高峰は大麻山だが、山全体を象頭山、南側の低い峰を琴平山と呼ぶのだ。象頭山と琴平山は後世に付け加わった名称なのは自明だが、ともあれかの有名な――

金毘羅船々追い風に帆かけてシュラシュシュシュ、回れば四国は讃州那珂の郡象頭山金毘羅大権現、一度まわれば、金毘羅石段桜の真盛りキラララ……♪

――金刀比羅宮（四国最大の神社）が、山の南峰に建っているのである。

一三六八段もの石段を登りきった先の眺望は、それはそれは絶景だ。だが海（瀬戸内海）は見渡せるのだろうか？……まあ瀬戸大橋ぐらいは、かろうじて見える。

「昔の人は、讃岐平野を瀬戸内海にたとえ、讃岐富士（飯野山）などの山々を島に見立てていたのでございます」もしくは「古代は、海が讃岐平野の奥まで入ってきていたのですよ」などと宣うガイドさんの、まことしやかな嘘に騙されてはいけない。

金毘羅は、海をゆく数多の舟を守るために、そもそも祀られたわけではないからだ。そんな考え方はつい最近で、せいぜい江戸時代からなのである。

神の乗り物（ヴァーハナ）

ヒンドゥー教の主神級の神々には「ヴァーハナ」と呼ばれる各神固有の乗り物がある。

インドラーのヴァーハナは象なので、あちらの神話に倣って帝釈天の仏像は象にまたがった姿で造られる。ブラフマー（梵天）は白いガチョウ、ガネーシャ（聖天）はトガリネズミ、サラスヴァティー（弁才天）は白鳥、ラクシュミー（吉祥天）は紅い蓮華、などなど。

インドの「聖なる川」ガンジスを神格化したガンガーという女神がいて、そのヴァーハナがクンビーラで、象のような長い鼻を持つ鰐だが、鼻を持ちあげて舳先のようにして水面を進んでいくのだ。それが『薬師瑠璃光如来本願功徳経』で宮毘羅大将、『金光明経』では金毘羅として仏教の経典にあらわれ、中国では蛟竜とも漢訳されて、竜の一種（まだ一人前になっていない竜の幼生）だと考えられ、それらが綯い交ぜになって日本に伝わるのである。

琴平山の麓にある松尾寺の縁起によると、大宝年間（七〇一～七〇四年）、役小角が象頭山に登ったさい、金毘羅（金毘羅竜王）が顕現し、この地に祀ったのが始まりとのことだ（唄になるほど人気を博した金毘羅大権現だったが明治の『神仏判然令』で尽く破却された）。

金毘羅を祀ったのが誰にせよ（役小角は実在の人物で大宝元年六月七日に箕面山瀧安寺・奥の院に入寂したと伝わるから可能性はある）、その感性は、すこぶる秀でている。――

大麻山はこの地域の〝聖なる山〟で、山を基点にして北側は〝王家の谷〟と目され、そして大麻山に君臨する大神様は、言うまでもなく天太玉命だ。

かたや金毘羅・宮毘羅は、ガンガー女神が日本には伝来（定着）しなかったので、主人なきヴァーハナなのだ。

大宝年間だと、阿波と讃岐の開拓はすでに終えていて、黒潮に乗ってはるか東国にまで進出した開拓の大神様であると、そんなイメージがすっかり定着していたと想像される。

――金毘羅と申すこの神の乗り物を、大神様の舟としてお使いください。未熟な竜ではございますが、何かのお役に立てることでしょう。

大麻神社と金刀比羅宮の社殿（本殿）は、角度的には四度のずれ（時計の長針で表すと五九分

―二九分よりも内側）で、ほぼ正確な南北線にそっている。北に坐している天太玉命が、南にいる金毘羅を護っている構図だ。天太玉命は五伴緒神で、霊位の高さは金毘羅とは比べるべくもない。だが金毘羅は、薬師如来につかえる十二神将（じゅうにしんしょう）の筆頭で（仏教的には）最強の軍神なのだ。その二神が協力して地域を安寧へと導く、また、天太玉命がふたたび開拓の途につくさいには神の乗り物（ヴァーハナ）となって護衛するのだ。

古代の神々の配置は（我々の想像以上に）綿密な物語に裏付けされている。いや、むしろ、物語が秀でていないと（信仰は得られず）後世までは残らないのである。

この二神の構図は、またしても**一つの雛形**を暗示させる。

忌部の大神様が祀られた神社には金毘羅が付き従っているのではないだろうか……と。

では、安房神社の祭神構成を見てみよう。

本宮は天太玉命で相殿（あいどの）は后神と忌部五部神、摂社は天富命と天忍日命（あめのおしひのみこと）（天太玉命の兄弟神）だが、末社は厳島社（いつくしましゃ）と**琴平社**（ことひらしゃ）なのだ。錚々たる神々に列せられて祀られていたではないか。

小山の安房神社も、やはり末社に**琴平社**があるのだ（明治の『神仏判然令』以降、神社内にとどめおく場合は金毘羅の名称は使えない）。

そして、大國魂神社の南の崖上（ハケ）には、**金比羅神社**が建っているのだ。

神世七代（かみのよななよ）

神社名の「大麻」という二文字は、『古事記』は全文を検索しても無く、『日本書紀』には膳（かしわでの）大麻呂（おおまろ）として（麻呂に大の美称がついた）人名に使われていただけで、**大麻**比古神社の祭神・**大麻**比古神に端を発する、珍しい名称であったことが分かるのだ。

大麻と名のついた神社は、見てきたように原則、祭神は忌部氏のそれである（例外的な茨城県行方市麻生の大麻神社については章末の補足で説明される）。

多摩川の崖上（ハケ）にあった**大麻**止乃豆乃天神社が、忌部とは無関係、とはむしろ考えにくい。

では、神名を分解して考察してみよう——。

大麻　比古。
大麻　止乃　豆乃（つの）（津の）。
大麻　等乃　知（ちの）（元名）。

ヒコは、最も原始的な姓（かばね）で、「比古、彦、日子（ひこ）」などがあって、女性のそれのヒメ「比売（ひめ）、媛、日女」などに対応する。

止乃や等乃は「殿様のトノだろうか」というのが筆者の拙い直感で、すると比古と＝で繋ぐことができる（十年ほど前に小説に書いた）。だが、殿を高貴な男性を表す意味として神代の時代から用いていた、かどうかは疑問が残るのだ。以下は、國學院大學『古事記学センター』の神名データベースを参考にさせていただいた。――

まず「との」を検索してみた。すると八件ヒットし、うち六件は、※※戸神、もしくは※※戸大神で、用法が違う。だが次の二神は関係しそうである。

意富斗能地神（おおとのぢのかみ）……男神。
大斗乃弁神（おおとのべのかみ）……女神。

『古事記』の「神世七代」と呼ばれている天地開闢（天地創造）に登場する特殊な神様で、主祭神として神社に祀られることはほぼなく（希少な例外が阿波忌部にあり次章で説明する）、二神で対になっており、男神と女神だが、性別を決定づけていたのは「地」と「弁」であって、斗能や斗乃の「との」ではなかったのだ。

これを天香具山神社の元名と比較すると、また別種のことが見えてくる。

大麻等乃知神（おおまとのちのかみ）。

意富斗能地神（おおとのぢのかみ）。

大麻等地神（現在の天香山神社の案内板に書かれている元名）。

元名「大麻等乃知神」という稀らしい神名は、神世七代の「意富斗能地神」に一文字「麻」を加えて作られてあったのでは……と想像されるのだ。作ったのはもちろん「麻」に殊の外ご執心だった忌部以外には考えられないだろう。

また、オオトノを「大殿」とする説もあるが、上代特殊仮名遣いにおいて「斗」の字はト甲類の仮名であるが「大殿」の語はト乙類であることから認められないとする批判がある、と國學院大學の神名データベースには書かれてあった。

筆者の拙い直感がまさにこれで、案の定、否定されているのだ。

だが、次にはこうも書かれている。『日本書紀』では第二段本書に見え、男神が「大戸之道（おおとのぢ）尊」、更に別名として「大戸摩彦（おおとまひこ）尊」が挙がっている、と。

大戸之道尊（おおとのぢのみこと）漢字が違うだけで『古事記』と同じだ。

大　戸摩　彦　尊（おお　とま　**ひこ**の　みこと）。

男神を決定づけていた「地（ぢ）」や「道（ぢ）」は、つまりヒコに置き換えが可能だったのだ。だがそうなるとトノがトマに変化してしまうのである。では、大麻比古神を別の読み方にしてみよう。

大麻　比古　神（おおま　ひこの　かみ）。
大戸摩　彦　尊（おおとま　ひこの　みこと）。

トノ「≠（ノットイコール）」ヒコであることに変わりはない。だが神名を全体的にとらえると、大麻比古「≒（ニアリーイコール）」大麻等乃知、といえなくもなくはないのだろうか。
もや～とした説明で恐縮だが、ここは一つ**斎部広成**さんに霧を晴らしていただこう――。

大宮売神（おおみやのめのかみ）

『古語拾遺』には、次のように記されているのだ。

大宮売神（是、太玉命の久志備に生ませる神なり。今の世に内侍の善き言・美しき詞をもて、君と臣との間を和らげて、宸襟を悦懌びしむる如し。）をして御前に侍はしむ。

――超訳しよう。天皇は、日常のあらゆる所作が祭祀であり、朝起きてどの服を着てどの方角に向いてどちらの神様を拝むのか、朝食は何を食べて……およそ箸の上げ下ろしに至るまで事細かく定められてあって、内侍（宮中女官）が、優しく美しい言葉でうながし、場を和ませて、面倒な祭祀を御心の喜びに変えられるよう、御前にお仕えしていたのが祭祀系氏族筆頭の**忌部氏の娘**で、それを神格化したのが、太玉命が久志備に（奇跡的に）生んだ大宮売神なのだ。

大は美称なので、それをはずすと宮売神になる。すなわち摂社・宮之咩神社の本来の祭神で、こちらも、やはり**忌部氏の女神**だったのだ。

宮**之咩**神の父親・太玉命の后神は天比理**乃咩**命で、その特異な表記の一致からいって実の娘で（そういう設定で）、安房を経由してこの地に入ってきたことが分かるのだ。頼朝も『古語拾遺』は読んでいたはず、気づいていたに違いないのである。

――この崖上に大きな墓を造ってやろう。目立つぞ！

安房からの一行を乗せた舟は、さらに川を遡っていく。そこは原始の川で人の手は入っていない。木々は深く繁り、浅瀬では熊や鹿や狼や狐や狸や川獺（かわうそ）や水鳥たちが戯れている。やがて淀（よど）みがあったので、舟を着けた。そこは津にふさわしい場所に思えた。

――あちらに、女神様の神殿を建てよう。

北の崖上（ハケ）を指さして神官がいった。もちろん南側には大神様の神殿を造るのだ。安房のそれにならって正確な南北線で貫いて。

金比羅神社が建つのは、これより四〇〇年以上も先の話である。

幻の宮殿

再度ゲームに喩えると、ようやく地下迷宮（ダンジョン）の最深部に到達したようである。そして霧は晴れて、幻の大宮殿が姿を現したが、大魔王は、あの奥にひそんでいるに違いないのである。特別な「鍵」はすでに手に入れている。では、その扉を開けよう――。

《補足説明》にしては長文になるので先を急ぐ人は読み飛ばされるのも手だろう。

鹿島神宮・香取神宮は（以前説明したように）要害で古代の軍事拠点である。だからといって、神霊的な縄張りなどとは無縁・無頓着だったとはむしろ考えられず、逆に超強力なそれが施されてあった可能性が高いのだ。

行方市麻生にあった大麻神社は、つまりそれである。

地図上にプロットし各々の本殿との距離を測定してみた（イラスト参照）。

大麻神社――鹿島神宮、一二・八三キロ。

大麻神社――香取神宮、一二・七五キロ。

鹿島神宮――香取神宮、一三・〇四キロ。

ほぼ正三角形を形造っていたことが分かるだろう。

さらに、大麻神社には古社地とおぼしき場所が地図からみてとれ、そこから測定し直すと、大麻神社――鹿島神宮は一二・九七キロ、大麻神社――香取神宮は一二・九二キロ、となって、誤差一％未満の正三角形となるのだ。

近隣にある代表的な古墳群は二ヶ所で、宮中野古墳群と大生古墳群だ。

宮中野古墳群（茨城県鹿嶋市大字宮中）は、三〇〇年代末から六〇〇年代前半の築造で、一

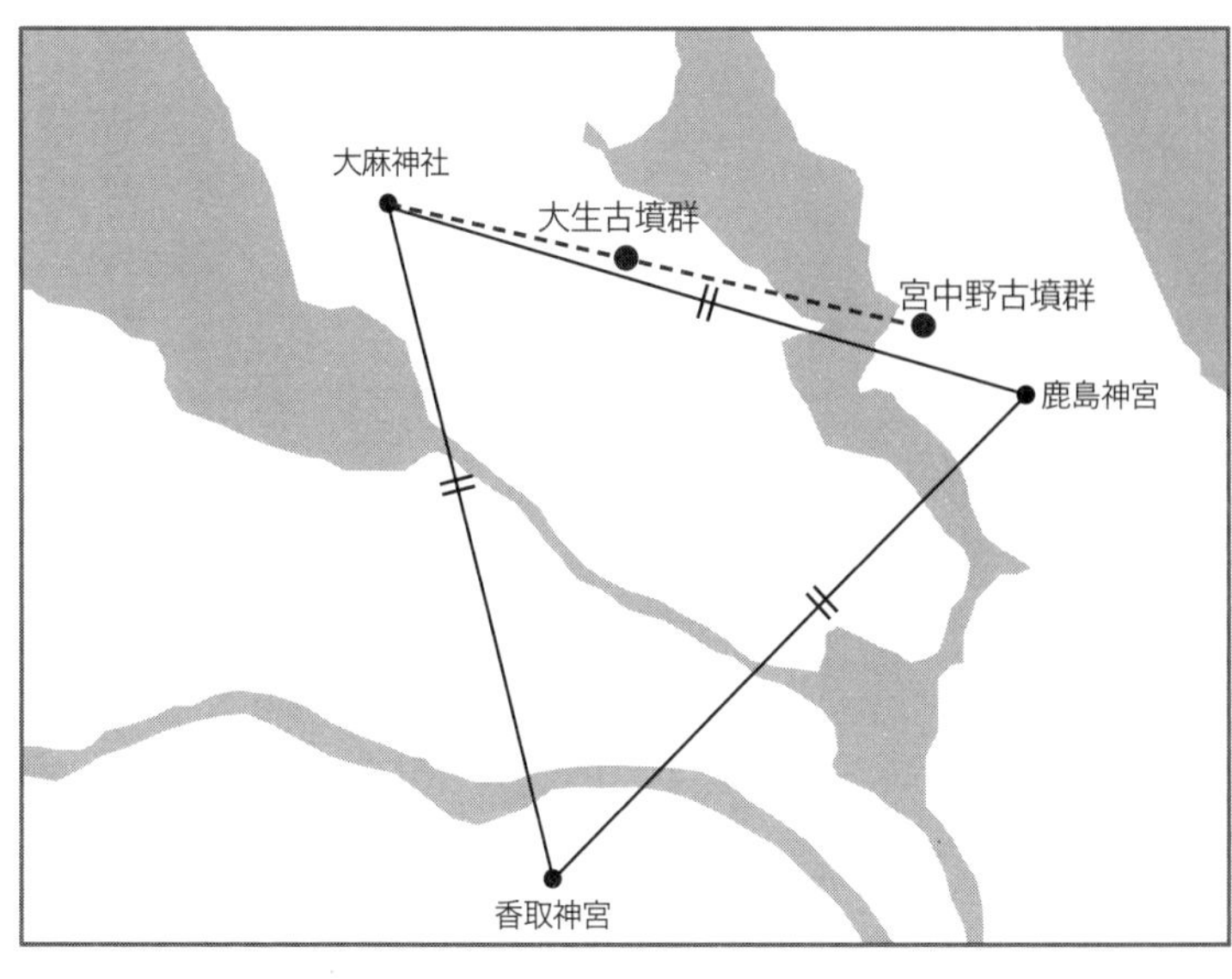

九基の前方後円墳を含む一三〇基ほどからなり、また大生古墳群（同潮来市大生）は、四〇〇～五〇〇年代のそれで、七基の前方後円墳を含む一一〇基ほどからなる。その各々を地図上にプロットしてみると、宮中野古墳群、大生古墳群、そして大麻神社が、奇麗に一直線に並ぶのである。そのことから、往時の設計思想をうかがい知ることができるだろう。

お墓の被葬者から神霊を全部集めてきていったん大麻神社で受け、それらの霊力を原泉として鹿島・香取神宮を護るという構図だったのだ。

そのような大役を担うことができる大神様は限られており、おのずと真相は見えてくるだろう。それすなわち大麻神社の本来の祭神だったのである。

だが、ここ茨城県行方市麻生の大麻神社に関する情報はきわめて乏しく、大麻神社例大祭は町ぐるみで宣伝しているくせに（勇壮な山車が街中を練り歩くそうで、観覧のための座敷席は前売券二五〇〇円・当日券三〇〇〇円）、神社の縁起に類する基本情報についてすら、とんと分からず、神社の境内に立っている案内板にはこう記されている――。

『常陸国風土記』に「麻生の里、古昔、麻、渚沐の涯に生ひき、囲み、大きくなる竹の如く、長さ一丈に余れり」とある。これが即ち麻生の地名のいわれで、また、本社社名の由来と伝えられる。御祭神は武甕槌命・経津主命の二柱の神の外、五柱の神々を祀る。十月の第三、土・日・月の三日間、祭典が行われる。

麻生町

――麻生という町は宣伝したい、けれど「大麻」はダメ、そんな苦しい事情が透けて見えるような案内板で、まことに不条理な話である。

また、あちこち調べた結果、他の五柱は、手力男命、大宮姫命、倉稲魂命（いわゆるお稲荷さん）、市杵島姫命、水速女命（いわゆる水神さま）のようだが、おそらく意味はなく、北斗七星信仰の残骸、いわゆる数合わせだろうと想像される。

そして創建年は、こちらも不確かだが、いちおう伝・大同元年（八〇六年）とのことで、これは（本書的にいって）異様に新しい。

　だが、この創建年には、謎を解き明かせるヒントが隠されていそうである。


――坂上田村麻呂。


　この語呂の良い名前に聞き覚えのある方も多いと思うが、元祖「征夷大将軍」と言えるような人物で――本来「征夷」とは蝦夷（えみし、とも読む）を征するという意味――その蝦夷の長・阿弖流為が、陸奥国胆沢（現在の岩手県奥州市）あたりの戦いで坂上田村麻呂に降伏し、過去五〇〇～六〇〇年もの長きに渡った蝦夷との領土争いに、ようやく決着がついたのだが、それが延暦二一年（八〇二年）のことなのだ。

　つまりこのあたりをもって、鹿島・香取神宮は軍事基地としての役目は終え、純粋に神社となったのである。

　すると、ここに施されてあった神霊的な縄張りも不要となり、古昔の大麻神社はいったん解体されたと想像されるのだ（明治政府が日光東照宮の仕組みを壊したのと似たような話だ）。

　また、斎部広成が『古語拾遺』を爆誕させたのは、大同二年（八〇七年）で、世はすでに藤原氏の天下なのである。

――春日神（かすがのかみ）。

春日神は藤原氏の氏神だが、これは複数の祭神を総称しての呼称で、内訳は、天児屋命・比売神・武甕槌命・経津主命、の四柱である。

比売神は、天児屋命の妻という設定だが、記紀などの記載には一切ない。

ヒメガミは、現代においては女性の神様という一般的な意味のように感じられるかもしれないが、古代においては違っており、宇佐神宮のそれを真っ先に連想させ、すなわち当時の日本最強の神社の祭神で、その女神様だと勘違いしてね、といった藤原氏の思惑から置かれているのだ（浅薄な人ほど、この手の戯言（たわごと）にひっかかる）。

総本山は春日大社（奈良市春日野町（かすがのちょう））だが、祭神は先の四柱で、創建は神護景雲（じごけいうん）二年（七六八年）と、こちらも比較的新しい。また、元春日と称せられる枚岡（ひらおか）神社が別場所（東大阪市出雲井町）にあって、そこの祭神は天児屋命と比売神の二柱だが、それに武甕槌命・経津主命を加えて作られているのだ。

つまり春日大社を作ったあたりで、鹿島・香取神宮は藤原氏に乗っ取られた、と考えるのが妥当だろうか。中臣氏は（再々言うが）祭祀系氏族で祖神は天児屋命だ。最強（バリバリ）の軍神であった武甕槌命と経津主命は、どうこじつけたって中臣氏の祖神では元来あり得ないのである。

――櫛眞命。

元名は大麻等乃知神で八〇〇年代に櫛眞命へと改名されたが、ふつう神社の祭神名はそうそう勝手には変更できず、誰がどんな理由で改名したのだろうか？　実は、これも同列の話なのである。

古来から天香具山にあった神社だが、大麻等乃知という祭神名を見れば、「大麻」といった字面から京人なら大半が「ああ、忌部の神様ね」と即座に気づいたはずなのだ。

そういうのを気に食わない一族がいて、言うまでもなく仇敵の藤原氏である。

櫛眞は、クシマチ→クワシマチ→カシマチ→カシマといったふうに、鹿島（鹿島神宮の）と読み替えることができ、つまり藤原氏の祭神だと勘違いしてね、といった理由で改名されていたのである。

実際、平田篤胤（一七七六～一八四三年）などは、天児屋命の別名として天津児屋根命、櫛眞智命、櫛眞命、太麻等能智命、太麻等能豆命などを挙げており、つまり藤原氏の計略に、まんまとひっかかっているわけだ。平田篤胤は、いわゆる復古神道の大御所だが、彼の思想が基になって明治の『神仏判然令』が作られ、そして極端な廃仏毀釈へと繋がっていくのである。

藤原氏は、古代におけるいわゆる「歴史修正主義」者で（現代にも跋扈しているが）、藤原氏による改変を見抜くことができないと真の歴史は見えてこないのである。

第七章　全世界の神殿

咩め

――咩――。

これが扉の鍵である。宮之**咩**神社の「咩」。天比理乃**咩**命神社の「咩」。この「咩」という漢字に、すべての謎を解きあかせるヒントが隠されてあったのだ。――見慣れない漢字だが、意味は単純(シンプル)で「口」偏に「羊」と書いて、メェ～、羊の鳴き声を表しており、中国では日常的に使われ、「咩咩さん」のように女性の名前に用いたりするようだ。日本では――ヒメと読む漢字には、姫、媛、比売、日女、孫女、火売、など多数あるが、その一種に「比咩」があり――※※比咩として、神社名や神名以外には原則使われない。もちろん少数派で、かつ意味深で、『延喜式神名帳』には、この「比咩」の神社は三十社足らずしかない。だが地図にプロットしてみると、極端な偏(かたよ)りがあることが分かるのだ――。

能登半島の「比咩」

能登半島および周辺に「比咩」神社の半数近くが分布する（イラスト参照）。

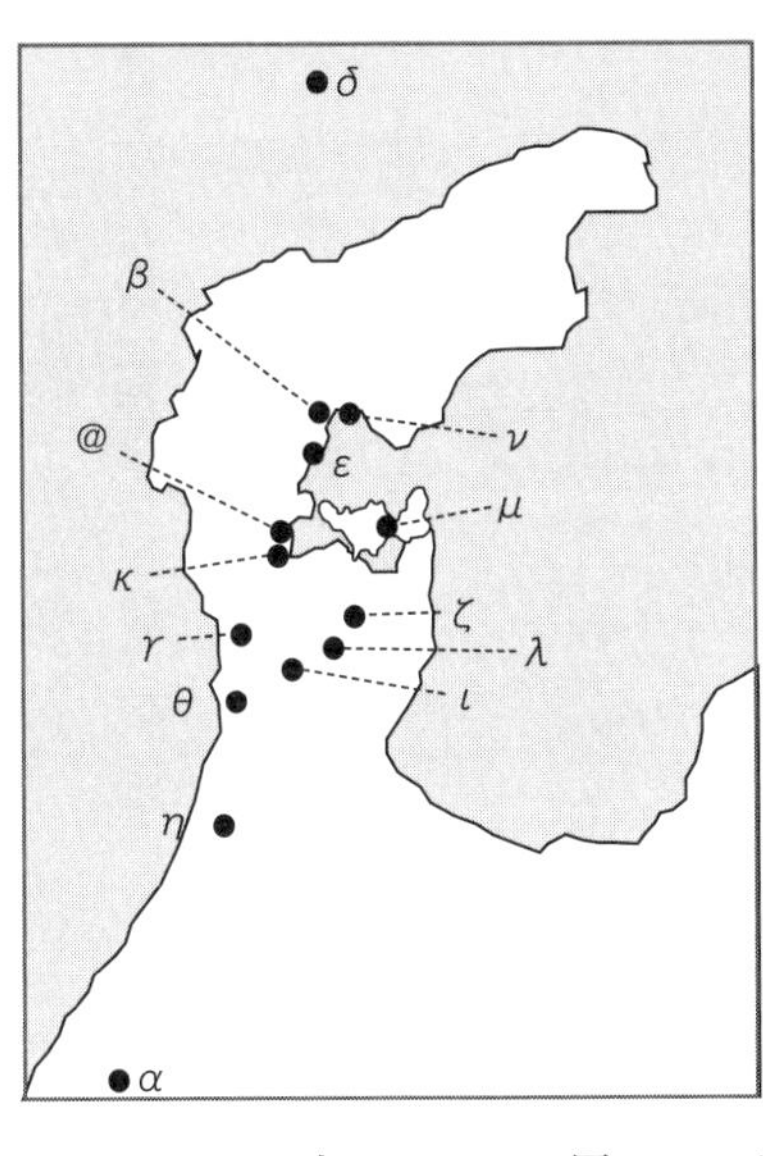

αは白山比咩神社（石川県白山市）で、全国に二千社以上ある白山神社の総本山だが、八世紀初頭、修行僧の泰澄大師による創建だ。泰澄は「高句麗」からの亡命・二世で、祭神の白山比咩大神は菊理媛神と同一、それは「高句麗の姫」が訛ったもので、高句麗の北方に聳えていた白頭山（白山・太白山・長白山なども同じ）の信仰を移植した、というのが通説だ。

βは美麻奈比咩神社（同鳳珠郡穴水町）で、男神の美麻奈比古神社とともにあって、言うまでもなく「任那」に由来する。

γは奈豆美比咩神社（同羽咋郡志賀町）で、高貴な姫君が桃の木船に乗って桃の浦に漂着したという伝承だ。近くに百沼比古神社（同志賀町百浦）があって、やはり桃の木船に乗って男が百が浦に漂着したそうだ。

@だけ「比咩」ではないが、久麻加夫都阿良加志比古神社（同七尾市中島町）で、祭神の都奴加阿良斯止神は「一船、越国の笥飯浦に着いて、何国人か問うと、意富加羅の国王の子と対えた」と『日本書紀』の垂仁天皇の条に記録として残るほど由緒正しい渡来神だ。意富は大なので美称、「加羅」は任那の北にあった小国で、広開土王碑文（四一四年）にも名を残す。日本海の海流に乗って、桃の木船など様々な船が流れてきて、能登半島に引っかかって漂着していたのである。

一目瞭然、「比咩」は渡来の女神を表していたのだ――。

キラキラネーム

――と、十年ほど前に自信満々に小説に書いたのだが、これは早計の至りで、実際はそれほど単純な話ではなかったようだ。

αβγ以外には渡来や漂着の確かな伝承はなく、δの奥津比咩神社とεの邊津比咩神社は宗像大社の女神様だし、ζの久志伊奈太伎比咩神社にいたっては、ヤマタノオロチに食べられそうになっていたところをスサノオに助けられて妻になったクシナダヒメと同神で、その子孫が……大国主命なのだ……比咩が付いていた説明がつかないではないか。

『記紀』には「比咩」の表記は一つもない。

だが「咩」なら『日本書紀』には六件あって、内三件は同じ用法だ。

1》「憙哉、遇可美少女焉。」少女、此云烏等咩。

2》阿伽例蘆塢等咩。

3》於瀰能烏苔咩。

いずれも「をとめ」と読み、現代の「乙女」だ。古代においては「少女」と書いて「をとめ」と読ませるのが一般的で、1》の「少女、此れ烏等咩と云う」は、まさにそのことを説明していたのだ（原文でも小さな文字で書かれており注釈文である）。「咩」は、いわば〝発音記号〟で、羊の鳴き声のメェ以外は読みようがないので用いられたのだろう。

『古事記』では「咩」は一件だけある。渡来した新羅の王子・天之日矛の系図を語るさいに、当摩之咩斐として登場する。ここでは「咩」が単独で（もしくは「斐」と合わせて）女性を表し、「斐」は、あや模様があって美しい、意味だから見目麗しい女性だ。天之日矛にかかわるので「渡来」の香りがする。この咩斐の前後が入れ替わって比咩になった可能性がある。

また1》は、イザナギとイザナミの新婚初夜を語る印象深いシーンで、そこで「美少女に遇えて憙しや」の次に烏等咩がくるから、「咩」に（発音記号なのに）究極の美のようなイメージが付け加わってしまうのだ。

古代は、渡来の女神様は貴人で高貴な存在だったのだ。だから「咩」を用いて「比咩」としたのだろう。いわば古代のキラキラネームだ。

だが状況は変化する。白村江（はくそんこう）の戦い（六六三年）以降、新羅との関係は悪化する一方で、八〇〇年代に入ると「新羅の入寇（にゅうこう）」と呼ばれた海賊行為が横行し、対馬や北九州は度々襲われ、寛平六年（八九四年）、船一〇〇艘に乗った二五〇〇人にのぼる新羅の賊の大軍が対馬に来襲する。捕虜いわく、新羅は不作で餓えに苦しみ、倉も尽きて王城も例外ではない、王が命じて略奪をやっていたそうで、そんな蛮行が九三五年の新羅滅亡まで続くのだ。

『延喜式神名帳』が編纂されたのは、九〇五～九二七年である。

当時の役人（編纂人）の心の声を代弁するに、「勝手に流れつきやがった漂着神が。日本の神社の列に加えてやってるだけでもありがたく思え。こいつは咩だ！　こいつも咩だ！　このへんの女神はみんな咩だぁぁぁ……」。

東国の「比咩」

東国にも「比咩」神社がまとまって分布する（二五七ページのイラスト参照）。

だが、こちらの「比咩」には恣意的（しいてき）なそれはなさそうだ。能登半島とは海流が異なり、朝鮮半島由来の漂着神は考えられないからである。

①〜⑦は全員、とある大明神の妻で、①だけは「比咩」表記ではない。

だが説明の都合上、⑨の蘇賀比咩神社（現在は蘇我比咩神社）を先にすませておこう。この神社の由緒には東国の古代史を垣間見られるような貴重な物語が含まれているのだ。

日本武尊の東征のさい「走水の海」で弟橘比売が身を投じて嵐は鎮まった……が正史だが、ここの伝承では弟橘比売とともに**五人の姫**が身を投じ……その一人が蘇我の姫で、この海岸に流れつき、その後応神天皇の命により蘇我一族が国造として派遣されたというのだ。

日本武尊が率いていた国軍は軍事系氏族の物部氏のはずだ。だが「五人の姫」が示唆するように、他の氏族も兵は出していたのだ。そうしないと、平定した地域すべてが物部氏の所領になってしまうからだろう。非戦闘氏族であっても、無理をして出兵していたと想像されるのだ。

また、六四五年の乙巳の変で蘇我入鹿が暗殺される直前、つねに五十人の兵士を身の周囲に巡らし（いわゆる身辺警護だが）、その力の強い男たちを「**東方の儐従者**」と称したと『日本書紀』に記述がある。自身の軍事拠点から強者を呼び寄せていたと考えられ、蘇我氏の拠点が（世が世なら神宮の）東国のここに実在していたことを、なかば証明できるのだ！……。

同時に東国にあった朝廷の軍事拠点は、指揮官級は京からの派遣、兵士は現地調達といった構図が見えてくるのである（まあ考えてみれば当然だ……）。

さて、蘇我比咩神社の「比咩」はどういう意味なのだろう？
キラキラネームとも考えられるが、渡来神ではない。漂着神ではある。

——蘇我韓子・蘇我高麗・蘇我稲目・蘇我馬子・蘇我蝦夷・蘇我入鹿。

蘇我氏には渡来人説もなくはないが、馬の子でイルカで蝦夷だし、やはり通説どおり、極悪非道の国賊ゆえ「後世に貶められた名前」と同じく、こちらにも咩がついた可能性が高い。

三嶋大明神

これら『神名帳』に載る六人の**比咩**は全員が、三嶋大明神の**妃**である。

②伊古奈比咩命神社（静岡県下田市白浜）。
③伊豆奈比咩命神社（同下田市大賀茂上条）現在は走湯神社。
④佐々原比咩命神社（同賀茂郡河津町笹原）現在は姫宮神社。
⑤佐伎多麻比咩命神社（東京都三宅村神着）現在は御笏神社。
⑥伊波乃比咩命神社（同三宅村小倉山）旧地で二宮神社（同三宅村坪田）に合祀。
⑦久尓都比咩命神社（同新島村大字式根島泊）現在は泊神社。

なかでも、イコナ……、イツナ……、このふたりの比咩からは、いかにも「渡来」の香りが

漂ってくるではないか。……

三嶋大明神は、いわずと知れた東海道新幹線「三島駅」の近隣にある三嶋大社の主祭神だが、今の場所には神としての活動実績はない。元地は②で（さらに元地があって）、その後現在地に遷座し、東国武士をはじめ源頼朝や鎌倉幕府から絶大なる人気を博し、あたりを三島という地名にすっかり変えてしまったほどの（日本で唯一新幹線の駅名になっている）大神様だ。

三嶋大社の現在の祭神は、大山祇命と積羽八重事代主神の二柱併記で、かの平田篤胤らが大論争を起こして決着がつかなかったせいだが、日本の記紀神話に、裏付けや存在証明を求めること自体そもそも無理がある。

三嶋大明神は、まごうことなく**渡来神**なのだから！……。

天竺の王子

天竺に生まれた王子は、父の怒りを買って流浪し、各地をめぐった後、孝安天皇元年に日本に到来する。富士山頂でまみえた神明に安住の地を請うと、富士山南部の地を与えられた。この地では狭かったので「島焼き」を行うことにしたが、その前に一度天竺に帰国する。再び来日したさい出会った老翁との会話で、自身の名が「三嶋大明神」であることを知る。そして伊豆に向かい、孝安天皇二十一年、多くの龍神・雷神たちとともに「島焼き」を行い、七日七夜で十島を生み出した。その島々には自身の后を配置し、各后は王子たちを産んだ。

以上は、伊豆地方の神々の縁起をまとめた『三宅記』からの抜粋だが、鎌倉時代末期の編纂なので現在地に遷座していて「富士山南部の地を与えられ」と妙な展開になっている。実際は、三嶋大明神が到来・入植したのは**三宅島**だ。②の伊古奈比咩とともに「少なくとも平安時代の初め頃まで、三宅島に御鎮座になっていたと考えられる」と『三宅記』や『釈日本紀』その他の資料をもとに『式内社の歴史地理学的研究』森谷ひろみ論文集では結論づけられている。

孝安天皇は第六代だから、第十代崇神天皇（箸墓・西暦二五〇年）や第十二代景行天皇（日本武尊・同三〇〇年）より以前で、だが、神代の時代、といえるほど古い話ではないのだ。島々には自身の后を配置し、とあったが、正しくは「后」は一人、他は「妃」で、②の伊古奈比咩は妃の筆頭だ（②③④は、現在は伊豆半島に所在するが当初は島にいたのだ）。

そして「天竺」は、暫く（しばら）は「読者のお感じになるまま」にしておこう（もちろん後述する）。

黒潮

青柳洋治（上智大学名誉教授）が『黒潮文化』という小論文で、「ヒトと文化の移動の媒体として海流の果たす役割は小さくない。なかでも、日本列島と黒潮との関係は、太古の昔から切っても切れない関係にある。常時南から北へ流れる黒潮が、南方系文化を日本列島に運ぶ通路となりえたとしても不思議ではない」と述べられており、これはまさに〝天竺の王子〟のことだろう。また、忌部の東遷伝説も「黒潮に乗って安房へ」とそんな話で、両者はどこかで出会っていそうである。

黒潮は（氏の論文を参考にさせてもらうと）、熱帯太平洋の北緯一〇度あたりを東から西へ流れる北赤道海流の延長上にあり、これがミクロネシアの島々を洗ったのち、フィリピンのルソン島東岸に触れて北転する。このあたりの強い海流が黒潮の直接の源とみなされ、黒潮は北進して台湾東岸沿いに進んで東シナ海に入る。そして南島（八重山諸島、宮古諸島、沖縄本島、奄美諸島）西岸沿いをさらに北進する。奄美大島の北西で日本海に入る対馬海流を分岐したのち、本流は種子島、屋久島の南、トカラ列島あたりで東に方向を変える。トカラ海峡から太平洋岸に出て、九州、四国の東岸を洗い、紀伊半島の潮岬（しおのみさき）の南を通り、伊豆諸島の三宅島のあたりを抜け、房総半島の犬吠埼（いぬぼうさき）沖へと、時には流速四ノットの速さで強く流れるそうである。

——四国（忌部の本拠地・阿波）から船を出して黒潮に乗りさえすれば、ほぼ自動的に三宅島に当たり、そこは三嶋大明神一族の居住地（テリトリー）であったのだ。

日本武尊の東征は、海は「走水の海」近辺だけなので、三嶋大明神一族とはたぶん遭遇していない。もし出会っていたならば、征伐の対象になっていたリスクがある。相手は天竺人だ。見るからに危険・野蛮そうな人にみえたことだろう。

　では、年代を推理してみよう。

三嶋大明神の三宅島への漂着は、縁起の孝安天皇を信じると、西暦二〇〇年頃だろうか。

忌部の阿波開拓は、同じく二〇〇年頃だ（詳細は後述する）。

忌部の安房への東遷は孫の天富命の代なので、同二**五〇年**ぐらい、つまり両者が出会った（ファーストコンタクト）のは、このあたりの年代だ。——

比理（ヒリ）

⑧は再々説明している后神天比理乃咩命神社だが、全体の名前付け（ネーミング）にも秘密があったのだ。

そもそも「后」という漢字が、『神名帳』では二神にしか使われていない。

他の一神は、出雲大社の妻・大神大后神社（おおかみのおおきさきのかみのやしろ）だ。その御祭神は……おそれおおくて口に出すのは憚（はばか）られる……そんな出雲大社の妻に使っていた「后」という特別な漢字を、しかも名前の冠頭に付けており、よほどの深い意味があったに違いないのだ！――。

だが記紀神話ではいっさい語られておらず、安房にだけいる（言葉は悪いが）いわゆる現地妻なのである（逆導入されて阿波の忌部系神社では一部祀られている）。

神名を、さらに分解して考察してみよう。

后神　天　比理　乃咩　命。

「天」は、フトダマに付いたり付かなかったりするように、「大」と似たような神様に対する美称なので、すると純粋な名前としては「比理」が浮かびあがってくる。

比理比咩、ヒリヒメ……さすがにこれは語呂が悪い。

ヒリ……の語感もそうだし、ヒメという称号は付けにくいし、いかにも異国の名前といった雰囲気がする。

そして、この「比理」が**咩**をともなって、忌部の大神様・天太玉命の**后**となっているのだ。

物忌奈（ものいみな）

本来あるはずのところにない、それこそが謎を解きあかす「鍵」なのだ。といったミステリーの一つの手法がある。その真実（リアル）な典型例をお見せしよう——。
①は、三嶋大明神の**后**（本妻）が祀られている神社で『神名帳』に載る名称は次の通りだ。

——**阿波命**神社。


アワノミコトと読み「咩」は付いていない。

しかも名前は「**阿波**」で、それが三嶋大明神の**后**なのだ。

この阿波命と三嶋大明神との間にできた子供は「物忌奈」と名づけられ（いかにも忌部系の

名前で）、物忌奈命（ものいみなのみこと）神社として祀られている。阿波命神社と物忌奈命神社は、ともに東京都の神津島村（こうづしまむら）にあって、東京都では唯二の名神大社だ。

かたや異国情緒あふれる「**比理**」は**咩**をともなって、天太玉命の**后**となっているのだ。

これらが意味することは、誰の目に見ても明らかだ！――

森谷ひろみ

座右の書は何かと尋ねられれば森谷ひろみの『式内社の歴史地理学的研究』だと筆者は答えるだろう。寺や神社を訪ね歩いて縁起や古文書類を調べあげ、自ら遺跡の発掘まで手伝って推論を進めていく、それを『歴史地理学』と呼ぶそうだが、その細やかな研究手法は筆者にとっての教典（バイブル）である。この本では安房の式内社の研究をひと通り終えると、次は伊豆をやると宣言して、野外作業にとりかかっていると、そして三宅島に関する論文を二編執筆して、この本はふっと閉じられるのだ。当時千葉大学の助教授だった彼女は三六歳の若さで急逝されたからだ。

森谷ひろみは、このことには気づいていたに違いない。

次項は短い話だが、彼女に捧げます。――

神神の契約

娘を嫁がせて同盟を結ぶというのは戦国時代には良くある話だ。
秀吉は今際の際で家康との約束をとりつけて秀頼の妻に千姫（浅井三姉妹のひとり江の娘で家康の孫娘）を嫁がせた。だが、血の同盟などは所詮人と人との約束で、儚くて脆く、家康は豊臣家を滅ぼす。

ここに表されているのは、次元がちがう。
神と神との契約が示されてあるからだ。
互いの大神様に、「阿波」と「比理」を后として嫁がせた。
片方は倭の大神様・天太玉命で、もう片方は異国の大神様・三嶋大明神だ。
神と神との契約だから未来永劫破られることはない。
そんな神神の契約が、西暦二〇〇〇年代、東国の小島でなされたのである。

――これは実話だ。

HIRI
ARCHAEOLOGY OF LONG-DISTANCE MARITIME TRADE
ALONG THE SOUTH COAST OF PAPUA NEW GUINEA
ROBERT JOHN SKELLY and BRUNO DAVID

ヒリの真実

筆者は、一点、奇妙なことに気づいた。「阿波」は、どう考えたって人の名前ではない。すると「比理」も（火山島だからてっきり、火理、と思っていたが）地名の可能性が出てきた。地名考古学では一〇〇〇年で地名の残存率は約九〇％だそうだから、二〇〇〇年だと約八一％となり、もしや、検索できるかもしれない。筆者の推理では、オーストロネシア語族の、日本に比較的近いメラネシアだろう。では「メラネシア、ヒリ」で検索してみよう。

——三〇〇件ほどヒットした。

大半がヒリ・モトゥ……何だろう？　言語体系のようだ。パプアニューギニアの公用語の一つで、話者は少数、約十二万人。

ローマ字に変えて「Hiri Motu」で検索し直そう。

——八〇〇万件ヒット！　何の騒ぎだろう？

そして格闘すること半日、おおよその真相が判明した。

ヒリ貿易「Hiri trade cycle」が有名なのだ。ずばり『ＨＩＲＩ』という本がアマゾンで購入でき（前ページの写真）その紹介文を自動翻訳にかけ臨機応変に抜粋したのが次の文章だ——。

一八〇〇年代後半、パプアニューギニアの南海岸にいた宣教師たちは、現在のポートモレスビーを出入りする先住民族のモツ帆船の大きな艦隊を観察した。毎年、近隣の村の女性たちが数万個の土鍋を作り、男性が作った多数の船に積み込んでから、西へ約四〇〇キロも航行する。西側の遠い土地（外国語を話す人々が住む土地・**ヒリ**）の目的地の村に到着すると、何百トンものサゴ粉（タピオカ）に交換された。モツとサゴ生産者はどちらも、この冒険を**ヒリ**として知っていた。考古学者のロバート・スケリーとブルーノ・デイビッドは、この先住民の海上貿易システムの起源を、三〇〇〇年前の有名な**ラピタ文化**の古代のルーツから現在までを調査し、民族誌的**ヒリ**の紛れもない兆候を示す考古学的発掘の詳細を提供する。

どうやら「**ヒリ**」は実際の地名ではなく、架空のそれだったのだ！……。

宣教師たちが観察した当時、目的地の村は固定化され、交換してくれる物資（サゴ粉）も準備万端の〝お祭り〟と化していた。だか古代においては、何か良い物と交換してもらおう、それを期待して船に乗って冒険の旅に出る、その先には見たこともないような物でいっぱいの憧れの地があるに違いない、それが「**ヒリ**」で、冒険の旅に出る行為そのものが「**ヒリ**」なのだ。いわば彼らの精神的支柱で、そのような大切な言葉を、異国の神様の后に！……。

カメハメハ

ヒリ・モトゥの辞書から人物関連の単語を引いてみると、ナツナ（子供）、ツラナ（友人）、ラナナ（父親の姉妹）、カカナ（兄・姉）、タディナ（弟・妹）、ラバナ（年下の娘）、レバナ（年下の息子）、ツブナ（孫・祖父母）、シナナ（母親）、タマナ（父親・首領（ボス））、などがある。とくに「タマ」は、メラネシアからミクロネシアの広範囲に渡って、同じく父親の意味で用いられている。重要なことなのでもう一度書こう「タマ」。

②伊古奈（いこな）、③伊豆奈（いつな）……は思ったとおりで、こちら系だろう。ただしアクセントは、すべてが語尾のナの一つ前にくる。また物忌奈（ものいみな）は、倭語（やまと）とヒリ・モトゥ合体の名前なのである。

色を表す単語は印象的で、コレマコレマ（黒色）、ガドカガドカ（青色）、ラボララボラ（黄色）、クロクロ（白色）、カカカカ（赤色）、などのように言葉を重ね、これは『オーストロネシア語族（諸事情から古い用語の『南島語族』に以下変更）』に共通の特徴だ。

マヒマヒ（魚のシイラ）、ロミロミ（揉（も）む）、ホロホロ（散歩する）、アウアウ（泳ぐ）、そして皆さんご存じの、カメハメハ……（カは接頭語で偉大なるメハメハの意味）。

つまりハワイの先住民も、同じく『南島語族（オーストロネシア）』なのだ。

しとしと、めそめそ、ふらふら、ゆらゆら、くねくね、きらきら、ふわふわ、さらさら、などの擬態語をはじめ、黒黒、青青、赤赤、白白、淡淡、熱熱、寒寒、温温、細細、爽爽、更更、散散、直直、転転、空空し、堂堂、返す返す、久久、飄飄、平平、凡凡、丸丸、黙黙、悶悶、易易、悠悠、朗朗、粘粘、などなど「畳語」は日本語においても枚挙にいとまがない。

すると日本人は『南島語族』なのか？……まあ一割程度は、そうだと言えそうだ。

最新の遺伝子研究で、ミトコンドリアＤＮＡハプログループＢ４の、日本人に占める割合は九・一％で、Ｂ４は台湾や太平洋の島々を中心に分布し、ハワイの先住民の九割以上はこの系統だから、日本人は九・一％『南島語族』人なのだ。古来から断続的に入ってきていて、最後のそれが三嶋大明神一族で、日本の有史以降だったため記憶・記録に残ったのである。

ラピタ

書籍『ＨＩＲＩ』の紹介文の中に、三〇〇〇年前の有名な**ラピタ文化**、といった耳目をひく表現があったが、これは『南島語族』の歴史の一部分である。――

元々は台湾にいた先住民（高砂族）が、紀元前二五〇〇年頃に南下を開始し、フィリピンを経てスラウェシ島やニューギニア島に到達し、ここで先住民のオーストラロイド（オーストラリアの黒人種）と混血して『南島語族』の始祖になる。

やがて外洋を渡れる船を独自に開発するや、東は太平洋のありとあらゆる島々へ、西はインド洋の果てのマダガスカル島へ（アフリカ大陸まで僅か三〇〇キロ）、東はイースター島（モアイ像を造ったのも『南島語族』だ）にまで到達し、世界中で最も広範囲に拡散した種族なのである。

紀元前一三〇〇年頃、ビスマルク諸島に**ラピタ土器**と呼ばれる特徴ある土器が突如として出現し、数百年の間に（ソロモン諸島、サンタクルーズ諸島、ヴァヌアツ、ニューカレドニア、フィジー、トンガなどを経て）西ポリネシアのサモアまで一気に拡散する。しかし紀元前七〇〇年頃には消えてしまうのだ。この土器の製造者を**ラピタ人**と呼ぶが、ではラピタ人・ラピタ文化は滅んだのだろうか？……いや、埴輪を作るのをやめた笠原一族と同じで、滅亡などはしていないのだ。ラピタ人は（遺跡や遺物から古代を推理する）考古学における呼称で、南島語族は言語学によるそれだ。ハワイやイースター島などからはラピタ土器は出土しておらず、狭義の意味ではラピタ人ではない。無論、伊豆諸島からも出土していないので三嶋大明神一族も同様だ。よって、従来の『南島語族』に用語を戻そう。

そんな『南島語族』の一員・三嶋大明神一族と阿波忌部の最初の出会い（ファーストコンタクト）は、大多数の人がぼんやり想像されていたそれとは、おそらく真逆である。その真相をお話ししよう。

出会い（ファーストコンタクト）の真実

阿波忌部の主要港は「鳴門（なると）」だ（古代では牟夜戸（むやのと）で現在の撫養港（むやこう））。数キロ先は淡路島だが、よく知られる〝鳴門の渦潮〟があって、かなり危険な海である。そしてある時、この渦潮に巻き込まれた阿波忌部の船が、太平洋の方へ弾き出されてしまったのだ。いわゆる遭難である。

船はあれよあれよという間に沖へ流されていき、やがて東への速い潮の流れに乗った。

……こ、これはもしや、あの伝説の黒潮か⁉……生きて帰った人はいないという。

そして流されること三日。前方に島が見えてきた（黒潮は水面下五〇〇メートルぐらいまでの海水が一緒に流れており、海底の地形に影響されて、ほぼ三宅島の南か北を通る）。

阿波忌部は最後の力をふり絞って、舵（かじ）を切った。だが船はくるくると独楽鼠（こまねずみ）のように廻るだけで島には近寄って行かない。船を捨てて泳ごう、と決死の覚悟をしたそのとき。

島影から、見たこともない異国の船が姿を現した。黒潮の流れなどものともせず巧みな舵さばきで近づいてくるや、縄を投げて助けてくれたのだ。これが両者の出会い（ファーストコンタクト）の真実である。

それに、両者とも非・好戦的な人たちだったのは幸運だった。忌部は朝廷の内乱などに名を馳せたことはないし、かたやヒリを探しもとめる冒険者で、征服が目的ではなかったからだ。

ヘラクレスの柱

実は、阿波忌部の東遷伝説は、歴史学者の大半からは否定されているのである。その最大の理由は、阿波から安房への太平洋航路を開けるような船は持っていない、といったことで、これは一面真実だ。

遣隋使・遣唐使を見れば明らかだが、あれは遭難の歴史で、たかだか北九州から対馬を経て朝鮮半島沿いに船を進めるだけなのに、円仁さんは二回遭難し、三回目にしてやっと成功したが、船は全壊だ。中国船も大差なく、かの鑑真和尚はいったい何度遭難したことやら。

阿波忌部は瀬戸内海の某水軍と組んだに違いない、そんな説もあるが、笑止千万だ。

同時代、世界最高の科学水準を誇っていたのは、言うまでもなくローマ帝国だが、アントニウスとクレオパトラの悲恋『アクティウムの海戦』では五〇〇隻以上の軍船で派手な戦いを演じた。ただし、これは地中海という内海での話なのだ。ジブラルタル海峡には（伝説の）ヘラクレスの柱が屹立し、これは禁忌のしるしで、迂闊に越えるとポセイドンが海から出現し、船は粉々にされて沈められてしまっていた時代なのである。ヨーロッパ諸国が外海（そとうみ）・大西洋に出られるようになるには、十五世紀の大航海時代まで待つしかない。

エンタープライズ号

「宇宙……。そこは最後のフロンティア」

よく知られる宇宙船エンタープライズ号のテレビドラマや映画の冒頭のナレーションだが、三嶋大明神一族の船（以下『三嶋の船』と略す）は、まさにこれだろう。

全世界の他の船は、せいぜいスペースシャトルで、地球の周囲をぐるぐる廻るだけ。しかも三嶋の船は、いわゆる〝ワープ航法〟すら可能なそれで、黒潮（ワープトンネル）に入ったり出たりと自由自在なのだ。

約二〇〇〇年の歳月をかけて進化させ続けてきた、外洋を渡り切れる船だから、もはや別次元の乗り物なのである。木製ゆえ遺物としての出土例は極端に少なく、全長三〇メートルほどの双胴船で、上部に板を渡して居住区とし、何トンもの荷物が積め、移住を半ば覚悟して家畜やタロ芋などを乗せ、いわば小さな「ノアの方舟（はこぶね）」だったらしく、もちろん帆船で、希少な出土例では帆柱（マスト）は十二メートル、舵取り用の櫂（かい）は四メートルと長い、程度しか分かっていない。

魏志倭人伝（ぎしわじんでん）

唐突だが『魏志倭人伝』の秘密をさらりと解いておこう。行きがけの駄賃というやつだ。

西暦二三八年、倭の女王が大夫（たいふ）の難升米（なとめ）らを遣わして、天子に朝献（ちょうけん）を求める。
西暦二四三年、倭王は大夫の伊声耆（いせき）・掖邪狗（えきやく）たち八人を遣わし（以下省略）。
西暦二四七年、倭は載斯・烏越たちを遣わして、内乱の状況を説明する。
——卑弥呼死亡。
西暦二四七年、十三歳の壹與（とよ）（卑弥呼の後継者）は倭の大夫の掖邪狗たち二〇人を遣わす。

これらの一覧をぱっと見て、疑問を抱くはずだ。

遣隋使・遣唐使は西暦六〇〇年代以降の話なのに、船の事故率は、片道で約五〇%、往復で約七五%だから、生きて帰ってこられる確率は、約二五%である。

では先の年表の彼らは、どうやって中国へ渡ったのだろう？　八割がた死を覚悟してか？

三嶋大明神一族と阿波忌部の最初の出会い（ファーストコンタクト）の年代を二五〇年としたが、誠に恐縮ではあるが、これを「**二三〇年**」に訂正させていただこう。

すると、大夫などの倭の特使たちは全員、阿波忌部の可能性が大であろう。

神神の契約は、天太玉命と三嶋大明神なので、他の氏族は三嶋の船は使えないからだ。また言うまでもないが、三嶋の船の事故率は、中国へ渡る程度ならほぼ〇パーセントだっただろう。

また『魏志倭人伝』の次のような記述は（筆者は十代の頃からずーと疑問に感じてきたことなのだが）、これらは**倭人**のそれではない！――（以下は『ウィキペディア』からの引用だ）。

★男子無大小、皆黥面文身（男子は大小の区別なく、みな顔や体に入墨する）。

★斷髪文身、以避蛟龍之害。今倭水人好沈没捕魚蛤、文身亦以厭大魚水禽、後稍以爲飾（髪を断ちからだに入墨して蛟竜の害を避ける。いま倭の水人は、好んでもぐって魚やはまぐりを捕らえ、体に入墨して大魚や水鳥の危害をはらう。のちに入墨は飾りとなる）。

★諸國文身各異、或左或右、或大或小、尊卑有差（諸国の入墨はおのおの異なり、あるいは左に、あるいは右に、あるいは大きく、あるいは小さく、身分の上下によって差がある）。

★以朱丹塗其身體、如中國用粉也（身体に朱丹を塗っており、あたかも中国で用いる白粉のようである）。

――これは**三嶋の船**の**クルー**たちのことだ（船の特殊な操舵方法のため一船につき最低でも十

人ぐらいは必要だったろうから三隻派遣すると三十人になる）。

これらはすべて『南洋語族（オーストロネシア）』の風習ではないか！——

勘違いもはなはだしい！——

古代の中国人、ちゃんと調べて書けよ！——

これに何の疑問も抱かない、日本の歴史学者もどうかしている！——


あ～あ、せいせいした。

これほどまでに悪態を吐（つ）いたからには、相応な謎解きが必要となるだろう。——

日本最古の神社

徳島県は、現在、考古学ブームにわいている。一気に五〇〇〇年以上も遡った日本最古の坑道跡のような法外に古い遺跡が次々と発見されていて（詳しくは後述する）、四国邪馬台国（やまたいこく）説までが俄然、真実味を帯びてきているからだ（数十年前からあった説だが息を吹き返した）。

もちろん阿波忌部のなせる仕業で、まずは彼らの都市計画について説明しよう。

彼らのやり方は（我々はすでに学習済みで）真っ先に南北ラインを定めたはずだから、その中核になる二個の神社を見つければいい。——

当然、一つはこちらで、阿波忌部の基幹神社であり尚かつ四国最古の神社だ。

——大麻比古神社（鳴門市大麻町）。

ここの本殿から、真南へ真っ直ぐに線を下ろしていけばいいのだ。

すると案の定、当たる！

——竺和山一乗院霊山寺（鳴門市大麻町）。

天平年間（七二九～七四九年）創建の古刹で、その本堂を正確に貫く。これは以前に説明した四国八十八箇所霊場の第一番札所で、大麻比古の大神様に背後から護ってもらおう、の発想を元に建てられてあったから、当たって当然だ（だが寺の関係者はそんな背景・背後は露と知らずに一番札所の栄光をただただ享受し続けているのだ……）。

さらに南へ行こう。細い**旧吉野川**を渡ると、住宅と田畑が半半ぐらいの地域で、やがて太い**吉野川**を渡り、ほぼ住宅街になって、そして眉山（徳島市の景観を代表する美しい山のようで市内の多くの学校の校歌に登場するそうだ）を貫いて裏（南側）に出てしまうのだが……残念、ぴたりと当たるはずだったが、少しずれている。

――宅宮神社（徳島市上八万町）。

両者の距離は一四・八五キロで、角度のズレは一・五度だ。本書的にいって（阿波忌部的にいっても）ちょっと緩い。

この由緒正しき古社は、戦国時代に長曽我部の阿波侵攻で社殿を完全に焼失し、江戸時代に現在地に遷して建立し、宅宮大明神という勝手な名前を誰かがつけたのだ（古社地は南、南西、五〇〇メートル、二〇〇メートル諸説あって、特定できなかったのでこのままにしておこう）。

そして、この神社の祭神はこちらだ。

――大苫辺尊、おおとのべ・みこと。

つまり「おおとの**ぢ**」「おおとの**べ**」の女神様の方である。

『神名帳』には、意富門麻比売神社として載っていて、式内社では唯一の「おおとのべ」を祀る神社なのである。

　では、以前に教わった変換方程式を試してみよう。

　おおとの**ぢ**　　　　おおとの**べ**

男神はヒコ、女神はヒメに置き換わるはずだ。

　おおとの**ひ**こ　　　　おおとの**ひめ**

と同時に「との」が「とま」に変化するのである。

　おおと**ま**ひこ　　　　おおと**ま**ひめ

『神名帳』に載る意富門麻比売(おおとまひめ)神社は、すなわちここだ。

　おおとまひめ、の「ま」の字に「麻」が使われているので、男神もこれに変えよう。

　おおと麻ひこ、すなわち、**大麻比古神社**だ！

　最初期、これらは「おおとの**ぢ**」「おおとの**べ**」の対(つい)の神社であったことが分かるのだ。『古事記』の神世七代(かみのよななよ)の天地開闢(てんちかいびゃく)に登場する神様が、神社として現実に祀られてあったわけで（ゆえ『古事記』に名前を使われたわけだが）、四国最古の神社だと筆者は断定的に書いてきたけれど、いやいやどうして、**日本最古の神社**、だったのである！――。

箸墓の原型

阿波忌部の南北ラインは確定したので、つぎに調べるのはお墓だ。……

ところが、日本最古の前方後円墳「箸墓（二五〇年頃築造）」の原型が、どうやら**阿波の古墳群**にありそうだと日本の考古学界が昨今騒然となっているのである。

その最古の古墳は「萩原二号墓」と呼ばれ、**大麻山**の南麓にあって、約二〇メートルの円形部に約五メートルの方形部と小さいが、形はいわゆる〝前方後円墳〟そのものだ。

最大の関心事は「年代」だが、考古学者たちは「三世紀前葉」、地元の研究家や県と市は「二世紀末～三世紀初頭」と見解は分かれ（筆者は世紀表記と前葉のような曖昧語は苦手なので勝手に西暦に変換せてもらうと）、一九五～二四〇年、といったあたりだろうか。

この萩原二号墓などを含む九基の古墳が、二〇一六年に『鳴門板野古墳群』として国の史跡に指定された。内訳は、萩原二号墓、天河別神社古墳群一号墳・同二号墳・同三号墳・同四号墳、宝幢寺古墳、大代古墳・同二号墳・同三号墳などだ。

他にも、萩原一号墓が二号墓と同型だったが（年代は二号墓の方が古い）真価に気づかれずに一九八〇年の道路建設で消滅した（箸墓の前方後円墳より古い場合は「墓」の字を使う）。

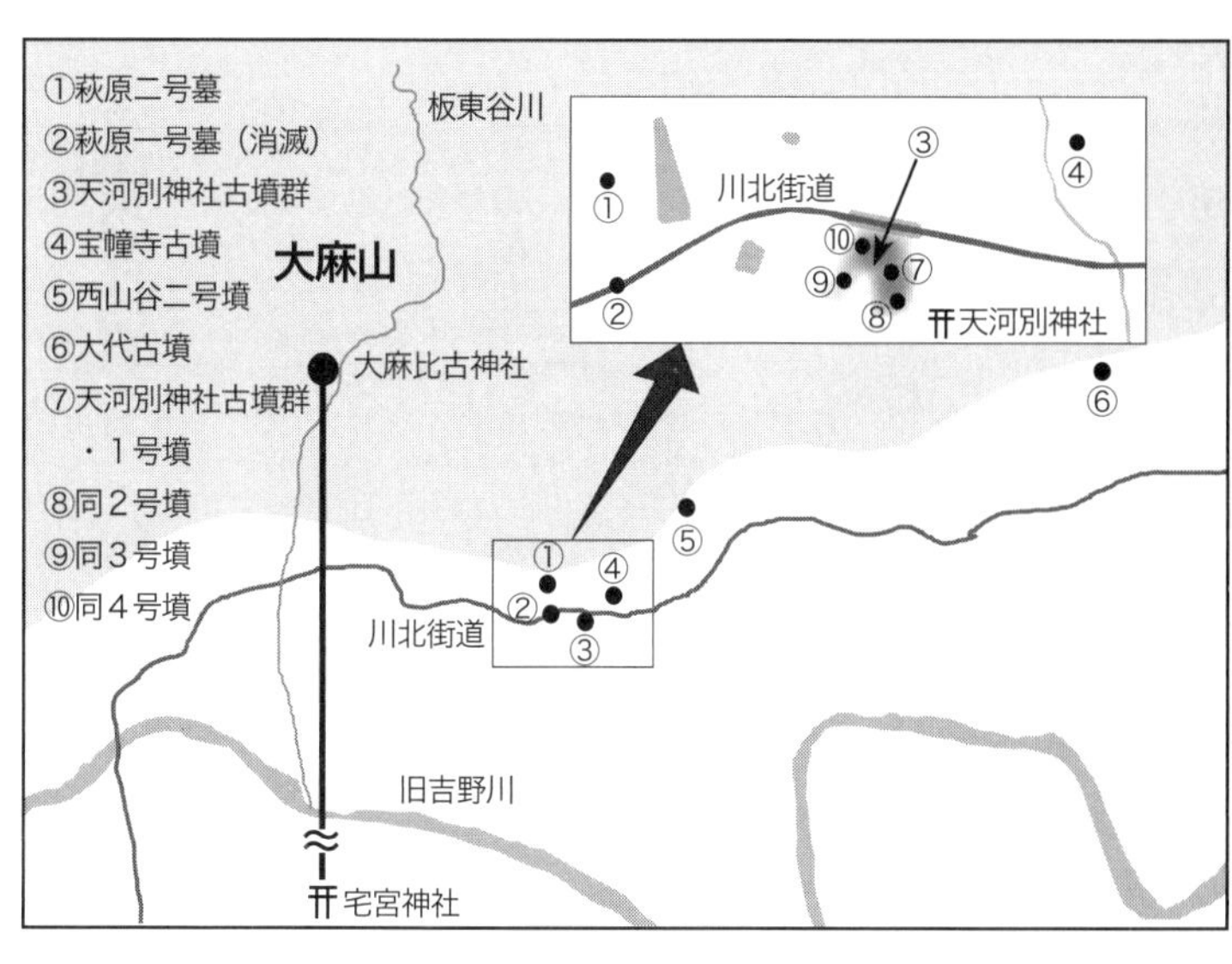

他にも、西山谷二号墳は三世紀中頃の二〇メートルほどの円墳だが、「阿波の青石」をぎっしりと積み上げた竪穴式石室で、畿内型石室の祖形ではないだろうか、と考えられている。
出土品は、倭の纒向遺跡（箸墓やホケノ山古墳などを含む六基の初期古墳）に比べると、阿波の古墳群が圧倒していて、浮彫式獣帯鏡（西山谷二号墳・天河別五号墳）、斜縁神獣鏡（天河別四号墳・五号墳）、画文帯神獣鏡（萩原一号墓）などの各種神獣鏡をはじめ、鉄の槍、鉄剣、鉄の鏃などの鉄製品を西山谷二号墳その他から多数出土しているのだ。
これまで名前が出てきた阿波の多数の古墳は、そのすべてが大麻山の南麓、そして旧吉野川の北側、この領域に置かれているのである。――イラスト参照。

壹與の神殿

前ページのイラストを見た多くの読者が、ハタと閃かれただろうと想像される。

あれも……たぶん星座だろう。

だが多くの古墳がすでに消滅させられてしまっていて特定は難しい。それにおそらく、中国の独特の星図「星官」を模したそれだろうと想像され、思考実験される人は、そのあたりを考慮に入れると解明できるかもしれない。大麻山はもう一峰あるので（讃岐の象頭山）、あちらは〝王家の谷〟の古墳群を星図に見立てると解けるかもしれない。


徳島平野の中央を吉野川が東へ流れ、南と北を四国山脈と讃岐山脈に囲まれた細長い三角形のような地域が阿波忌部の活動域で、大麻山は、平野部が最も広がっている鳴門市の北に聳え、標高五三八メートル、東西一三キロほどの大きな山である。

ほぼ中央の沢筋の奥まった麓に**大麻彦大神**は鎮座していて、地元では「おわさはん」と呼ばれて親しまれているそうで、背後に聳えている大麻山はすべて神域である。頂上部には奥宮峰神社が建っており古くは猿田彦大神が祀られていた（天孫が天太玉命ら五伴緒神をともなって降臨したさい道案内をしてくれた神様で、手塚治虫『火の鳥』の語り部（かたりべ）でもある）。

旧吉野川より北側は、すなわち「北斗」の領域だ。

大麻彦大神は、言うまでもなく「天帝」北極星だろう。

すると、どこかしらに「南斗」があってもいいはずなのだが……

……「おおとのぢ」「おおとのべ」の「べ」の神社がそれだろうか？

これは違う。可能性があるとしたなら「**壹與**（とよ）」の神殿だろう、『魏志倭人伝』にあった。

「おおとのべ」の「おお」は美称だから外せ、「べ」はヒメに置き換わるぐらいだから最古の姓（かばね）で同様に外せる。すると純粋な名前は「との」になるからだ。

まずは古社地を特定し、発掘して古代の神殿跡などが見つかれば儲けもの（めっけもん）だろう。

ええ～四国邪馬台国説はどうなるのかって？……残念、四国に卑弥呼はいない。

卑弥呼の神殿は**宇佐神宮**で、その後に引っ越しをし、倭で亡くなって箸墓に葬られた。倭にとっては宇佐神宮の発する**神託は絶対**で、奈良の大仏を護ってくれるほどの**最強の神社**で、あそこにはヒミコ大神様の神霊が坐しておられるに違いないと人々はそう信じていたからなのだ。

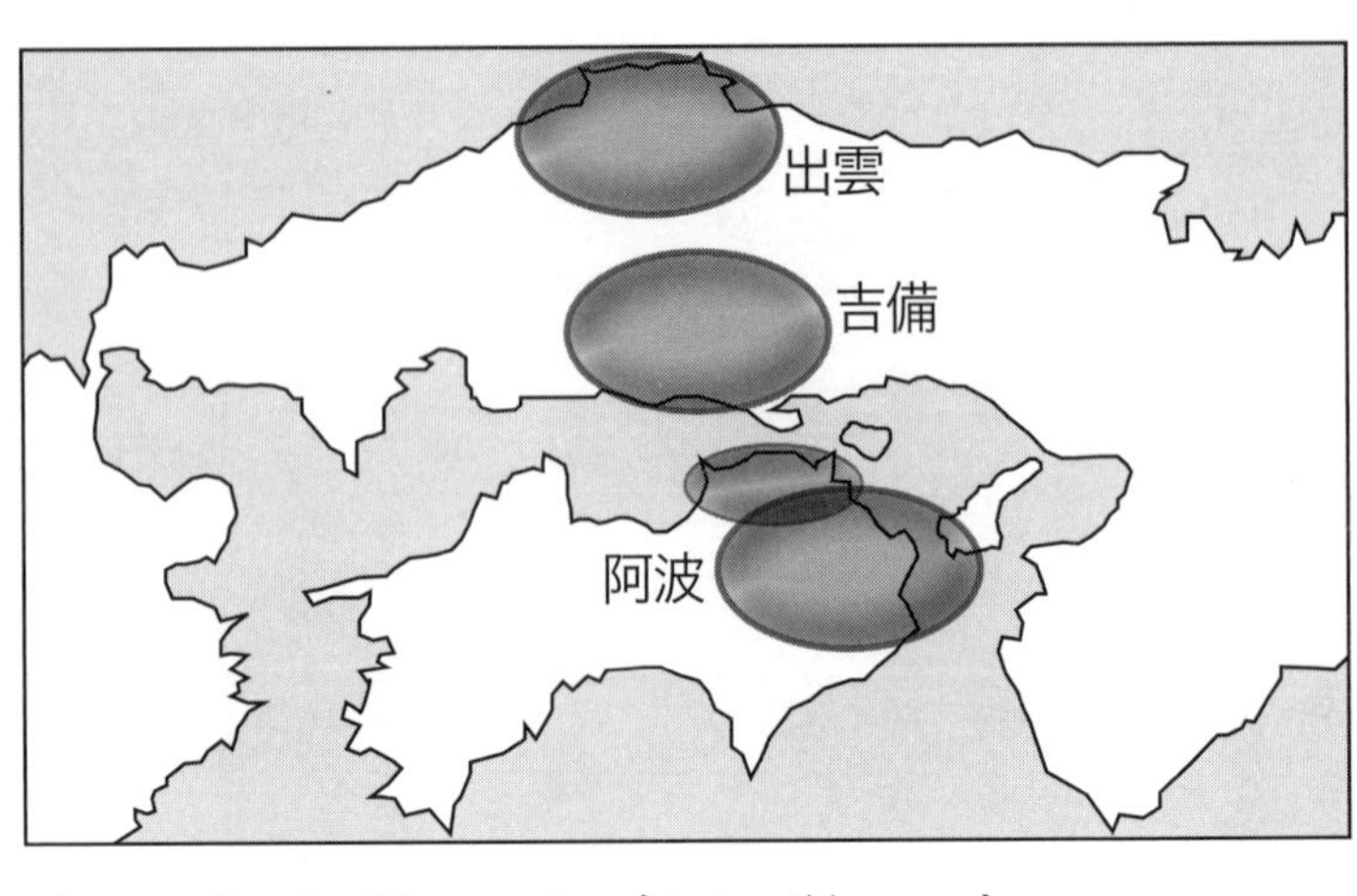

不弥国（ふみこく）・投馬国（とうまこく）

西暦二〇〇年代における西日本の勢力図を表したのが上のイラストだ。

倭の九州から奈良への引っ越しは『神武東征』として記紀に記されてあるが、現実にはそれほど古い話ではないだろう。その九州と奈良を同一とみなすと、別個に存在していた国が三つある。出雲、吉備、阿波（讃岐を含む）だ。

吉備は、古代世界では意外と新参者で、最古の前方後円墳はせいぜい三〇〇年頃、そのことは記紀にも裏付けされてあって、吉備の祖神は吉備津彦命（きびつひこのみこと）だが、第七代孝霊天皇の皇子なのだ。

出雲は、四隅突出型墳丘墓（よすみとっしゅつがたふんきゅうぼ）という独自の大型古墳をばんばん勝手に造っていて、前方後円墳に恭順したのは四〇〇年代以降だから「大国主命の国譲り」の真相はいずこにあったのやら不明だ。
★西暦二〇〇年代、倭に与していたまともな国って……「阿波」以外にはない！
★再度『魏志倭人伝』だが、阿波国が、あの文中に書かれてない……て方が不思議だ！
邪馬台国に到る道順は次の通りである。
狗邪韓国→対馬国→一支国→末盧国→伊都国→**奴国**→不弥国→投馬国→**邪馬台国**。
奴国は「漢委奴国王」の金印が福岡から発見されたので北九州、と確定する。そして邪馬台国を奈良だとすると、不弥国と投馬国が候補になる。この二国だけを吟味しよう——。

東行至不彌國百里。官曰多模、副曰卑奴母離。有千餘家（東行して不弥国まで百里。官を**多模**といい、副官を卑奴母離という。千余家ある）。

南至投馬國、水行二十日。官曰彌彌、副曰彌彌那利。可五萬餘戸（南にいたると投馬国で、水行二十日。官を彌彌といい、副官を彌彌那利という。五万余戸ばかり）。

もうどう考えたって、これ以外に答えはないはずだ。

——二国とも忌部。

不弥国の官は多模、国王の名前がタマだというのである（この件は後述しよう）。千余家ときわめて小国なので、開拓の初期段階、つまり讃岐（象頭山）の方だ。

そこから南に至ると投馬国で（讃岐の南は阿波だ）、五万余戸、一戸を五人として二五万人の超大国だから、まさしく阿波国そのものだ。

そして続きは、南至邪馬壹國、女王之所都、水行十日、陸行一月（南に進むと邪馬台国に到達する。女王の都で、水行十日・陸行一月）なので、方角が違っていただけで合致する。

副官の「卑奴母離」は、対馬国、一支国、奴国、そして不弥国、これらの副官は全員同じく卑奴母離なので、船の運航ルートが示されてあって――

対馬国（対馬島）→一支国（壱岐島）→奴国（福岡）瀬戸内海に入って→不弥国（讃岐）。

――と同時に、国境を警備する「軍事の長」が倭から派遣され、その役職名なのだ（ここだけは筆者の推理ではなく定説である）。

西暦二〇〇〇年代、倭の屋台骨を支えていたのは他ならぬ阿波（＋讃岐）忌部で、そのことは古墳（考古学）、古文献（歴史学）、古神社（民俗学）などのすべてで裏付けがとれるのだ。

だが三〇〇年代に入ってくると、吉備が倭の一員になり、物部・大伴の軍閥が力を誇示しだして、古代社会は「祭政一致」だが、忌部はその「祭」の方に特化していき、祭祀系氏族の筆頭になったわけだ。

ところで、中臣は？　古代世界においては影も形もなく、実際、中臣氏の出自は皆目不明で、記紀神話のアメノコヤネの存在自体があやしく、藤原氏が加筆させたのだろうと筆者は思う。

では、件の「多模」だが、考えられるのは二つだ。

まずは単純な方から――。

ヒリ・モトゥで「タマナ」は父親以外に「首領」という意味があって、三嶋の船のクルーたちが、タマナ、タマナ（マにアクセントがあるのでナはほとんど聞こえない）と連呼していたのを中国人が勘違いした。

つぎは深い――。

天太玉命は、素の本名は「太玉」だが、仮に「太」を「大」と同じような美称だとみなせると、「玉」という名前が浮かんでくる。すなわちタマという讃岐の国王だ。

太玉は記紀神話に登場するので祖神名だと考えがちだが、最初期の国王の名前だったのかもしれないのだ。何分、神と人間との境目が今ほどはっきりとはしていなかった頃の話なので。

すると忌部の祖神は「おおとの**ぢ**」「おおとの**べ**」の男神の方だったとも考えられ、これを継承している、**大麻彦大神**、こちらが祖神となるだろうか。

若杉山遺跡

では（随分と横道に逸（そ）れてしまったが）本気を出して「南斗」を探そう——。

南斗の条件は、劉邦の漢の長安城では「宗廟」と称されていたが、城壁の外の南側に置かれてあったので、居住部よりも「外」といった感じだ。それに「宗廟」という建物は一つで、皇帝が順次亡くなって墓が増えていったとしても、都度「廟」を新造するわけではなく、「宗廟」内にある「檀」を増設していき、つまり仏教でいうところの位牌と同じ感覚なのだ。

そういった観点でいくと、阿波最古の古墳「萩原二号墓」を基点にし、そこから真っ直ぐに真南へ線を下ろしていくと、唯一の「南斗」の廟に当たるはずだ。——

すでに読者諸氏はお気づきかと思うが、忌部って、無類の中国信奉者（マニア）なのである。家康は鎌倉・頼朝は京であったように。そして、皆さんもパソコンを開いて実践されることとお勧めする。けっこう**遠い**、四国山脈の中に突入してしまい、二十九キロ先で、とある遺跡に当たるはずだ。

萩原二号墓　東経１３４・５２１９７
若杉山遺跡　東経１３４・５２１９４

下四桁目がピタリと合う（下五桁目は少しずれる）。

ともに西暦二〇〇年代の遺跡なので、偶然に当たるなんてことは金輪際ない！

じゃあ意図的に当てたのか？　当然だ！

そんな山の中を誰が測量したのだ？　**三嶋大明神一族**の人たちだ。現代で言うところの測量はやっていない。これは彼らが約二〇〇〇年の歳月をかけて編み出した**特殊技能**なのだ。

人間ＧＰＳ

『南洋語族』の高度に訓練された人は、次のようなことができる（できたそうである）。

天空の星座を三〇〇～五〇〇の小さなパーツに分け、完全に記憶している。

それらが日没の直後（日出の直前）にどこにどう見えるか、それらが水平線（地平線）から姿を現す（または隠れる）状況はどうか、とくに「天頂の星（ゼニース・スター）」と呼ばれる真上を通過していく星が重要で、さらには特定の方位を示す星や星座（北極星・南十字星など）の位置関係から、

天頂の星
（ゼニース・スター）

重り

今いる現在地の経度や緯度に相当するようなものが割り出せ、それらを記録する。**刺青**として自身の身体に。次に訪れた場所でも同じことをやる。次も同じだ。過去にいた場所に帰りたい場合は、それら刺青を比較することによって方角や距離が算出できたそうなのだ。ラピタ土器には、そんな彼らの刺青を転写したと考えられている文様がある。もちろん解読はされていない。また、星座の観測をやっていて「あ、昔いた場所の真北（もしくは真南）にいる」といったことが刺青と比較して判断でき、それは一〇キロであろうが、一〇〇キロであろうが、どんなに離れていようが距離には影響されないのだ。一口で言うならば「**人間GPS**」であろうか。けれども、これは彼らの船と同様に失われてしまった技能で、現在できる人はいない。

飲めや歌えや

――若杉山遺跡、これがどんな遺跡なのか説明しよう。

二〇一九年、「辰砂（しんしゃ）の採掘所で日本最古の坑道跡を発見」と各種ニュース報道で紹介された旬なそれで、坑道跡としては山口県の秋吉台(あきよしだい)に隣接する長登銅山(ながのぼりどうざん)（奈良の大仏に用いた銅の産地）が国内最古だったのを、一気に五〇〇〇年以上も遡ってしまった理解不能の遺跡(オーパーツ)である。

辰砂は、古来では「丹(に)」と呼ばれた水銀朱(すいぎんしゅ)の原料だ。――真っ赤な色をだせる高級顔料で、もっぱら祭祀に用いられ、神社の鳥居や社殿の朱色などがこれである（錬丹術(れんたんじゅつ)を駆使して水銀にしない限りは安全で、漆器の朱漆や身体に塗っても害はない）。

遺跡は一九五〇年代には発見されていて、八〇年代に三年間をかけて本格的な調査が行われ、石臼が四〇・石杵(きね)が三五八（辰砂を微粉にする道具）以外に、弥生時代後期～古墳時代の壺・甕(かめ)・高坏(たかつき)・鉢などの数千点の土器類、以外に（意外にも）シカやイノシシなどの獣骨多数、そして数千個の貝殻（なんと海・川・陸の貝が混ざっていた）などなどが出土し、だが付近には住居跡はいっさい見あたらず、疑問点多数、のまま放置されてきたのである。

――もう皆さんはお分かりになったと思うが、飲めや歌えやの大騒ぎを、ここ「南斗」でやっていて、その遺跡・食い散らかした残骸だったのだ！――。

其會同坐起、父子男女無別。人性嗜酒（集会での振る舞いには、父子・男女の区別がない。人々は酒が好きである）と『魏志倭人伝』に書かれていたように、ことあるごとに集まってきては、祭りだあ祭りだあ、ここは古代の居酒屋・歌声喫茶で、そうすることによって「南斗」の神様は喜んでくれて、彼らの寿命を延ばしてくれる……にちがいないと信じていたからなのだ。

前方後円墳

若杉山は、辰砂の採掘所としては古代から使われていたようで、つまり、こちらを位置決めの基準にして萩原二号墓を造ったのだ（先に東経下五桁を書いたが、この一の違いは約一メートルにすぎず、グーグル地図の限界は超えているようで再現性には乏しい）。

古代の古墳では水銀朱を大量に（数十キロ〜数百キロ単位で）使っていたので、辰砂の採掘所を「南斗」として対にしたと想像される。

国内最古の未盗掘・未破壊古墳として知られる闘鶏山古墳（大阪府高槻市にある大型の前方後円墳で三〇〇年頃の築造）の内部写真が公開されているので、探してご覧になられることをお勧めする。――まっ赤っ赤である（**ヒリ・モトゥ**で言うところの「カカカカ」だ）。

また、石槨は二〇〜三〇センチ×四〇〜七〇センチ、厚さ四〜六センチの板状の石を、合掌状に丁寧に積み上げて作られており、天井石ともども吉野川流域産の「**阿波の青石**」が用いられていたのだ！……

……闘鶏山古墳は阿波忌部が造った、わけではなく、言うならば「**お墓ビジネス**」を展開していたのである。

まずは墓型を新たに創出する。萩原二号墓の〝前方後円墳〟をだ。

「この丸いところには魂が、細長いところには秘密の※※が、聖なる水銀朱で全身をひたし、青空にみたてた阿波の青石で周囲をおおい、死者の魂の安寧を永久（とわ）にお約束いたします」

そんな巧みなセールストークでもって、「丹」や「阿波の青石」を売りさばいていたと想像され、お墓の展示場（モデルハウス）すら持っていたのではないか、と思えてくるほどだ。

秘密の※※とは、そのころの忌部は生粋の中国信奉者（マニア）だったので、中国の古代宗教、すなわち道教をベースにしたと考えられ、するとずばりいって「枷（かせ）」だ。死者の魂を繋ぎとめておくための「鎖（くさり）」もしくは「楔（くさび）」が形の由来で、魂の○を細長い△で貫いているのだ。

鬼とは中国では死者の霊（れい）のことを意味し、悪さをする。それを鎮めるのが道教の道士の主たる仕事（つとめ）で、キョンシー映画などがまさに好例だろう。また、卑彌呼。事鬼道、能惑衆（卑弥呼は鬼道につかえ、よく衆を惑わす）の『魏志倭人伝』にある鬼道（読みは、きどう、さどう）とは、要するに道教のことである。神道では荒魂（あらみたま）・和魂（にぎみたま）という神の霊魂が持つ二つの側面を考えるが、西暦二〇〇年代の忌部に、この発想があったかどうかは定かではない。

前方後円墳の「方」の部分は、あの世とこの世をつなぐ架け橋、そんな幻想的な解釈が出てきたのは後年のことで、忌部が創出した当初は、荒魂（あらみたま）の「枷」「鎖」「楔（くさび）」だったのだ。

読者の清らかな心を砕いてまことに申しわけない。つぎは、最高にいい話を書こう——。

契約の神殿

文武天皇三年（六九九年）五月二四日のことである。

伊豆大島へ、一人の男が流されてきた。彼の能力をねたんだ誰かが妖惑のかどで讒言し、流罪（島流し）にされたのだ。

或る日の夕刻、見たこともない船の船団が、島の浜辺に着岸した。

船員たちがわらわらと降りてきたが、いかつくて雰囲気がこわい。彼は、草陰に身をかくして様子を窺っていると、身なりの良い男が何人か船から降りてきた。衣服や洗練された所作からいって、いかにも倭の貴族人だ。

安堵して草陰から出ていくと声をかけた。阿波へ行く道すがらで、夕飯のために上陸したそうである。ああ、あの噂の忌部さまだ。阿波から阿波への謎めいた海行きの話は、彼も知っていた。

火の神様のご機嫌が悪くって、ここの神殿は使ってないんだ、と忌部は言う。

――伊豆大島は、天武天皇八年（六八〇年）大噴火、天武天皇一二年（六八四年）大噴火、七〇〇年頃中噴火、七一三年頃大噴火。

彼は、みなと一緒に馳走にあずかることにした。

船の船員たちは、話してみると普通に倭語を喋り、けっして粗野な人たちではない。だが見かけは、すこし異なるのだ。

その一人が、こんな話を始めた。

はるかなる昔、自身の大神様と忌部の大神様が契約をかわされた。だから男たちは船に乗っているのだという。そして夜空を見上げると、満天の星をしばし見渡してから、腕をすっと水平に伸ばすや、海の彼方を指さして言った。

「契約の神殿が、あそこにある」

星空と闇の境目あたりを指さされても皆目見当はつかない。

男はふたたび星空を見やると、迷うことなく別の方角を指さした。

「もう一つの契約の神殿が、あそこにある」

北にあるらしいことは、彼にも分かった。

男は、わずかに指を動かしてから言う。

「自分たちの社を建てた。タマシナ、そう名づけた」

それは父親と母親の意味で、もう忘れそうになっていた太古の昔に使っていた言葉で、それを残したかったそうで、その社を建てた地には今では一族たちが大勢住んでいるそうである。

彼はおそるおそる尋ねてみた。君たちは、いったいどこの人？

男はすこし思案するふりをしてから、笑いながら言った。

「――天竺」

ちがう、ちがう、ちがう、と罵声が飛んできた。

古代においては、肌の色の濃い人を表す単語は、崑崙人、天竺人、この二語しかないのだ。戦国時代においてすら織田信長に仕えた黒人の弥助は、崑崙人と記されてあって、また西暦八〇〇年頃、綿花を伝えたとされるのは三河国に漂着した崑崙人で、それを記して天竺神社が建てられ、その地は天竹町になったぐらいで、崑崙・天竺の区別すらなかったのだ。


――天竺。

彼の知っていたそれは、仏教の経典に描かれてあった天竺である。様々な神様が活きていると説かれていた。

食事を終えると男たちが撤収を始めた、夜なのに出航するそうである。

やがて船の準備が整うと、どうぞ、と促されて忌部の人たちが立ち上がった。

主従のようでもあり、友達のようでもあり、どこか不思議な間柄に思えた。

満天の星々とわずかな月明かりに照らされた海へ、松明を灯した船が、浜を離れてつぎつぎと走り出していく。彼は、そこに天竺の神を見たのだ。――金毘羅だ。

役小角

役小角について確かなことは、先に書いた伊豆大島へ流罪された年月日とその経緯、そもそもは葛城山（大和国葛城上郡茅原郷、現在の奈良県御所市茅原）の生まれで、呪術（呪術）で称賛されていたこと、ぐらいである（いずれも『続日本紀』に記されている）。

二年後の大宝元年（七〇一年）一月に大赦になって故郷に帰り、同年六月七日に箕面山瀧安寺の奥の院にあたる天上ヶ岳にて入寂した、と伝わるが定かではない。

だが役小角の数え切れないほどある伝承の中で、唯一裏がとれるかもしれないのが、讃岐の象頭山・大麻山にまつわる話なのだ。天太玉命が坐す山の南麓に金毘羅が置かれた。その瞬間、『神神の契約』を語り始めたのだ。しかも古代にさかのぼってだ。それは現在、そして未来へと永劫に続く二神の間柄を、表していたのだ。

あそこに金毘羅を置いたのが誰にせよ（役小角であったにせよなかったにせよ）、その感性は、ただただ素晴らしい……。

謎の杉山神社

関東最古の古墳〝宝萊山(ほうらいさん)古墳〟は西暦三〇〇年頃だから、入植は同二八〇年頃だったと考えられ、その「南武蔵野」の都市計画について説明しておこう。

多摩川の「津」に上陸した彼らは、まずは「契約の神殿」を建てて南北ラインを決定する。

男神・女神が阿波忌部のそれとは南北が逆転していたのは（安房もそうだが）、「契約の神殿」という別種の構想に基づいていたからだ。

また、位置決めに「江の島」を使おう、と提案したのは三嶋の人たちのはずである。

江の島から真南に線を下ろしていくと、彼らの倭における拠点「三宅島」を貫くからである。

約一四〇キロ離れているが、知っていたのだ。彼らの技能をもってすれば朝飯前だろう。

そして次は、お墓だ。荏原台古墳群は、多摩川の北側の崖上(ハケ)にそって造られてあったので、多摩川を境にして北は、すなわち「**北斗**」の領域だ。

すると「**南斗**」を見つけ出す方法は――

（まるっとスリっとゴリっとエブリシングお見通しだぃ！）

――最古の宝萊山古墳を基点にして真っ直ぐ真南に線を下ろしていけば、楽勝だ！

宝萊山古墳　　　　東経139・6635
杉山神社・本殿　　東経139・6637

一〇・七五キロ離れていて、下四桁目が二ずれている。

だがこれで確定だ。名前が教えている。――**杉山神社**。

阿波忌部にあった「南斗」の遺跡は、――**若杉山遺跡**。

ある種の悪夢を見ているかのように符合する。この種の偶然は、おこりえない。謎解きの道筋が正しいと、こうやってぬるぬる解けていくのである。地名年代学では、地名は概ね一〇〇〇年で九〇%、二〇〇〇年で八一%残るから、阿波の若杉山は古い地名なのだ。

杉山神社（横浜市鶴見区岸谷）は、一〇〇メートル径ほどの神域を持ち、岸谷という地名からも想像できるように古代の海っぺりにあって、「南斗」は居住部の「外」の決めどおりで、高台で見晴らしが良く絶好のロケーションである。飲めや歌えのどんちゃん騒ぎに。

阿波本家のそれとは年代的にさほど離れてはいないので（約七〇年ぐらいだろうか）、それに三嶋の船があったことだし、来週はあっち次はこっち、祭りだあ祭りだあ、と祭りのはしごをやっていた姿が浮かんでくる。……

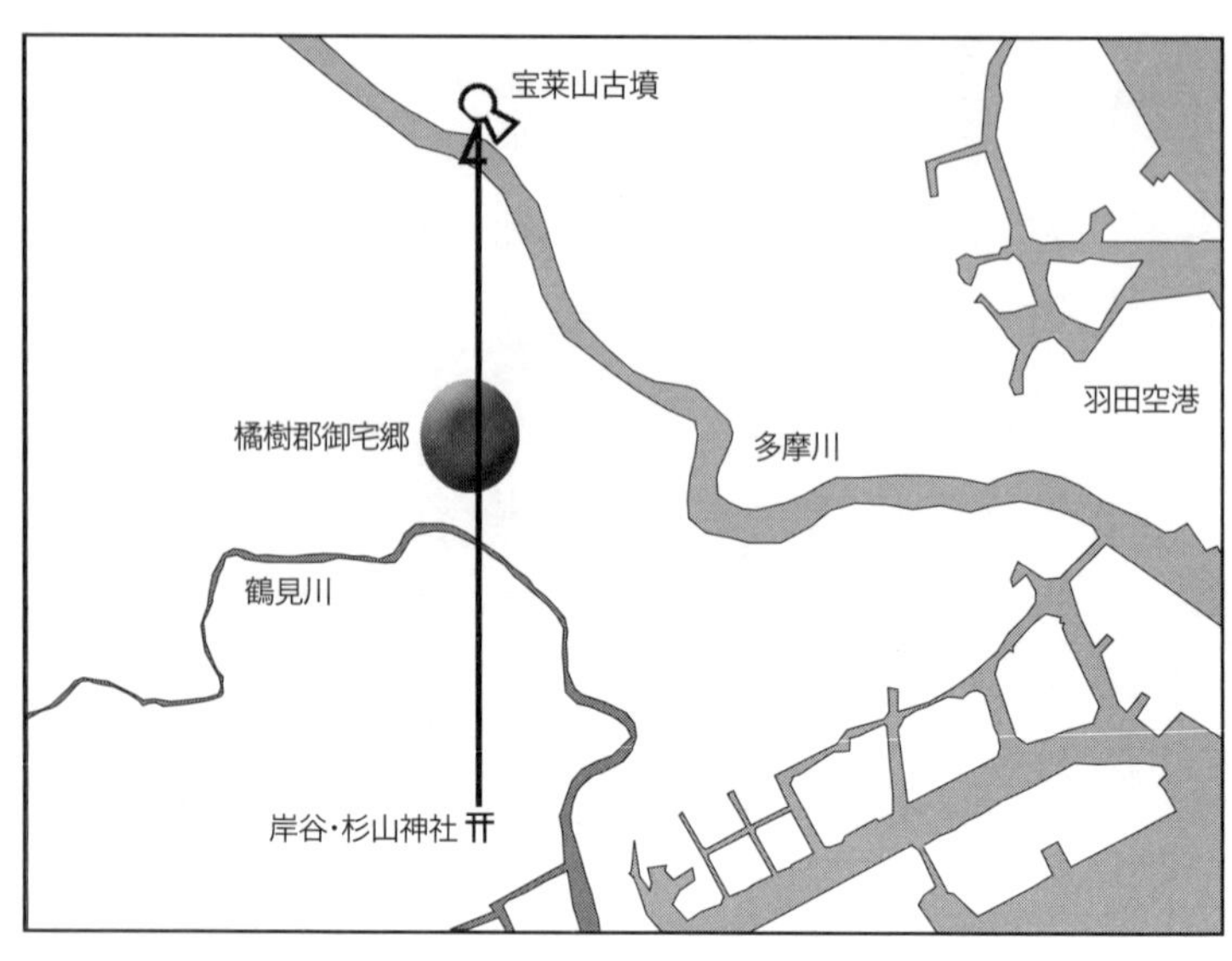

一等地

先の杉山神社の縁起には「当社の創立は古くてわかりません」とあって正直で好感がもてる。実際「契約の神殿」の後継の大國魂神社・大麻（おおま）止乃豆乃天神社（とのつのてんじんしゃ）に継ぐ古社であることは確かだ。

この「南斗」へと引かれた南北線（ライン）は、以前に説明したものを貫いている。

——橘樹郡御宅郷（たちばなぐんみやけごう）。

『武蔵国造の乱』の事後処理にからんで、奇跡的にそのままの地名が残っていた屯倉（みやけ）で、まさに一**等地**を供出させせられていたことが分かるのだ（イラスト参照）。

『神名帳』には武蔵国都筑郡（つづきぐん）唯一の式内社として、杉山神社、が載っているが、論社はなんと十社ぐらいあって、その他にも杉山神社はたくさんあり、江戸時代の『新編武蔵風土記稿』では七二社、現在は四四社あるそうで、すべてが横浜市・川崎市・町田市・稲城市などの限られた地域に分布し、「**謎の**」といった冠詞をつけられて知られている。

まずもって、祭神そのものが不詳で、便宜上、日本武尊や五十猛（イタケル）神（スサノオの子）などが置かれ、また「謎の」一つが、これだけたくさんの杉山神社があったというのに、一社たりとも多摩川を越えて北側にはない、といったことなのだそうだ。……

尻久米縄（しりくめなわ）

……多摩川を越えると「北斗」の領域だ。そこに坐していた北斗老人の恐いこと恐いこと、ふう！　と寿命の蝋燭の炎は吹き消されたくはないのだ。そんな恐いところに人は住むはずがなく、神社は建たなかったのである。

もっと気骨のある謎に挑もう、解くべきは「杉山神社」の由来と祭神不詳の仕組（からくり）みだ。——

その前に、古代の忌部の性質を理解しておく必要があるだろう。

前提一、忌部は中国信奉者（マニア）である。

前提二、倭の公的な用事（『魏志倭人伝』）以外に、私的に三嶋の船を使って中国へ頻繁に往来していたと想像される（自分だったら必ずそうする。南の島へも行ってみたいし……）。

前提三、忌部は中国語は達者（べらべら）で、漢文は不自由なく読めたはずだ（漢字は百済の某（なにがし）が五世紀に日本に伝えてくれた、なんて与太話を今時信じている人はおられまい）。

前提四、神事（古代のそれ）にかかわる、ほぼすべてを忌部が創案・創出していたといっても過言ではなく、古墳の型、真っ赤な水銀朱の各種用途、白和幣・青和幣などは説明済みだが、では注連縄は、アマテラスが天の岩戸から天手力男神によって力ずくで外へ出された直後、

――布刀玉命、尻久米縄をその御後方（みしりへ）に引き渡し――

アマテラスが後戻りできないよう天の岩戸を封印した「尻久米縄」すなわち注連縄で、それを引いたのは布刀玉命なのだ。こちらも忌部の創出品だったのだ。

古代のこの種の文化・風習は忌部が一手に創案していて、無から需要を掘り起こし、その原材料や加工品（丹・麻・麁服・阿波の青石など）を売りさばく、まあなんと秀でた一族であったことか！……。

枌楡（ふんゆ）

――**杉山**神社は、『神名帳』より古い『続日本後紀』では、**枌山**神社、と表記されてあって、こちらが解くべき対象となる。

「枌」の漢字は、スギと読めなくもないそうだが、正しくはニレだ（落葉樹の）。

ニレの木を表す漢字はもう一つあって「楡」だ。

すると「枌楡」といった熟語が、すぐに出てくる。

――漢の高祖（劉邦）が故郷にあったニレの木（枌楡）を都に移して、神として祀ったという故事に由来し、神聖な場所、神域、神社、転じて郷里、の意味だそうである。

いかにも忌部好みの故事で、すると、枌山神社の意味は、神社山神社となってしまう。

西暦二〇〇～三〇〇年代、倭には「神社」なる単語がまだ存在していなかった頃（中国ではそもそも用語がない）、忌部が、この「枌楡」を「神社」という意味で使ったのだろう。

また「契約の神殿」と「枌楡」との違いは、近代の「氏神」と「氏寺」の関係に相当しそうだ。鶴岡八幡宮は「氏神」で、各武将は別途「氏寺」を持っていて、「氏寺」では直近の先祖を祀っており、「枌楡」も同様だったと考えると、枌楡の祭神は、それこそ無数にあって、年代を経ると不詳になってしまうのだ。

だが、さしもの忌部も「枌楡」という用語の定着には失敗したことになるだろう。——字が難しすぎる。

杉山神社は、二種類に大別される。初期に展開していたそれと、北武蔵から出戻ってきた後に作ったそれだ。傾向としては、小さくて無名な方が初期で、大きくて立派な方が後期だ（つまり古さとは逆転するだろう。なお筆者は「式内社」論争に加わるつもりはない）。

謎の久伊豆（ひさいず）神社

北武蔵にも「**謎の**」と冠された神社があるのだ。

これは昭和四〇年頃の話だが、西角井正慶（一九〇〇〜一九七一年、折口信夫に師事した五博士の一人で、国文学者、民俗学者、國學院大學教授、埼玉県出身）が、関東平野に点在する同名の神社を地図に丹念にプロットして調べたところ、見事な「分布図」が出来上がったのだ。元荒川より南側は、おびただしい数の「氷川神社」だらけ、古利根川より北側は同様に「香取神社」だらけだ。ところが、古代の二河川にはさまれた細長い領域に、見慣れない神社の群（むれ）が姿を現したのだ。それが「久伊豆神社」で、五〇社以上もある。だが氷川・香取の両日本を代表するような有名（ビッグネーム）神社に比べると、こちらは読み方すら合っているのか定かではないほどの無名神社で、久伊豆(くいず)とも読めたことから、さいたま市岩槻区の久伊豆神社は「ニューヨークへ行きたいかあ？」の掛け声で懐かしい『アメリカ横断ウルトラクイズ』の予選会場に使われたことすらあったぐらいで、明治以前は大宮氷川神社の社家を務めていた家系の西角井正慶をもってしても、正体不明の神社だったので「**謎の**」と冠されたのである。

では、その謎を解こう――。

玉敷(たましき)神社

久伊豆神社の総本社は「玉敷(たましき)神社」と称され、そのままの名で『神名帳』に載っている古社だ。祭神は「久伊豆(ひさいず)大明神」だったが、大己貴命(おおなむちのみこと)（大国主神の別名の一つ）が置かれている。上杉謙信の関東出兵のさいに火を放たれ社殿や古文書類をすべて消失し、江戸時代初頭に現在地の埼玉県加須市騎西(かぞしきさい)に遷座して再建された（古社地は東北に約五〇〇メートルの場所だ）。

古社地および現在地の数キロほど南に生出塚埴輪窯跡を擁した**笠原**の集落があって、その西隣には**さきたま古墳群**があり、周囲には久伊豆神社がたくさん建っていて、また、現在地は元はといえば「**宮目(みやめ)神社**・祭神は大宮能売神(おおみやのめのかみ)」が建っていた神域で、こちらも『神名帳』に載っていた古社で、玉敷神社の摂社として境内に現存している。

もう読者諸氏はお分かりになったかと思うが、西暦四〇〇年代半ば、北武蔵へ入植したさい、最初に建てた「契約の神殿」の北の女神様なのだ。すると、対になる男神の神殿が真南にあったはず……ところが、付近は探しても見当たらないのである（これは後で考えよう）。

玉敷神社の「タマシキ」は、筆者が役小角の物語で表した、**ヒリ・モトゥ**の父親・母親の意味をもつタマナ・シマナに由来する「タマシナ」だ（ともにナは発音しない）。

もしくは、「タマ・ヒリ」の可能性もあるだろうか。ヒリは、もちろんあの比理（ヒリ）で、かりにタマシナとタマヒリを交互に連呼し続けていると……タマシキになるだろう。

いずれにせよ、由来は倭語（やまとご）ではなく**ヒリ・モトゥ**だ。

なぜ断定的に言えるかというと、久伊豆大明神・久伊豆神社という神名・神社名に、はっきりと表れているからだ。

――**伊豆が、久しい**。

そう思える人たちの神社だからである。

金金具などを新調して最近改修し写真より数段立派だ。
茅葺きの神楽殿があり「玉敷神社神楽」は国の重要無形文化財。
裏にひっそりと摂社・宮目神社が坐している。

忌部の野望

——北武蔵では、「契約の神殿」の南の男神のそれは、近隣には見出せなかった。

だが、忌部の同一パターンを繰り返す性質からいって「無いはずは無い」と考え、南武蔵にまで線を下ろしてみた。三嶋一族が関与していると距離は関係ないからだ。すると案の定。

玉敷（たましき）神社・本殿　　東経１３９・５６９７
川島杉山神社・本殿　　東経１３９・５６９８

七〇・七五キロ離れているが、これに間違いない。

横浜市保土ケ谷区川島町にあって、創立年代は不詳で、戦国時代に北条氏康（うじやす）がこの地に陣をはったさい祠を建てて武運長久を祈ったのが始めとされ、『神名帳』に載る杉山神社の論社の一つにされ、と現場は混乱しているようだ。

社殿は、帷子川（かたびらがわ）沿いの中途半端な崖上に建っていて、ややさびれた雰囲気だ。背後には立派な高台がひかえているので、元来はそちらにあったのでは、とも想像される。

ともあれ、七〇キロ以上も離して南北に建てたのは、広大な武蔵国はすべて自分たちの領地だ！　と宣言した証しだろう。武蔵の国造となり巨大古墳群を造って君臨したのだから、彼らの野望は叶えられたように見える（実際は氷川神社群が間に挟まるので南北飛び地の領地だ）。創建当初は、何某（なにがし）かの忌部の大神様が祀られていたはずだが、南武蔵に出戻った時点で役目を終え、廃（すた）れてしまったのだろう。むしろ意図的に潰したのかもしれない。大麻止乃豆乃天神社があったので、重複してしまうからである（氏神・鶴岡八幡宮は鎌倉に一個でいいのだ）。

森戸（もりと）大明神

先の「契約の神殿」の南北線を、さらに南へと下ろしてみた。別途、気になっていたことがあるからだが、すると案の定。

森戸大明神・本殿　東経139・5696

川島杉山神社から二二・〇五キロ、玉敷（たましき）神社からは九二・八キロ離れている。三嶋一族の「人間ＧＰＳ」の凄（すご）さを理解はしているが、あらためて驚かされる。

これは何かというと位置決めの「基点」で、古代の人たちは闇雲には建てず何かしらに拠り所を求めたが、忌部&三嶋の場合、距離には無頓着で、しかも極端に精度が高いのだ。

森戸海岸と呼ばれる、なだらかな砂浜があって（高級保養地「葉山」の海岸）、真正面に九キロほど離れて江の島がのぞめ、そんな風光明媚な海岸から飛び出ている小さな半島があって、そこを位置決めの基点として用いたのだ。

なだらかな湘南海岸から突き出た江の島を、南武蔵の「契約の神殿・現在の大國魂神社」の位置決めに使ったのとまったく同じやり方で、同一パターンをしつこく繰り返すのだが、対になっているかのような「江の島」と「森戸岬」を用いるとは、忌部&三嶋の感性は秀逸だ。

けれど、「江の島」を基点として使ったのは西暦一八〇年頃、「森戸岬」のそれは同四五〇年頃で、ざっと一七〇年もの開きがあるのだ。自身の祖父の、その祖父の、さらにその曾祖父の代あたりがやったことを正確に把握していて、踏襲しており、同一の思想を何百年にも渡って保持し続けている忌部、その頑強で芯のとおった性質がよく表れているだろう。

では、**森戸大明神**とは何か？　こちらはなおさら、聞いてびっくり見てびっくりの玉手箱で、以下は神社のホームページからの抜粋である――。

永暦（えいりゃく）元年（一一六〇年）、平治の乱に敗れ伊豆に流された源頼朝公は、三嶋明神を深く信仰し源氏の再興を祈願しました。治承（じしょう）四年（一一八〇年）、そのご加護により旗挙げに成功し天下を治めた頼朝公は、鎌倉に拠るとすぐさま信仰する三嶋明神の御分霊を、鎌倉に近いこの葉山の聖地に勧請し、長く謝恩の誠をささげたと伝えられています。

頼朝みずからが創建した神社で、しかも祭神は**三嶋大明神**なのだ⁉……。

我々はいまだ悪夢のはざまを彷徨（さまよ）い続けているのかもしれない。

忌部が七〇〇年以上も前にひいていた縄張り線に、頼朝は気づき、それに便乗したのだろう。この線は北武蔵まで貫いているから、神霊的な縄張りを一気に北方にまで延ばすことができる。品川神社の比理乃咩もそうだが、頼朝は、この手のことには実に鼻が利く。本書では頼朝の話が随所に現れたが、これは我々現代人から古代を直接的（ダイレクト）に推測するより、頼朝の目や考え方を通して観た方が、年代的な隔たりが少なく、より正確な情報が得られるからである。

三嶋大明神は、頼朝や**東国武士**から絶大なる人気を誇った神様だ。その東国武士には、三嶋一族『南洋語族』の血が多少なりとも（いや、かなり濃く）入っていたはずで、蘇我入鹿の**東方の儐従者（しとりべ）**などは、いかにもそれっぽい。だが、知ってか知らずか、彼らは三嶋神を崇めていたのである。我々の想像だに及ばないところで、歴史は巡り、巡っていくのであろうか。

鷲妙見大菩薩「おとりさま」

三嶋の船は、そこそこ大型船なので、細い河川には元来不向きだ。

多摩川の大麻止乃「津」ぐらいは横づけできただろうが、笠原村の近くにあった星川の埼玉の「津」や、小山安房神社の思川などへは入れない（だから別途「舟太郎」伝説がある）。

小舟への乗り換え場所が必要で、東京湾岸に「湊」を持っていただろうと推測されるのだ。その痕跡が、浅草にある**鷲神社**なのである。この鷲神社の祭神は**天日鷲命**だが、これは阿波忌部の祖神で、こんな場所に祀られていること自体、いかにもわけありげではないか。

位置決めの基点は東京湾では最も目立つ、ツルの嘴のように細長く突き出た「富津岬」で、忌部&三嶋の感性は秀逸だ（というより、もはやシュールの領域だろう）。だが女神の神殿は見当たらず、ここでは町作りはやっていなかったようだ。そもそも、古代の東京は人が住めるような場所ではない。家康が江戸城に入城した頃ですら、江戸は遠山居城にて、いかにも麁想、町屋なども茅葺きの家百ばかりも有るか無しかの体、と『見聞集』に書かれていたぐらいなのだ（『見聞集』は三浦浄心（一五六五～一六四四年）が見たそのままを書いた随筆集）。

鷲神社は、東京都台東区千束にあって、通称「おとりさま」と呼ばれ、商売繁盛、大小色とりどりの縁起熊手（えんぎくまで）が売られる「酉の市（とりのいち）」発祥の地だ（例年七〇～八〇万人の人出だそうだ）。それに関係して、実に素晴らしい伝承を残している。

古来、この地には天日鷲命が祀られており、日本武尊が東征のおり戦勝を祈願し、勝った御礼に武器の熊手を奉納したのが十一月の酉の日であったため鷲神社の例祭日と定めた。

大半の人が「何をお伽話を」と一笑に付すだろう。だが本書をここまで読み進めてこられた読者なら、伝承が有していた真価に気づかれたはずだ。——忌部の入植の方が、年代的にいって、日本武尊の東征より古いのだ。もっとも、十年～二十年ぐらいの先行だろうか。

浅草の「酉の市」は神事で、鷲神社に隣接した長國寺（ちょうこくじ）（江戸時代初期の創建）の本尊の御開帳をもって開始される。これは神仏習合尊の鷲妙見大菩薩で、七曜の冠をかぶった妙見大菩薩が鷲の背に立っていて、これが「おとりさま」の正体だ。

妙見という北極星を象徴する大神様が、天日鷲命（阿波忌部の祖神）を、神の乗り物（ヴァーハナ）として使っていたのだ。これこそシュールである。いや、心理学者のグスタフ・ユングが説くところの〝集合的無意識の産物〟なのかもしれない……。

なお長國寺は七曜紋、鷲神社は九曜紋を、それぞれ寺紋・神紋に使っている。

古代史

では、忌部と三嶋を中心にすえた「古代史」を年代順に整理して語ろう――。

例によって、ざっくりした西暦年で表すが、これは筆者の感覚によるものなので学術的には通用しない、とお断りをしておこう。

二〇〇年より少し前　忌部が粟（後の阿波）に入植する。

二〇〇年より少し前　倭が『神武東征』で九州から奈良へ引っ越しを開始する。

二〇〇年頃　日本最古の神社「おおとの**ぢ**」「おおとの**べ**」が造られる。

二二〇年頃　忌部が讃岐に入植して大麻山に神殿を造る。

二三〇年頃　忌部と三嶋が出会い『神神の契約』が交わされる。

二三〇年頃　最古の前方後円墳「萩原二号墓」が築造され、あわせて「南斗」が定められる。若杉山遺跡との南北線の精度が高いので、三嶋と出会った後と考えられ、この古墳の年代が前（古代）へずれれば忌部と三嶋の出会いも同様にずれる。

二四〇年頃　安房へ入植し「契約の神殿」を造る。位置決めの基点は安房神社の真南にある根本海水浴場から鋭角に海に突き出ている岬だが、当時の詳しい地形は不明だ。
二四七年　卑弥呼没。
二八〇年頃　多摩川へ入植し「契約の神殿」を造る。
二九〇年頃　浅草に「湊」を造り、「鷲神社」を創建して阿波忌部の祖神を祀る。
三〇〇年頃　日本武尊の東征が開始される。
三〇〇年頃　多摩川の北側の崖上に「宝萊山古墳」を築造し、あわせて「南斗」を定める。
三〇〇年頃　吉備が倭に加わる。
四〇〇年頃　出雲が倭に恭順の意をしめす。
四五〇年頃　北武蔵へ入植し「契約の神殿」を造る。三嶋の一族も入植し「玉敷神社」を造る。倭人との混血がある程度進み、倭の内陸部に入っても大丈夫になってくる。
四八〇年前後（四七四年が有力）『武蔵国造の乱』で小杵が誅される。
四八〇年頃　笠原村の「生出塚埴輪窯」で埴輪の生産が開始される。これは忌部が得意とした「お墓ビジネス」の一環である。
四八〇年頃　さきたま古墳群最初の「稲荷山古墳」が築造され『金錯銘鉄剣』を奉納する。
五〇〇年頃　円墳「丸墓山古墳」と前方後円墳「二子山古墳」が、ほぼ同時に築造される。
～六〇〇年頃までに前方後円墳が計八基築造され、天帝と北斗七・八星が地上に模られた。

驚天動地

さきたま古墳群の位置決めは、言うまでもなく、南武蔵にあった「契約の神殿」を基点にしている。そこを「南斗」として使う目論見(もくろみ)だったわけで、宮目神社―川島杉山神社の七〇キロ以上も離して建てた「契約の神殿」と同じく、広大な領土を誇示したわけだ(さらに広大な、江の島、もしくは三宅島、などを「南斗」として使う目論見だった可能性すらあるだろう)。

大國魂神社・本殿　東経139・478990
二子山古墳・中心　東経139・479010

中心とは、古墳全体の墳丘長の真ん中をそれとし、両者は五一・〇二キロ離れており、下五桁目以降は(グーグル地図の能力値からいって)再現性には乏しいが、あえて掲載した。ズレはあっても実質二〜三メートルぐらいだろうと推測され、もう「**驚天動地の精度**」だ。

筆者は当初、北極星を象徴する丸墓山古墳を狙ったつもりがミスって二子山古墳の中心に偶然当たったのだろう、程度に理解していた。ちなみに、丸墓山古墳の中心は、東経139・4

７８４６４で、下四桁目が五ぐらいズレる。本書以外の書物ならこれで万々歳（事実丸墓山古墳の端（はし）を貫いている）だろうが、忌部＆三嶋的には「**緩（ぬる）い**」と言わざるを得ない。

これまでに見てきた他の数々の驚異的な測量精度から鑑（かんが）みて、二子山古墳の中心に「意図的に当てた」と考えるのが妥当なようである。

では、その「彼らの意図」を汲みとろうではないか！……。

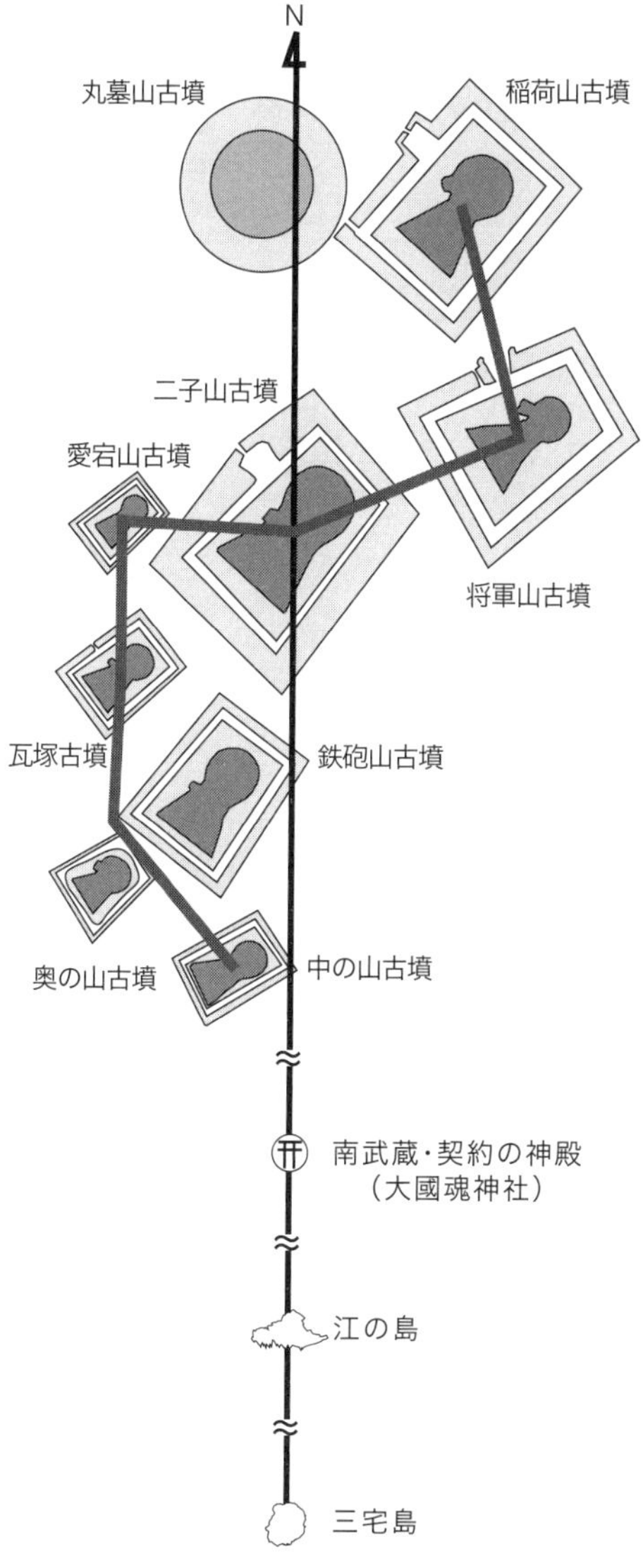

歳差運動

実は忌部の「北極星」が違うので、先にこれを説明しよう。参考例として、一世を風靡した漫画の映画『テルマエ・ロマエ』の名場面から引用させてもらうが、西暦一三〇年頃のローマ郊外、満天の星の下で、小達さつきとルシウス・モデストゥスが会話する――。

「ああ……北極星」
「あれは道を示す星だ。旅人が道に迷った時、あの星が道を教えてくれる」
「そうか……二〇〇〇年前からあるんだ」

このとき二人が見ていた北極星は、おのおの違っていたのである。

さつきのそれは、現在我々が北極星だと信じて疑わない、こぐま座α星の「ポラリス」だが、ルシウスのそれは、こぐま座β星の「コカブ」なのだ（原作者ヤマザキマリさんにクレームを入れているつもりでは決してありませんので、誤解なきように）。

自転する地球がコマのように首をふる「歳差運動」のせいで、その自転軸が指し示している天の極北が、極めてゆっくりとだが移動していくのである。約二万五八〇〇年の周期で。

紀元前一一〇〇年頃、こぐま座β星の「コカブ」が天の極北に最接近した。だから「北極星」だと認識され、古代中国で編まれた星図「星官（せいかん）」では、この「コカブ」に「**帝**」といった漢字が充てられた。かたや「ポラリス」が天の極北に近づいてきて北極星だと認識され出したのは、日本ではせいぜい平安時代末ぐらいだったろうと考えられている。

「コカブ」はその後、しだいしだいに天の極北からは離れていったわけだが、人々の認識としては依然として「北極星」のままで、ルシウスの西暦一三〇年頃ならもちろんのことだが、さきたま古墳群を築造した同五〇〇年頃でも、とくに中国信奉者（マニア）の忌部にとっては、「コカブ」すなわち「**帝**」に他ならないのだ。

だが優秀なる古代の天文学者、星空を観察・理解することにかけては当代世界一の比類なき技能を誇っていた三嶋一族は、「コカブ」が天の極北から離れていたことなどは百も承知で、何ミクロン単位でどの角度にズレていたかも熟知しているのだ。

また、前ページの星の配置、上に北極星・下に北斗七星、あのような綺麗な位置関係に見えることは現在の星空では難しい。北斗七星の一部が地平線の下に隠れてしまうからである。

ところが、西暦五〇〇年頃の星空であったならば、話は別なのだ。――

西暦五〇〇年の夏至・冬至

――西暦五〇〇年頃、天香具山に登って（標高一五二メートルだから軽登山）、そして南の夜空を見たとしたならば、なんと、かの「南十字星」が見えたはずなのだ！

歳差運動のせいで星座全体がずれてしまっていて、北斗七星は、地平線に隠れることはなく、ぐる～と天空を一周する様子が観察でき、司馬遷の『史記』に書かれてあった通りで、まさに「帝」を乗せて天空をかけめぐる「御車(ぎょしゃ)」そのものだったのである。

その北斗七星が真下にきたとき、「帝」の「コカブ」はどこに位置するかというと、天の極北の左側なのである（イラスト参照）。

さきたま古墳群は、その配置をそのままに模(かたど)っていたのだ！――

驚きの事実は、これだけに止(とど)まらない。

三嶋一族が実践していた星の観察で重要な一つは、次のことである。

A）日没の直後に、どこにどんな星が見えてくるか。

B）日出の直前に、どこにどんな星が見えていたか。

さきたま古墳群の地点から、真北の方角に、北斗七星があのように真下の状態で見えるのは、西暦五〇〇年という一年に限っていえば、A）B）おのおの「一日」ずつしかないのだ（前後数日は似たように見えるが）。

A）は**冬至**、B）は**夏至**である。

全世界の人々が共通に有している太陽祭祀の日、それを地上に現していたのだ！――

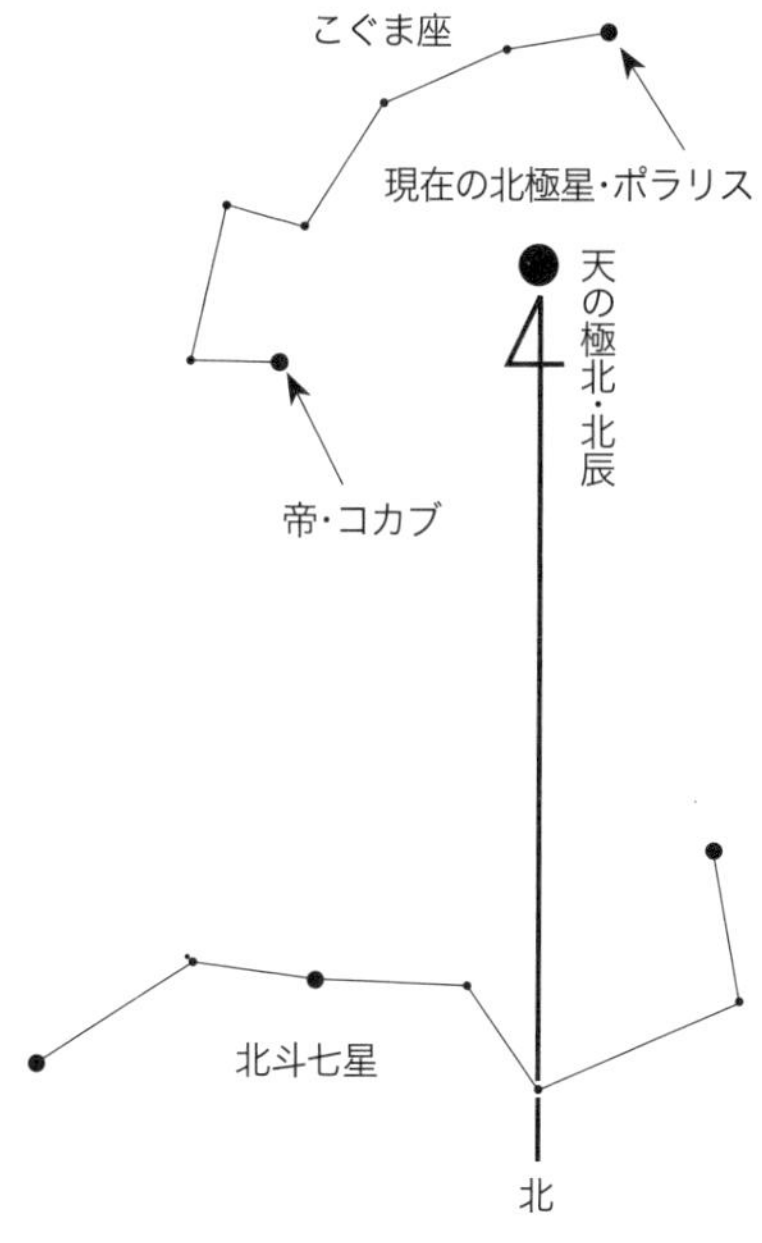

さきたま古墳群から観た西暦500年頃の星図

――『Stella Theater Pro』という、世界中の任意地点、任意時刻の天体の様子を表示できるプラネタリウムソフトを用いて発見・確認した。皆さんもこれで試されることをお勧めする。年代、観測地点を間違わずに入力すると、筆者と同じ感動を味わえるだろう……。

全世界の神殿

「おお、アスクレピオスよ、エジプトは天を雛形にして造られたことを知らなかったのか？　より正確にいえば、天で統治されて動くものはすべてエジプトに下ろされ、移されたのだということを？　実をいえば、この土地は全世界の神殿なのだ」

　これは三世紀ごろに編纂された『ヘルメス文書（もんじょ）』にあった記述で、ギリシア神話の知恵の神のヘルメスが、アスクレピオスという弟子に謎めいたことを呟いていたのだ。

　だが、さきたま古墳群こそ、まさにこれだろう。

　北極星・北斗七星を二重星にいたるまで模倣し「天を雛形にして造られて」あって、「天で統治されて動くものはすべて」さきたま古墳群に冬至・夏至として「移されたのだ」。そしてこの土地は「全世界の神殿」だとヘルメスは説く、これはどういう意味なのだろう？　知恵の結晶だろうか？　人が神をも凌駕（りょうが）した証しなのだろうか？

　ただ言えることは、忌部の単独ではこの遺跡「全世界の神殿」は造り得なかったという点だ。他に比類なき三嶋の技能の助けがあったなればこそで、忌部と三嶋の『神神の契約』がもたらした、まさに〝奇跡の産物〟だったのである。

アレクサンドリア図書館

ところで、日本で最古の文献は何だろう？『古事記』は後世に書かれたもので、実物の文献で最古のそれは、他ならぬ〝金錯銘鉄剣〟なのだ。ここ、さきたま古墳群から出土した。

筆者は『アレクサンドリア図書館』のことを彷彿（ほうふつ）とする。古代ローマ時代にエジプトのアレクサンドリアにあった図書館で、紀元前二五〇年頃に創設され西暦二〇〇年代に消滅した。

丸墓山古墳は、もしや、これではあるまいか⁉……。

「帝」の北極星（コカブ）を象徴していたのは勿論のことだが、忌部が三嶋の船を使って中国へ往来していたとすると（絶対に行っていたはずだ）、そのさいに得られた貴重な文物を、金銀財宝などはさておき、文献の類を、ここに奉納した可能性は十分にありえるのだ。それらはつまり、西暦二〇〇年代、三〇〇年代、四〇〇年代の代物で、わお！……日本中の考古学者全員から涎（よだれ）が出るだろう、朝鮮半島至高の宝『広開土王碑』は西暦四一四年だ……日本のみならず東アジア全体の古代史を根底から書き換える「世紀の大発見」の可能性が秘められているのだ。

丸墓山古墳は、「前方後円墳」という古墳の形式そのものを創出した忌部が、わざわざ築造した日本最大の「円墳」だ。――この文章は、それ自体が「変」だってことに気づく。だが事実なので、それ相応の「変」な秘密が眠っているに違いないのだ。内部には満天の星が描かれている、最低でもこれは確実だろう。

クリエイト

忌部は、模倣（コピー）する側ではなく、古墳の形式その他、今までになかった新しいものを創り出す（クリエイトする）側だったのだ。

鉄砲山古墳が**三重周濠**という全国で数例しかない稀（まれ）らしい造りで、のみならず、近接した奥の山古墳の周濠とくっついていそうで、一つの周濠が二基の古墳のぐるりを囲ってしまうような古今東西ここにしか絶対にない希有なものを、平気で造れてしまうのは、クリエイトする側だからで、その点自由自在で勝手気儘（きまま）なのだ。

そして西暦六五〇年頃、彼らが南武蔵に出戻った直後に造った「武蔵府中熊野神社古墳」を思い出していただきたい。またしても**上円下方墳**という、まったく新しい形式の古噴を出現させたではないか。

これこそ忌部そのものの所行だ。いわゆる展示場で、この噴型をベースにして新たなる「お墓ビジネス」を画策していた、とすら思えてくる。

そこから出土した鞘尻金具の**七曜文**（七星文）などは、オーパーツでも何でもない。

漢の時代（紀元前二〇二〜後二二〇年）の銅鏡に「星雲文鏡」と呼ばれる星々をモチーフにしたそれがあったが、日本での出土例は十に満たず珍しい。その種の星辰信仰の文様は銅鏡では少数派なのか、というとむしろ逆で、たとえば、日本で出土する最多の銅鏡である「三角縁神獣鏡」の一例を写真で示そう……七曜文が、はっきり表れているではないか。

三角縁三神三獣鏡・新山古墳出土。
（東京国立博物館展示）

中央の大きな丸い部分は紐を通すための「鈕」で、そこを北極星に見立て周囲に星を配する、星辰信仰の思想は銅鏡のデザインにすでに当たり前のように取り込まれているのだ（詳しくは曽布川寛〈京都大学名誉教授〉の論文『漢鏡と戦国鏡の宇宙表現の図像とその系譜』を参照）。この三角縁神獣鏡から〇を抽出すれば七曜文ができ、単純化もある種のクリエイトで、忌部の得意としたところだろう。

杖刀人の真相

では〝金錯銘鉄剣〟を再考しよう。

鉄剣の銘文・表の「辛亥年七月中記、乎獲居臣、上祖名、意富比垝」は、上祖名とは祖神のことだと考えられ、すると阿波にある日本最古の神社「おおとの**ぢ**」「おおとの**べ**」の男神の方、今でいうところの、**大麻彦大神**、すなわち、**意富比垝**、となって同一神だろう。

また銘文・裏の「世々為杖刀人首、奉事来至今」の**杖刀人**に関しては、考古学・歴史学双方から「武人の長」だと即断されているが、実は、知られざる異論があるのだ――。

田ノ井貞治氏（医師で「飛鳥古京を守る会」会員）が昭和五五年五月五日付、朝日新聞の「研究ノート」欄に書かれた話だが、銘文にある「杖刀」は、その現物が正倉院にあるそうで、「呉竹鞘杖刀」と「漆塗鞘杖刀」と呼ばれる二口がそれである。国家珍宝帳（天平勝宝八年〈七五六年〉光明皇后が聖武天皇の遺品約六五〇点を奉献したのが正倉院宝物の始まりだが、その最初の目録）にあった古い特別な刀で、人を切るようなそれではなく、木製の鞘を竹で包んだ杖に、その半分以下の長さの刀身を収めた〝仕込み杖〟で、刀身には雲文や星宿文が金象嵌で表されてあったのだ！……。

氏の「研究ノート」はさらに続く、養老律令の医疾令に、「呪禁生は世習を取れ」「呪禁生は呪禁して解忤し持禁する方を学べ」とあり、『令義解』には、要するに呪禁とは杖刀を持ち、呪文を唱えて一定の作法を行い、病災を防ぎ除く道教系統の方術である、と説かれている。鉄剣の銘文に「世々杖刀人の首」とあるが、医疾令に「世習を取れ」とあるように、杖刀人＝呪禁師の職は昔から世襲したものと思われる。古墳の主は武人ではなく、杖刀を持ち呪文を唱えて疾病を治療した呪術師の長なのである。卑弥呼の鬼道も道教とみて差し支えないだろうし、古代医界を支配した渡来系の医官だったのではないか、と氏は推論されている（以上は『棟上寅七の古代史本批評』二〇一九年八月二九日の「平野雅曠氏の「杖刀」の情報に驚く」から抜粋・加筆させていただきました。偉大なる先達者たちに感謝の意を捧げます）。

難解な話なので超訳しよう……かと思ったが、さほど意味がないことに気づいた。というのも、養老律令は七五七年に施行された法律で、その解説書の『令義解』は八三三年の編纂で、鉄剣の銘文とは年代に開きがありすぎるからだ。ゆえ、そのエッセンスだけを頂戴すると、杖刀人とは道教の呪術師で、つまり忌部そのものであったということなのだ（なお、忌部は中国かぶれだが渡来系ではない）。

それに、年代が古ければ古くなるほど「道教」そのものに近づいていくはずなのである（いわゆる「神道」は、いずこにあったのやら？……）。

忌部連合国

西暦四〇〇年代の半ば、忌部が北武蔵に入植したあたりに話を戻して細部を検証しよう。

北武蔵への入植そのものは、領土拡張の一環として考えれば自然だろう。

だが、その後に「小杵が使主を殺そうと謀る」ほど反目しあったというのは解せない話で、元来忌部は血生臭いことには関わらない、倭の内乱や朝鮮半島での戦いなどで名を馳せたことはなく、いわば〝戦わない一族〟だからだ。

すると、北武蔵の入植前に何らかの原因があったと考えられ、たもとを分かつ理由は、小競り合い・兄弟喧嘩というのが通り相場だが、南武蔵に限っては、災害、もありえるだろうか。

ご存じのように多摩川は再々氾濫を起こす暴れ川で、あるとき大被害を被り、「こんなとこ住んでられるかい！」と一部の住民が別天地を求めて出ていった。北武蔵までは舟で約一日だからそれほど遠地ではなく、またたく間に入植者が増えて村（笠原村）は大きくなっていった。

だが、そんな状況を横目に見つつ、一人捻くれていた人物がいる。本家筋の小杵だ。

「大洪水からの復興を地道にやっているのに、別天地でのうのうと暮らしやがって！」と、四七一年から四八九年のどこかで（四七四年が有力）『武蔵国造の乱』が勃発したのだ。

……といったような物語（ストーリー）も、一つの推理として成立するだろうか。

また、小杵が「密（ひそか）に就（ゆ）きて援（たすけ）を上毛野君（かみつけのきみ）小熊に求む」は、小山安房神社の所在地に注目だ。

あのあたりは毛野王国の領土内に入り込んでいたからで、古くからの知り合いだったことを窺（うかが）わせる。だが小杵の求めに毛野の王様・小熊が応じた様子はない。それもそのはず、忌部同士の内乱などに巻き込まれると、自身が危ういからだ。

笠原は、従来考えられていたような東国の小っぽけな一豪族ではなく、倭とはツーカーの忌部様なのである。それに武蔵は、大国に翻弄（ほんろう）されるような一小国ではなく、むしろ当時の倭最大の国・**忌部連合国**（**阿波・安房・讃岐・武蔵**）の一つだったと考えられるからだ（一五二～一五七ページあたりの推論は、本書以前に知られていた事実（世間一般に考えられていた通説）を基に展開されており、読者諸氏を騙す意図はなかったことは、ご理解いただきたい）。

ならば笠原使主は、なぜ（他の忌部国ではなく）京に助けを求めに行ったのか？……それは、倭しか発布できないお墨付き「国造」職が欲しかったからに他ならないだろう。

そして「而誅小杵」とわずか四文字で誅された小杵だが、国軍を動かしたと考えるのは、やはり大仰で、小熊が成敗した可能性は高いだろう。忌部様に恩を売れるからだ。

当時、忌部には軍隊と呼べるような組織はなかったと想像される。古代世界では、武力など誇示しなくても通用したからだ。忌部様に刃向かおうなんて大胆不敵な輩（やから）は、倭にはいない。

その呪術のすごさは衆目の一致するところであって、呪い殺されたくはない!……からである。
なお三嶋の一族は、『武蔵国造の乱』には関与していなかったと想像される。——

忌部の神官

忌部と一口にいっても、実は二種類に大別されるのだ。ふつうの忌部と、**神官**たちの忌部だ。先の国造職をめぐる争いなどは前者のそれで、数々の奇跡を演出してきたのは後者の忌部なのだ。『神神の契約』を交わしたのは、もちろん後者の**神官**の方だ。
その典型例は『魏志倭人伝』のよく知られた一節に見ることが出来るので、紹介しよう——。

卑彌呼。事鬼道、能惑衆、年已長大、無夫壻、有男弟佐治國。自爲王以來、少有見者、以婢千人自侍、唯有男子一人、給飲食、傳辭出入（卑弥呼は（中略）、年は長大で夫は無く、弟がいて国を治めるのをたすけている。王になってからは、見たものは少なく、千人の下女が仕えているがただ一人だけ男子がいて、飲食を出したり話を伝えるのに出入りしている）。

女性の祭祀王と男性の政治王、両者で一国を統治する、学術的には「ヒメ・ヒコ制」と称せられるそれだが、阿蘇地方のアソツヒコとアソツヒメ、加佐地方（丹後国）のカサヒコとカサヒメ、伊賀国のイガツヒメとイガツヒコ、芸都(きつ)地方（常陸国）のキツビコとキツビメなど、古代には日本各地に見られ、その最古の例が『魏志倭人伝』にあった卑弥呼だと一般的には考えられている。……が、どうしてどうして、阿波忌部のこちらの方が、おそらく古いのだ。

……「おおとの**ぢ**」「おおとの**べ**」

これがいかに古い神様かは『古事記』の原文に目を通すと分かるだろう。原文の七行目あたりに登場し、その次の行にイザナギとイザナミが現れて、そこから〝国生み(くにう)〟が開始されるのである（**ぢ**・**べ**の変な文字を使い続けてきた意図を汲みとっていただけただろうか）。

男神の「おおとのぢ」は**大麻彦大神**で、金錯銘鉄剣・銘文の意富比垝だから、すなわちこちらの系列は、ふつうの忌部だ。

女神の「おおとのべ」は、十三歳の**壹與**が一時期務(つと)めていた可能性もあるが、要するに神託の女神様だ。仕(つか)えていたのが忌部の**神官**たちで、裏で仕切っており、忌部の忌部たる忌部様たちで、クリエイトや奇跡の総元締めで、人と神との境目に生きていたような朧気(おぼろげ)な存在で、神名で表すとしたなら**天太玉命**となるだろう。忌部の最終決定権はこちらが握っていたはずだ。

ええ？　神託の女神様は宇佐神宮じゃないのかって……あれは倭のそれだ。古代は、この種のものは各国が独自に有していたのだ。日本の神話体系が、まだ統一されてない頃の話で、かの毛野王国にも神託の女神様がおられ、一之宮貫前神社（いちのみやぬきさきじんじゃ）がそうだったろうと筆者は考えている。

伊豆諸島は全部あげる

話題を変えて、三嶋の一族について話そう。

『三宅記』によると、「一度天竺に帰国する。再び来日した」とある。前後の文脈からいって、いったん帰国する必然性はないので、つまり実話っぽいのだ。だが可能だったのだろうか？……。

三嶋の船と技能をもってすれば十分可能で、黒潮には、南側に「黒潮再循環流」と呼ばれる反対方向への緩（ゆる）やかな流れがあって、それに乗れば、行きの黒潮本流は南島（八重山諸島、宮古諸島、沖縄本島、奄美諸島）の西側を通り、こちらは東側を通るので、そのあたりまで来てしまえば後は問題ないだろう。南下すれば熟知しているエリアだからだ。ただし片道約八〇〇〇キロの海程（かいてい）で、最速で二ヶ月ぐらいは掛かったと想像される。

一度帰国した理由は、さらなる入植者を募るためだったと想像される。

『神神の契約』では、伊豆諸島は全部あげる、となっていたと想像されるからだ（あの島々は倭人にとっては使い途がなく、そもそも行けなかった場所なので）。

一般的に『南洋語族』は、パプアニューギニア近辺での停滞年数が長ければ長いほど、オーストラロイドとの混血が進んで肌が濃くなる（黒人種に近くなる）傾向があり、三宅島への到達年代からいって、三嶋一族は、おそらくそちら寄りだった可能性が高いだろう。島での生活なら問題ないが、倭本土への入植は、相応に年数を経ないと難しいのである。つまり、安房や南武蔵の開拓には関与せず、彼らの本格的な入植は、北武蔵、からだったと想像されるのだ。

北武蔵は、武蔵野台地を有する南武蔵に比べると土地としての評価は低く、古利根川と元荒川という二大河川に挟まれたぐじゅぐじゅの半湿地帯で、まともな地面は少ない。すると、三嶋一族が先行して入植していた可能性が考えられるだろう（忌部がそう差配したわけだが）。南・北を流れる二大河川のせいで隔絶した中洲のような領域で、元来良い土地ではないから倭人との接触は少なく、のんびりやっていけそうな場所だったからである。けれど南武蔵で何らかの事件・災害があって、遅ればせながら忌部本体がどっと引っ越してきたのだ。

……といったような物語（ストーリー）も、一つの推理として成立するだろうか。

サキタマ

三嶋大明神一族の妃に、こんな比咩がいたのを覚えておられるだろうか？
——佐伎多麻比咩命神社（三宅島）⑤。（257ページ、イラスト参照）

『南洋語族』が用いている南洋語には「s」単語が少ないという特徴があって、ハワイ語には「s」単語は一切なく、**ヒリ・モトゥ**では、サ、ス、ソで始まる言葉は原則ない（十八世紀以降の宣教師たちが懇々と朗読した聖書のせいで生じたそれは一部ある）。佐伎多麻比咩は、つまり倭言葉由来であったのだ。

さあ大変だ！　**埼玉県の県名の由来**がゆらいできたではないか!?……

この佐伎多麻比咩からは、なんと**八人の王子**が生まれ、ナコ、カネ、ヤス、テイ、シタイ、クライ、カタスケ、ヒンスケ（ヘンス）と称したと『三宅記』にある。

また各々『神名帳』に載っていて、南子神社、加弥命神社、夜須命神社、弖良命神社、志理太乎宜神社、久良恵命神社、片菅命神社、などがそうで三宅島に実在する。

皆さんは麻痺(マヒ)されてきて、この程度では驚かれなくなってきたのではと想像される。八人の王子が、さきたま古墳群の八基の前方後円墳と対応していたことは明白だろう。だが王子の名前が、古墳の被葬者と一致していたかと問われると……微妙だ。三宅島に「南斗」を置いた可能性は確かにある（真南に位置するからだ）。けれど、いかに三嶋の船があったとはいえ、祭りだあ祭りだあ、と気楽には行けないだろう！……。

前玉(さきたま)神社は、さきたま古墳群のすぐ側(そば)にあり、埼玉県の県名の由来だと考えられてきた神社で、前玉彦命(さきたまひこのみこと)と前玉比売命(さきたまひめのみこと)の二神が祀られていて、『神名帳』に「前玉神社二座」とあるので当初からこれだ。ところが、この前玉神社は**古墳の上**に建っていて、浅間塚(せんげんづか)古墳と呼ばれ、径約五〇メートル高さ九メートルほどの、かなり大きな円墳で、さきたま古墳群の築造が終了した後、六〇〇年代の前半に造られた考えられているから、前玉神社は、さらにその後なのだ。年代だけを比較すると、三宅島の佐伎多麻比咩命神社の方が古い、てことになるだろう。タマ（多摩川のタマ）を中心にすえると、前玉はタマの先にあるし、佐伎多麻もタマの先にあって、地理的な条件は一緒だ（そもそも名前の由来が、そういうことなので）。だが正直、埼玉県の県名の由来などに筆者は興味はないのだ。解くべき謎は、――**浅間塚(せんげんづか)古墳**にある。

では、驚愕の事実をお教えしよう。こちらは驚いていただけるはずだろう！――。

太陽守（Taiyangshou）

イラストを見ていただければ分かるが、**浅間塚古墳**（前玉神社）は、北斗七星の二子山古墳との位置関係においてピタリと合致する場所に、実際の星が存在するのだ。

おおぐま座χ（カイ）星と称せられていた星がそれで、二〇一七年、国際天文学連合の恒星の固有名に関するワーキンググループは、次の呼称を固有名として正式に承認した。

——**太陽守**（Taiyangshou）。

これは中国古来の星図「星官」から、そのまま借用された名称だ。

どんな謂（い）われがあるのかというと、太陽守は「陽の気が失われないように守り保持すること、天帝の宮殿の門を守備することを意味する」とのことである（大崎正次『中国の星座の歴史』雄山閣出版、一九八七年）。

さすが忌部様だ。細部にいたるまで手抜かりはない。まさに「全世界の神殿」なのだ。

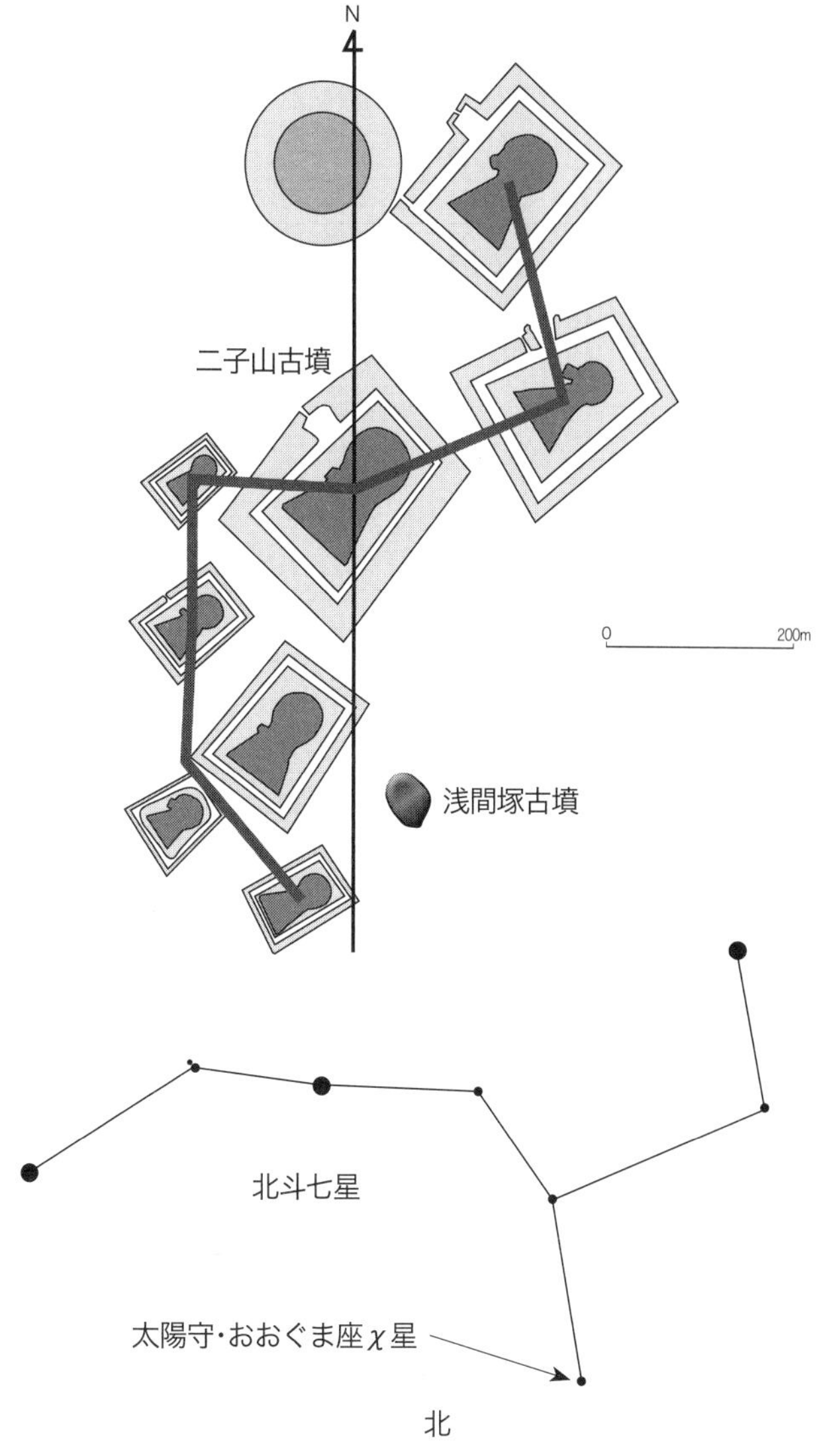
N
二子山古墳
0
200m
浅間塚古墳
北斗七星
太陽守・おおぐま座χ星
北

ラピタの香り

埴輪も忌部様の創出か？……これは違うらしく、源流は〝吉備〟にあったようだ。

焼き物は、一国を潤すほどの富をもたらすことで知られている（景徳鎮しかり、マイセンしかり、有田焼しかり）。原材料がほぼ無尽蔵で、田圃の底土からでも作れ（備前焼）、ただし高度な技術力が必須で、サイズが大きくなればなるほど幾何級数的に難しくなっていくのだ。

西暦五〇〇年代、西日本では埴輪の生産が急速にしぼんでいったらしく、つまり職人は余りぎみで、彼らを攫ってきて生出塚窯を作ったと想像されるのだ（忌部連合国のつてがある）。

以下は、あくまでも筆者の個人的な感想だが、鴻巣市文化センターに常設展示の生出塚の埴輪を見ていると、「ほのかに漂う異国情緒」を感じるのだ。日本人はこの手のものに弱い（古代の倭人も同じく）。ブランド品の秘密は、そういったあたりにあったのかもしれないのだ。

三嶋一族が、生出塚の窯を手伝っていたことはほぼ間違いなく、才能を発揮した人も現れたに違いないだろう。あの**ラピタ土器**を作っていた人たちの末裔なのだ。生出塚の埴輪には、ラピタ人のたましいが、ほんの少し入っていたのかもしれない。もちろん土木作業には大いに従事していたはずで、さきたま古墳群はラピタ人が造った、ともいえそうである。……

市松模様の袴は斬新で、いかにもブランド品だ。

忌部の近代史

では、南武蔵に出戻ってきてから後（あと）の歴史を推理しよう。忌部にとっては「近代史」に相当するだろう。例によって、ざっくりした西暦年で表す。――

七〇〇年の少し前、倭から特使が遣ってくると「国府」を作りたいと言い出した。場所はもちろん、ここ南武蔵にだ。だが特使は「藤原京（六九四〜七一〇年）に倣（なら）って条里制のそれで、一辺二〜三キロ程度の……」とけっこう大仰な話をする。だが南武蔵は、民家や神社（枌楡）が立て込んでいて、それに「契約の神殿」近辺はでこぼこと小山が多く、希望にそうような平地（ひらち）はそうそう確保できそうにない。

すると特使はしたり顔で言う「多摩川の向こう側、がら空きじゃありませんか」。

そりゃ空いてるさ、「北斗」の領域だから誰も住んでないのだ。

北の女神様をねんごろに祀るからと押し切られて、かくして国府（国衙）の位置が決定したのだ（これが国府地選定にまつわる知られざる秘話である、と言えるほどのものではない）。

七二〇～三〇年代頃、何代目かの国司が赴任してきたおり、業務軽減のため「総社」を作りたいと言い出した。そこで忌部の神官たちは、はたとひらめく！………

六所がいいそうですよ、巷(ちまた)では六所が流行っているらしく、中国では六はとっても縁起の良い数字で、などと六所の利点をまくし立てて、かくして**六所宮**の設立を取りつけたのだ。

……忌部の神官たちは、外見は東国の田舎っぺかもしれないが一皮むけば中身は宇宙人で、知識・知恵・教養・歴史、すべての面でぽっと出の中流貴族などが太刀打ちできる相手ではない。

『武蔵国総社六所宮縁起并社伝』に「神籬(ひもろぎ)を営建し、称して大国魂神社と号す。乃(すなわ)ち相殿五神を祭る。伊弉諾尊・素戔嗚尊・瓊瓊杵尊・布留大神・大宮売命也。故に六所神社と号す」とあったが、最初に「六所宮」を作ったのはその通りなのだろう。だが祭神の内訳などは、忌部の神官たちにとってはどうでもよく、さきたま古墳群の「南斗」その他の複雑な仕組みは、南の男神の神殿（大麻止乃豆乃天神社）の方で、万事引き受けていたからである（……！）。

先の縁起に「大宮売命」とあるから、北の女神の神殿「宮之咩神社」は、当初は六所の一柱として祀られていた可能性を窺わせる（社殿が〝女神〟形式の由縁だ）。だが『新編武蔵風土記稿』では、「宮姫、二の鳥居（御影石のそれ）内東の方にあり、或云(あるにいわく)、国造の始めて祀る所なり」とあって、やや矛盾し、どのあたりで国衙の西門に遷されたかは定かではない。

国分寺と「神の都（みやこ）」

七四〇年頃、忌部の神官たちを激怒させる事態が勃発した！——

国司が、誇らしげにこう宣言したからだ。

「このたび聖武天皇が国家鎮護のために国分寺・国分尼寺の建立の詔（みことのり）を発布されました。これは仏心をもってして皆々様に平安を齎（もたら）すものであるからして、国府のすぐ側（そば）、皆々様をお守りすべく真北に建立するのが望ましいかと……」

「どこぞの馬の骨だか分からんような異国の神なんぞに守ってもらう謂（い）われはない！」

じゃあ「北斗」と「南斗」はいずこの神様なのか？

その種の疑問符はさておき、忌部の神官たちは徹底抗戦に打って出た！——

南武蔵は、遡（さかのぼ）ること西暦二〇〇年代という遥（はる）かなる古代から歳月をかけて十重二十重に神霊線が張り巡らされてあって、神々の加護を最大限享受できるようにと考え抜かれた、すでに完成された「**神の都**」なのだ。別種の無関係な神に割り込まれて、かき乱されたくはない。

武蔵国分寺《七重塔》跡地。

——ありとあらゆる難癖をつけて、国分寺・国分尼寺の選定地を、あらぬ方向へと追いやってしまったのである。

だから国分寺市は、あのように何キロも離れた辺鄙(へんぴ)な場所にあって、他の国府では考えられないような例外的な位置関係になったのだ。

大國魂神社が国府地だとまだ判明していなかった昭和の頃の話だが、武蔵の国府を探そうと、考古学者たちはあちこち試掘したそうである。国分寺の跡地は判明していたので、その真南のどこかにあるだろうと考えて、だが、掘れども掘れども土器(かわらけ)一枚出てこなかったのである。

それもそのはず、目星(めぼし)いものには何一つ関連しないようにと、忌部の神官たちが画策して場所を定めたからだ（これこそ、武蔵国分寺地選定にまつわる知られざる秘話であろうか）。

三嶋の船を呼べ…

九〇〇年代（『延喜式神名帳』の編纂は九二七年だからそれ以降）、南武蔵にとって最大の試練がおとずれた。多摩川の大洪水で南側の神殿・大麻止乃豆乃天神社を、明神バケごと跡形もなく流してしまったのである。

かろうじて難を逃れた重鎮たちが、とりいそぎ集まってきた。忌部の神官の最後の生き残りの一人、齢（よわい）一〇〇歳を超えているらしき老翁の寝屋（ねや）に。

「いかがいたしましょう？」

「み……み……三嶋の船を呼べ……」

「三嶋の船は、もうかれこれ一〇〇年はこのかた使っておりませぬが」

老翁のかすれゆく意識には江の島や三宅島が浮かんだのだろうか、「南斗」を再建すべく。だが、古代より数々の苦楽を共にしてきた三嶋頼りの〝奇跡〟は、もはや起こせそうにない。

聡明そうな男が、懐から書き付けの束を出すと、それをひろげてから言った。

「ここ、これに仮託するというのは、いかがでございましょう……」

それは『神名帳』の写しで、尾張国の一社「尾張大国霊神社」を男は指さした。

「はて、どう仮託しろと？」

「これは前々から思案しておったことでありまするが」

男は無言で、宙に文字をなぞり始めた。大神様の御名は畏れ多くて口に出すのは憚られる。

――**太**。

そうなぞると、尾張大国霊神社の**大**を指さした。

――**玉**。

次にそうなぞると、尾張大国霊神社の**霊**を指さした。

「か、かくす、そういう意図か？」

「さようです。お聞き及びのこととは存じまするが、天香具山の御本社は、ク、シ、マ、チとかいう奇妙な名に書き換えらてしまったそうではございませぬか」

「おお、藤原の悪行よ！……」

「クシマチは、クゥワシマチ、あの鹿島神宮に通ずるとか……」

「みえすいた戯れ言を！　誑かされるような京人はおるまいて、か、か、か、か……」

そんな藤原への悪口雑言で、場はひとしきり盛り上がるのだった。――

安養寺の別当

かくして、崖ごと流された地主神を武蔵大國霊大神（現在の大國魂大神）とし、それを六所に加えてもらうべく話は纏まった。本性は天太玉命かつ「帝」だが、仇敵・藤原氏は増殖してそこらじゅうにいたから、彼奴等の目を欺けるし、尾張大国霊大神は「総社」の祀り神なので、すんなり認めてもらえそうに思えたからだ。だが、最大の難関が残っている。重鎮たちからはボソボソと声は出るものの俎上に載せられるような話は浮かんでこない。すると、

「愚僧めに、妙案が」

末席にいた男が喋りだした。安養寺の別当である。世はすでに神仏習合時代で、主たる神社には神宮寺が併設され（神社の規模に応じて複数）、そこに仕える僧侶・社僧の筆頭が別当だ。

「皆様方が何神をお祀りされておられるかは、うすうす存じあげておりました」

重鎮たちが、いっせいに身構えた。

「ご安心なされませ、仏の教えは、けっして殺すことなかれ、けっして壊すことなかれでございまする」

事実その通りで日本の神社が古来のままに残っていたのは仏教が守ってきてくれた御蔭だ。

「天台宗では摩多羅神と申す神様を祀っておりまして、こちらの御名は口に出されても大丈夫です。あの慈覚大師様にご縁がある御神さまで、こわい神様などではけっしてございませぬ。摩多は梵語（ぼんご）のマタ、母親の意味でございまするし、多羅は多羅（ターラー）菩薩、こちらも女神様で、観音菩薩から生まれ出（い）でまして、母親のごとくに慈悲深い仏さまでありまして」

などと、別当は小一時間説教をたれてから、

「この摩多羅神の本尊を絵図で表すとしたならば、北斗七星になるのですよ」

おおお……と一同はどよめいた。

「寺の方にあるので後でお見せいたしましょう。それに皆様方が気を揉（も）んでおられたのは、**輔星**（ほせい）のことでございましょう、**開陽星**（かいようせい）の側（そば）にある、こちらも絵図には描かれておりまするので」

おおおお……と一同はさらに大きくどよめいてから、互いの顔を見合わせた。

開陽星とは中国「星官」の呼称でミザールのことで、輔星は言うまでもなくアルコルだ。

「それに摩多羅神は、あの太山府君とも相通じてございましてね、つまり輔星の精の」

「あい分かり申した。御僧都（そうず）の妙案は、一同感謝の念にたえますまいて」

重鎮の一人が、別当の話を遮（さえぎ）って言う。

「ですが六所の列に、そのマタラジンの御神様を加えるというのは、できぬ相談でして」

おお、そうじゃったそうじゃったと、一同は首肯（うなず）くのであった。——

忌部と円仁

実際どのように繕（つくろ）ったのかは空想の域を出ないが、前述した安養寺が一枚噛んでいて、六所の列には以前ご説明したように「御霊大神」が加えられたが、こちらの仏教的な本地を地蔵菩薩とすることによって、安養寺に祀られていた「摩多羅神」と＝（イコール）で結ぶことができ、すなわち北斗七星、とくに開陽星・輔星の二重星を表す、とそんな仕組みを構築していたのではと想像される。地蔵菩薩は、天蔵に対しての地蔵だから冥界の大神様だが、のみならず、方位的には**北**を指し示すのである。

安養寺は伝円仁の創建で、本書では円仁・慈覚大師にまつわる話が多々あったが、西暦八〇〇年代に、忌部と同じように東国に神霊線を引きまくっていたのが、円仁その人だからである（家康が勝手に改名した浄山寺の慈福寺、以外に慈林寺（じりんじ）と慈恩寺（じおんじ）があって、三寺は特異な三角を形作っている）。円仁は下野（毛野国）の出身者で、ゆかりの地に慈愛を注いでいたのだ。

忌部と円仁は、信仰母体は異なっていたが、根底にある思想は等しく、地域を安寧へと導くため神々の加護を最大限得られるようにと、自身が持てる秘術の粋（すい）を尽くしていたのである。

大國魂神社の社殿が北を向いた時期は、先の大洪水がきっかけだった可能性は高いだろう。大麻止乃「津」も同様に壊滅してしまったからで、そのあたりから陸路が主になっていったと想像される。

そして北を向いたとしても、同時に南へ向いていたのだ。消えてしまった「契約の神殿」の男神の方へ。それが今現在の『鏡の神社』の由縁だ。

大麻止乃豆乃天神社が、後年再建されたさい祭神が不詳となったのは、杉山神社の場合と同じで、祭神構成はさらに複雑な多重構造になっていたと想像され、北斗七星の各星に＋(プラス)して古墳群の被葬者名を重ねあわせ、それは一部の関係者しか内実を知り得なかったはずだからだ。

金比羅神社は、元来あそこに建っていたのか、明神バケにあって流されて再建したのか、どちらか判然としない。いずれせよ、象頭山の本宮に継ぐ古社であることは間違いないだろう。

大國魂神社に行かれたら、遠回りしてでも訪ねられることをお勧めする。こちらには往時の神様、金比羅(クンビーラ)・宮比羅が今なお坐しておられるに違いないからだ。

そして耳を澄ませば、忌部の神官の最後のつぶやきが木霊(こだま)して聞こえてくるかもしれない。

「み……み……三嶋の船を呼べ……」

神王山北辰妙見尊妙見寺（しんのうさんほくしんみょうけんそんみょうけんじ）

さきたま古墳群は、西暦二〇〇〇年代から忌部が培（つちか）ってきた「北斗」信仰の、言うならば行きつく果ての産物だ（ビル・エバンスの「You Must Believe In Spring」のようなものだ）。

帝の北極星（コカブ）と北斗七星を二重星にいたるまで埼玉（さきたま）台地に模（かたど）り、冬至・夏至の太陽祭祀を表し、太陽守（Taiyangshou）という帝を守備する宮殿の門まで設（しつら）えた、まさに「全世界の神殿」だ。そういったこの世に二つとない巨大遺跡が関東平野の真ん中にでーんと居座っていたというのに！……。

――**ミッシングリンク**。この謎めいた言葉は、チャールズ・ダーウィンの進化論にあった造語で、進化の過程を連なる鎖として見たとき連続性が欠けた絆（リンク）を意味し、猿から人への進化のミッシングリンクは将来発見されるだろうと彼は予言して的中したのは知っての通りだ。

関東には約九〇〇もの北斗や妙見信仰の社寺があったというのに、関東平野の真ん中にある巨大遺跡さきたま古墳群とはほぼ無縁で、だが一つだけ、このミッシングリンクを埋めるつながりを発見しているので、それを紹介しよう――。

神王山北辰妙見尊妙見寺は、稲城市百村にあって、大麻止乃「津」からだと南東に約二・五キロの場所に位置し、標高一〇〇メートルほどの小山で鬱蒼とした木立に囲まれて建っている。お寺のホームページの縁起によると、淳仁天皇の天平宝字四年（西暦七六〇年）、新羅軍が九州に侵略して来た時、**道忠禅師**は勅命を奉じて此の地にて、伏敵の祈り・尊星王の秘法を七日七夜にわたり修したところ、**妙見菩薩が青龍に乗って現れ**、国難が忽ち消滅し、天皇は叡感せられて国主に命じて「妙見宮」を建立して道忠禅師の自刻の妙見像を安置し奉ったのが当山の開基で、天永三年（一一一二年）に「妙見寺」を建てて別当と定めた。とのことで、関東最古と目される群馬県高崎市の「七星山息災寺」と同程度に古いことが分かるのだ。

さらに重要な追加情報があって（安島喜一氏のサイト「崩岸の上に（4）東京都稲城地方」を参考にさせていただきました）、天正十九年（一五九一年）十月の年紀を持つ『武州多東郡妙見寺縁起』には次のように記されているそうだ。開山の道忠は、武蔵国埼玉郡笠原郷の人で、高麗郡法光寺の道融のもとで出家した、とのことである（高麗郡は現在の埼玉県日高市や鶴ヶ島市あたりで、法光寺という古刹は現存せず詳細は不明だが、関東に妙見信仰が拡散された母体の七星山息災寺とは関係はなさそうだ）。なお、重要なことなので、もう一度書こう。

――**笠原**郷の人だったのだ！

蛇より祭

お寺の縁起に「妙見菩薩は青龍に乗って現れ」とあったが、これは意味深だ！……。

讃岐の大麻山に金毘羅が置かれたのは七〇〇年代の初頭で、宮毘羅は蛟竜だと『述異記（五〇〇年頃の中国の怪奇談）』にあって、蛟竜は未熟な竜だが、妙見菩薩＝帝＝天太玉命、の神の乗り物（三嶋の船）となる、その種のことを縁起に仮託してあったのかもしれない。

また、ここには〝蛇より祭〟と呼ばれる独特の祭祀があるのだ（東京都の無形民俗文化財）。毎年八月七日に行われ、北斗七星になぞらえた村民七人が茅場から茅を刈り出し、編み込んで長さ一〇〇メートルを超える大蛇（頭部に角二本をつけるので竜）を作り、村人総出で妙見宮の約三〇〇段の石段にそって這わせ、社殿をぐるりと取り囲むように尻尾でとぐろを巻かせてから、山下に置かれた蛇の頭部に僧侶が読経して魂入れを行う、といった驚愕のお祭りだ！……。

江戸初期、疫病が流行ったさいに病魔の侵入を防ぐために始められた祭りだそうだが、原型は遥かに古くからあったのではと想像される。

――竜は万事支度がととのいましたです、大神様、冒険の旅に今一度出ましょう。

魂入れ儀式直後の写真である。

日本最古の祭り

ところがだ、時を同じくして京の都では異様な事態が起こっていて、延暦十五年（七九六年）、桓武天皇が勅を発して禁止令を出すまでに至ったのである——。

禁祭北辰朝制已久（中略）男女混殺事難潔清（『日本後紀』逸文で『類聚国史』に載る）。

男女が混殺する清潔でない酒池肉林の北辰祭は久しく前から禁止してるだろ大概にしろ、といった勅で、西暦六八〇年頃に天皇号を採用して富本銭を造り、朝廷が進んで北辰信仰に肩入れしたわけだが、それが飛び火して星空の下での乱痴気騒ぎへと世俗化してしまったのだ。

忌部「南斗」も、大差なかっただろうと想像される。

だが忌部「北斗」は、まったくの別物で、清逸でしーんと静まり返った神域なのである。さきたま古墳群が、京のような乱痴気騒ぎの宴会場、もしくは酒池肉林北辰教の聖地や本尊などにされたら、それこそ御先祖様に合わせる顔がない。そんな理由で、忌部の神官たちはさきたま古墳群を秘匿し、他の妙見信仰からの「紐付け」などが生じないよう外部との接触を遮断してしまった、と考えられるのだ。
大國魂神社の**くらやみ祭**は、ここは西暦五〇〇年頃から「南斗」だったので、そのまま実在し、南武蔵「南斗」岸谷（きしや）・杉山神社の、祭りだあ祭りだあ、を継承していたとすると、さらに二〇〇年は遡れ（阿波の若杉山はもっと古く）、**日本最古の祭り**となるだろう。

動　機

西暦五〇〇年頃は、あの武烈天皇の時代である。『日本書紀』の記述通りの人物であったとしたなら、杖刀人の首としては奉仕は願い下げだったろう（指甲（なまつめ）を剥（は）がされて暑預（イモ）を掘るなんて想像しただけで身の毛がよだつ）。また、金錯銘鉄剣に名前があった雄略（ワカタケル）天皇も負けず劣らずに「大悪天皇（はなはだあしき）」だったが、崩御した丁度そのあたりから、さきたま古墳群は築造が開始され、そして俗に称せられる〝王朝交替期〟へと突入していくのである。

丸墓山古墳は「帝」で天太玉命の象徴だが、同時に倭の大王を意味した。

他の前方後円墳は北斗七星で、「帝」を左治して天空をかけめぐる御車だ。けれど、そこに眠る被葬者（杖刀人の首や忌部の神官）たちにとっては、左治すべき大王が誰なのか判然とはしない、いうならば「帝」不在の時代だったのである。

忌部の「北斗」信仰の行きつく果て、この世に二つとない「全世界の神殿」を造り上げたというのにだ。

逆に考えると、そのような不透明な時代だったがゆえ、彼らが奉仕すべき理想の国のありかたを天空を模して地上に表した、強い動機になったと言えそうである。

江戸の護りは、天海僧正の日光東照宮も家康の芝の増上寺も、壊されてしまって今はない。だが最古のこれ、さきたま古墳群は奇跡的に残っていて、大國魂神社との関係も古代のままに保たれており、大國魂神社は武蔵国の総社、すなわち東京・日本の首都の総社で、倭を左治しようとした彼らの崇高な魂は日本という国を今なお護ってくれている、かもしれないのである。

では、本書は星川で始まり星川で終わる、お約束だった話をしよう。——

星川

星川は、平安時代の辞書『和名類聚抄』に載るほどの古い地名が、神奈川県横浜市にあって、相鉄本線の星川駅・上星川駅として駅名に使われたり、保土ヶ谷区の町名として今も残っている。その地名の由来だと思しきものが、こちらである。

――星川杉山神社。

横浜市には「式内社」が一つもない、こともあって大いに期待され（『江戸名所図会』では、当確が打たれ）てはいるが、最大遡って西暦五〇〇年頃の枌楡ではないだろうかと――。

というのも、この近辺には「星川」という川そのものが流れていないからだ。

松や杉の木立で鬱蒼としており昼なお暗く川の流れに星影を映した、とそういった由来説もあるようだが（『横浜の町名』一九九六年、横浜市市民局総務部住居表示課発行）、まあ目くじらを立てて否定するほどのことではないだろう。

星の川と書いて星川、天の河が連想され、かつ単純な名称だから全国のそこかしこに同名の川が流れていそうな気がする。が、どうしてどうして、わずかに二つしかないのだ。北武蔵のさきたま古墳群周辺のそれ以外には、群馬県富岡市に星川があるのみだ。

富岡市のそれは、田畑の間をくねくねと蛇のように流れている細い川で、鏑川に合流する。こちらは市を東西に貫いている大河だが、そこから数キロ西へ行くと、一之宮貫前神社（神託の女神様）があって、つまり古代の毛野王国の中心地なのである。その両河川に挟まれて、星川の南側には星田（ほしだ）という地名があり、付近では目立って高い標高二〇〇メートルほどの山腹の岩窟（がんくつ）に「星田の虚空蔵堂（こくうぞうどう）」という古い寺院が建っている。かの慈覚大師が行脚のおり、田んぼの井戸から星が出て山の岩窟（がんくつ）に飛んでいって虚空蔵菩薩が現れたという伝承だ。それが星田という地名の由来だそうだから、星川も一連のものだろうと考えられ、年代的にいって、さきたま古墳群や星川杉山神社とは関係はなさそうだ（仮に関係があったとしても、模倣側（コピー）だ）。

北武蔵の星川は、『埼玉（さきたま）の津と埼玉（さきたま）古墳群・古代文化支えた「内陸の港」』という書物が全編その種の話なのだが、西暦五〇〇年頃、付近には網目のように川が流れていて、そのどれが星川で、埼玉の津がどこにあったのかは、タイムマシンでも使わない限り判然としないのだ。

だが推理はできる——。

天の河

星川を「天の河」だとみなすと、おおよそのことが見えてくるのだ。

さきたま古墳群は、北極星（コカブ）、北斗七・八星、太陽守、などの星々を正確に模していた。ともすると「天の河」だって、例外ではないのかもしれないのである。

さきたま古墳群の配置通りに北斗七星を真下に置いた場合、「天の河」がどこにどんなふうに見えるかというと、真上側にかなり離れていて、右肩下がり（左肩上がり……そのまま裏側へまわってしまう）で天空をほぼ左右に横切っているのだ。それを地面に投影するとしたなら、北側に離れて、右肩下がりで東西に流れていたことになるだろう。

そして、もちろん大河川のはずだから、そういった諸々（もろもろ）を考慮に入れると、先の書物の中にあった次のような文章と合致してくるのだ。この本は複数人による執筆で澤口宏（群馬県地理学会長・専攻自然地理学）著の「原始・古代の利根川・荒川」からの抜粋である――。

> 旧河道沿岸には、自然堤防が発達する。自然堤防の規模が最も大きい星川が旧河道郡中最大の幹線流路であったと考えられる。埼玉古墳群の初期から埼玉の津ごろの荒川本流は星川と見てよいだろう。六世紀前半までの星川は、小見（おみ）の台地へ突き当たって南へ曲がり、埼玉台地西縁沿いに南下して行田と忍（おし）の自然堤防を形成した（中略）つまり、六世紀前後の荒川主流は、星川ルートから元荒川ルートであったと思われる。

その後、小見の台地に新河道を開削し、南下していた星川を埼玉台地の東側を流れる川へ人工的に移した。

五世紀のサキタマ平野は、もはや利根川洪水の影響から解放され、急速に開発が進んだのであろう。それが五世紀後半から一五〇年間にわたる埼玉古墳群を成立させたのだ。

小見の台地とは、さきたま古墳群から真北に数キロ離れてある台地で、星川はそこに突き当たって南下し、さきたま古墳群の西側を流れていたのを、その小見の台地を開削し、さきたま古墳群の北側を東へと流れるように川筋を変えた、と説明されてあったのだ。氏は「治水」といった観点で書かれているが、本書のそれは、いかに「天を雛形」にである。

そして忌部の性質は、皆さん知っての通りだ。凝り性（こしょう）で中途半端な妥協はしない。やると決めたらとことんやるのだ。ゆえ筆者が推理した結論は、つぎの通りである。

――「天の河」を模すために川筋を変えて、それを「星川」と命名した。

紫微垣（しびえん）

小見の台地には、実は、ちょっとした秘密が隠されてあったのだ。

ここには小見古墳群があり、さきたま古墳群の**真北**に位置し、現存しているのは前方後円墳二基と円墳二基だが、その代表は小見真観寺（おみしんかんじ）古墳と呼ばれ、墳丘長約一一二メートルと大型だ。築造は六〇〇年代の初めで、あの太陽守・浅間塚古墳と、ほぼ同時期である。

ちなみに、両者の距離をグーグル地図を使って測定してみると、四・〇〇キロとなった。

かたや、さきたま古墳群のほぼ**真東**には、真名板高山（まないたたかやま）古墳と呼ばれる墳丘長約一二七メートルもの、二子山古墳につぐ非常に大きな前方後円墳があるのだ。築造は六世紀後半とのことで、さきたま古墳群とかぶるが、後半とは五五〇〜六〇〇年のどのあたりを指すのかは不明だ。

太陽守・浅間塚古墳からの距離を測定してみると、奇しくも、四・〇〇キロとなるのだ。

この種の偶然は起こりえないので、小見真観寺古墳と真名板高山古墳は、同種の目的で造られてあったと想像されるのだ。

中国の「星官」では、帝（コカブ）などの五星がある宮殿のことを**紫微**（しび）と称し、それを囲むようにして守っている星々を垣根に見立てて**紫微垣**と称する。さらに**紫微左垣**（さえん）（七星からなる）と**紫微右垣**（うえん）（八星からなる）に分かれており、さきたま古墳群のように北斗七星を真下に置いたとき、帝の北にあるのが紫微左垣で、帝の東にあるのが紫微右垣だ。

具体的にどの星かと言うと、小見真観寺古墳は紫微左垣の「上衛」で、りゅう座七三番星、真名板高山古墳は紫微右垣の同じ位置関係（ポジショニング）の「上衛」で、きりん座四三番星、となるだろうか。

――といったように、もう微に入り細に入りで、忌部様に手抜かりはなかったのである。

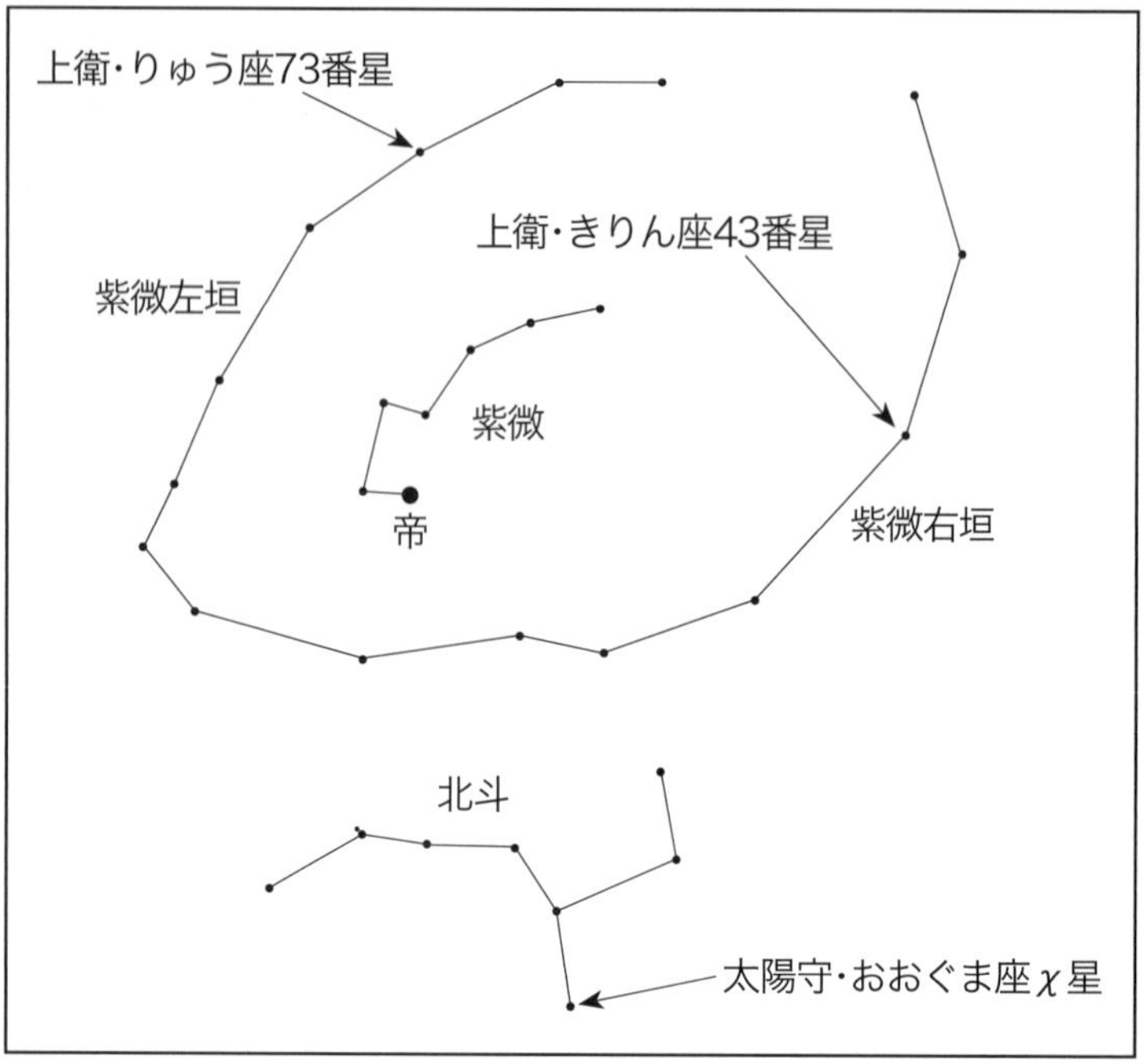

上衛・りゅう座73番星
上衛・きりん座43番星
紫微左垣
紫微
帝
紫微右垣
北斗
太陽守・おおぐま座χ星

小見真観寺古墳
さきたま古墳群
真名板高山古墳

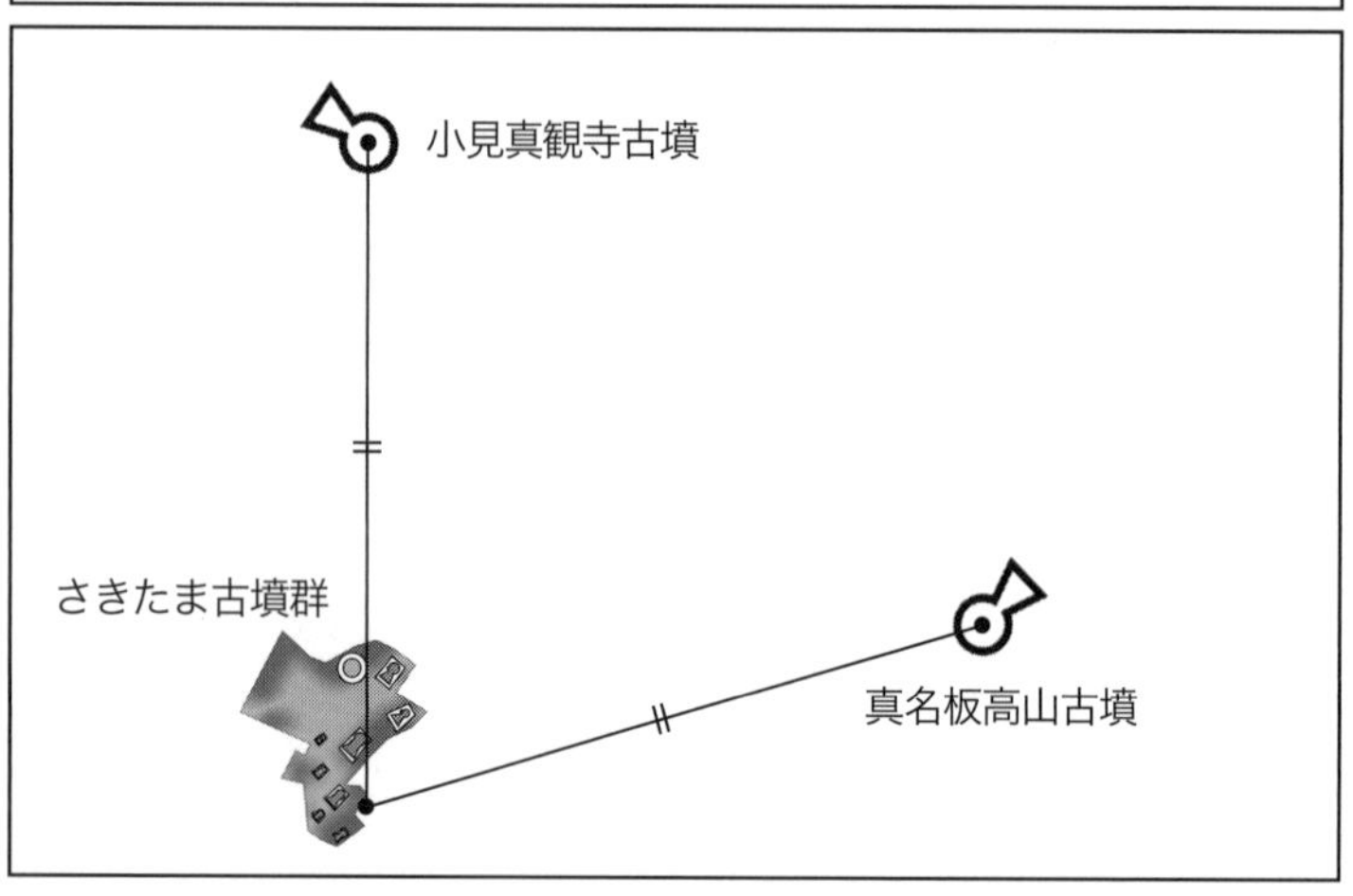

野尻抱影（のじりほうえい）（星の神話伝承に関する柳田国男のような大御所）によると、南斗を探したければ北斗を見た向きをそのままで「廻れ右」をすれば良いそうだ。すると南の地平へ、天の河が広く氾濫したように白々とかかっていて、そのあたりはひどく星の賑やかなところで、右の岸には、星の長い列が大きなSの字を描いており、これは中国では西龍、西洋では蠍座（さそりざ）だ。そして左の岸に、その蠍を射ている形の射手座があって、中国では、ここを二つに分け、その片割れが「南斗」なのだ（氏の『星の民俗学』からの要約である）。

天の河を地上に模した「星川」は北武蔵では東南へ、そして元荒川となって東京湾に注ぐが、天空のそれは「廻れ右」をした先にある南武蔵の星川杉山神社へと繋がっていて、そのあたりのひどく星が賑やかなところには、いて座A＊（エー・スター）と呼ばれる天の河銀河の中心となる超大質量ブラックホールが存在するのだ。だがそういった豆知識（トリビア）は二の次だ。実は、この「**星川**」という言葉は、いわゆる〝**オーパーツ**〟なのだ！（年代にそぐわず存在が許されないもの）。

星河・星汉

我々現代人は、天の河は星々が遠くに何千億個もあるから霧や雲のように見える、といったことを一般常識として知っている。だが古代人に、その種の**認識**があったとは思えないからだ。

認識がなかったから「星川」という川は希有で、ほとんど用いられなかった理由なのである。

忌部様は、この「星川」なる言葉を、いかなる処から見繕ってきたのだろう？

天の河は、中国を中心に東アジアでは夜空に現れる光の帯を川（河）と見なしていたが、ギリシア神話では、全能の神ゼウスの妻ヘラの母乳をヘラクレスが吸おうとした撥ねつけられ、あたりに飛び散らかしたのでMilky Wayなのだ（ヘラの母乳には不老不死の力がある）。

だが偉大なる先達者はいて、ギリシアの哲学者デモクリトス（紀元前四五〇〜前三七〇年）は、Milky Wayは遠くにある星だと説いたそうだ。けれど、かのアリストテレス（紀元前三八四〜前三二二年、天動説をはじめ脳は血液の冷却装置説など「西洋の科学の発展を二〇〇〇年遅らせた」と揶揄されている多数のトンデモ説の巨人）に徹頭徹尾否定され、デモクリトスの説は雲散霧消してしまうのだ。……いずれにせよ、いかに三嶋の船が凄くっても、ギリシアへは行っていない（逆向きだがヘラクレスの柱は超えてない）。

古代中国には「星川」という用語はない。

天漢、銀漢、雲漢、銀浪、銀河、天河、などが天の河の意味で使われていた単語だ。

「星河」という用語があるにはあって、筆者が調べた限りで最古の用例は、杜牧（八〇三〜八五二年）の詩にある星河猶在整朝衣（星河猶お在りて朝衣を整え）遠望天門再拝帰（遠く天門を望みて再拝して帰る）だ。だが、この「星河」が天の河を意味していたかは微妙だろう。意訳すると、天の河がまだ空に輝いているころに礼服を整え参拝をする、になり、少し変だからだ。星がまだ空に輝いているころに、なら話は通じる。つまりこれは、星＋河で、河に銀河の意味がある、と考えた方が理にかなっているだろうか。この時代の中国人に、先のような**認識**があったとは考えにくいからだ。……どちらにせよ、忌部様より三〇〇年以上は新しい。

　また、「星汉」という単語が中国側の辞書にあった。九世紀頃から使われた「星漢」と同義語で、漢は大河を意味し、「星汉」は銀河の古称とのことである。原典は『三国志』で有名な曹操（一五五～二二〇年）の詩にあって、歩出夏門行の観滄海という良く知られた一編だ。

東臨碣石　以観滄海
水何澹澹　山島竦峙
樹木叢生　百草豊茂
秋風蕭瑟　洪波湧起
日月之行　若出其中
星汉燦爛　若出其裏
幸甚至哉　歌以詠志

必要な箇所だけを抜き出し、中国側の訳文を和訳してみた――。

日月之行　若出其中（日と月これ行く、其の中から出ずるが若し）。
星汉燦爛　若出其裏（銀河は燦爛とし、其の裏から出ずるが若し）。

これは間違いだ！　お気づきになられただろうか？　詩の様式美というものを考えれば一目瞭然で、「日月」＝太陽と月に対応しているのが「銀河」であるわけがない。星と汉とは別個のもので、汉に銀河の意味をもたせてあったのだ。中国人が自身の古典を訳しているからといって正しいとは限らないのである。この間違いを辞書の原典にし、それを基にして辞書を作っていた日本側としては、いい面の皮であろうか（現代語でいうと、……トホホ）。

話はぐる～と一周して元に戻ってきてしまい、「星川」は依然として謎のままだ……。

忌部の愛読書

西暦二三〇〇年頃に『神神の契約』がかわされ、以降、数百年間（五〇〇年ぐらい）に渡って、東アジア世界で最も先進的な人たちは、忌部＆三嶋、であったことは間違いないだろう。

奈良の大仏用の銅を産出した長登銅山を一気に五〇〇年以上も遡った若杉山の辰砂坑道などは、その最たるものだ。中国の最新情報を直接的に入手でき、かつ中国人すら持っていなかった世界で唯一の外洋船・三嶋の船を自由に使えたのだから、無敵だ（戦うことは除いて）。

そして、先の「星川」の謎への解答だが、忌部様の身近にいた当代世界最高峰の天文学者であらせられた、三嶋一族の**知見**、と考えるのが妥当だろうか。ギリシアのデモクリトスのそれは哲学的な発想だったが、こちらは実際の観測に基づいており、天の河は多数の星々が遠くにあるので霧の粒のように見えているのだと彼らは経験則上知っていて、逆に「星川」という希有なる川の名前が、そのことを証明したことになるだろう。

また、忌部の愛読書だったと想像される中国古代の書物類は次のようなものである。


『淮南子』紀元前一三〇年頃、の天文訓 ┐

『史記』司馬遷著、同九一年、の天官書 ┘ 中国の星図「星官」などの詳細はここにある。

『易』または『周易』、いわゆる『易経』だが天香具山の「太占」の原典はここにある。

『山海経』西暦二〇〇年代、どこにどんな神様や妖怪が棲んでいるかという伝説的な地理書。

『抱朴子』葛洪著、同三一七年、道教に関しての修行および理論書で、いわゆる虎の巻。

『捜神記』干宝著、同三三〇年頃、以前に引用した怪奇説話の短編集だが、「晋世寧」という阿波踊りの源流ではと思われる話や、「落頭民」という轆轤首の原典などもここにある。

『三国志』は、魏（二二〇～二六五年）、呉（二二二～二八〇年）、蜀（二二一～二六三年）、三国の争奪史で二〇〇年代末あたりの陳寿の著だが、この名高い歴史書を忌部の神官たちは刊行直後に読めたのだ、なんと羨ましい話だろうか……。

忌部と三嶋の生き様を人の生涯に喩えると、他人には決して真似のできない、それはそれは素晴らしい人生をおくったことになるだろう。I've seen things you people wouldn't believe. Attack ships on fire off the shoulder of Orion. I watched C-beams glitter in the dark near the Tannhäuser Gate.「おまえたち人間には信じられないものを私は見てきた。オリオン座の近くで燃える宇宙戦艦。タンホイザーゲートの近くで暗闇に瞬くＣビーム」。ＳＦ映画の金字塔『ブレードランナー』の名句すら彷彿とさせる。

さきたま古墳群は、二〇二〇年三月、国の特別史跡に指定されたそうだ。早晩、世界遺跡にだって登録されるだろうし、そして世界中の人々が知るところとなるのだ。ヘルメスが語った「全世界の神殿」が、あのような場所に実在していたことを。

では、お約束してあった最後の話をしよう。——

星川皇子

星川という川が希有だったように、星川という人も極めて稀らしい。『古事記』では、第八代孝元天皇の系図に小文字の補足説明として星川臣が紹介される、その一件のみだ。『日本書紀』では、二人いる。一人は星川麻呂で、壬申の乱の功績で大紫の冠位を贈られたとあるが西暦七〇〇年頃の話で本編とは関係せず、先の『古事記』にあった星川臣の一族のようで、星川黒麻呂という子が別文献に見られる。

そしてもう一人は、**星川稚宮皇子**だ。純粋な個人名としては『古事記』『日本書紀』を併せて唯一人のそれで、稚宮を省略して星川皇子と称せられることが多い。

雄略天皇には、実は三人の皇子がいて、その一人が**星川皇子**なのだ。

日本の歴史には天皇家にまつわる悲劇は枚挙に遑がないが、蘇我入鹿による聖徳太子の血をひく「上宮王家」滅亡事件などが思い浮かぶだろう。あれに匹敵するほどの、いや、それ以上の惨劇の主人公で「星川皇子の乱」と称せられるが、あまり知られてはいない。

これは『日本書紀』にのみ記されてあった話で、年代を、雄略天皇七年（四六三年）まで巻き戻して、訓み下し文（岩波文庫版）を基に紹介しよう。——

亡国の美女

吉備上道臣田狭という吉備国の豪族がいて、その妻は稚媛だ。

稚媛は、吉備上道臣の娘、もしくは吉備窪屋臣の娘で、どちらにせよ吉備豪族の娘である。

その田狭が、殿（宮殿）にいたとき、自身の妻・稚媛の自慢を滔々と朋友に語った。

「天下の麗人は、吾が婦に若くは莫し。茂に綽にして、諸の好備れり。曄に温に、種の相足れり。鉛花も御はず、蘭沢も加ふること無し。曠しき世にも儔罕ならむ。時に当りては独秀れたる者なり」

天皇、耳を傾けて遥に聴しめして、心に悦びたまふ。便ち自ら稚媛を求ぎて女御としたまはむと欲す。田狭を拝して任那の国司にしたまふ。俄ありて、天皇、稚媛を幸しつ。

夫を外地へと飛ばして美麗な人妻を寝取ったわけで、いかにも雄略天皇ならやりそうなことだ。経緯をあからさまに『日本書紀』に書かれてしまっていて、後世まで悪評芬芬だったのだろう。その稚媛との間にできた子が「乱」を起こすことになる、星川皇子、なのである。亡国の美女といえば玄宗皇帝が寵愛した楊貴妃が有名だが、この稚媛は、負けず劣らずなのだ。……

また殿は、金錯銘鉄剣にあった次の一文と関係するだろう。

獲加多支鹵大王寺在斯鬼宮時（ワカタケル大王の寺シキノミヤにありしとき）。

忌部は、部類の中国通で、枌楡で説明したように漢字の意味や扱いには長けており、すると「寺」という用語も、中途半端に使ったりはしてないはずなのだ。

中国では、明帝（在位五七～七五年）の頃すでに「寺」を建てた記録があり、四〇〇年代だと仏教はかなり普及していたと考えられ「寺」も珍しくはなかっただろう。

忌部は、当然、仏教のことは知っていたはずだが、ご存じのように**西暦二〇〇年代から筋金入りの**「**北斗・南斗**」**信仰**なので、日本にわざわざ導入したりはしない。むしろ「寺」は、毛嫌いする対象物だったのだ。

大王の「寺」が実際に建っていた可能性は、なきにしもあらずだろうか。もっとも、雄略天皇が仏教を信仰していたかは疑問符で、自身の多数の殺戮に起因した霊（＝鬼）の祟りを躱すために異種の神様・仏に仕える僧侶に（物は試しにと）経文を唱えさせていた、その程度ならありそうな話だろう（秦の始皇帝の後裔の弓月君が百二十県の民を率いて帰化したのは応神天皇〈雄略天皇の曾祖父〉の時代で、それが秦氏〈太秦の広隆寺などを創建した〉の祖で、当時、渡来人は倭に多数居住しており、仏教は当然持ち込まれていたと想定される)。

ところで、筆者は一点（正しくは二点）、気になる処があるのだ。

大王寺在斯**鬼**宮時のシキノミヤ、これに「鬼」という漢字が使われていたからだ。

万葉仮名（まんようがな）は、日本語を表記するために漢字の音を借用した、いわば発音記号だが、「キ」の古代の発音には二種類あって、甲類は「支、伎、岐、企、棄、寸、吉、杵、来」、乙類は「貴、紀、記、奇、寄、忌、幾、木、城」を万葉仮名として用い、この一覧には「鬼」は見当たらず特殊な用法なのだ。もっとも、万葉仮名が使われた日本最古の例文が、この金錯銘鉄剣なので、「キ」に「鬼」を充てようとしたが定着に失敗した（粉楡と同じ）と考えられなくはない。

だがしかし、「鬼」という漢字は道教では極めて意味深で、先に紹介した忌部の神官たちの虎の巻『抱朴子（ほうぼくし）』は、この「鬼」についての解説書といってよく、軽々に使えるような字ではなかったはずなのだ。

そして気になる処の二点目だが、金錯銘鉄剣の表面（おもて）を再掲しよう。


辛亥年七月中記、乎獲居臣、上祖名、意富比垝、其児、多加利足尼、其児名、弖已加利獲居、其児名、多加披次獲居、其児名、多沙**鬼**獲居、其児名、半弖比

多沙鬼獲居という人物名にも「鬼」が使われているのだ。

かたや、任那へ飛ばされて妻を雄略天皇に寝取られてしまった吉備豪族の名前は、吉備上道臣の**田狭**である。奇しくも同名だが、単なる偶然なのだろうか？

そのタサの鬼（死霊）が、大王のシ鬼ノミヤに取り憑いていると読め、最後の最後に来て、俄然、きな臭くなってきたではないか!?……。

極端に穿った見方をすれば、この金錯銘鉄剣は**呪物**であった可能性があるだろう。呪っていた相手は、もちろんのこと……。

だが穏やかに考えると、**侮蔑**だろうか。寺も鬼も忌部が嫌う対象物だからだ。

西暦二〇〇年代、忌部と倭の大王は、ほぼ同格であったのだ（三一四ページの「古代史」を見れば明らかだ）。その後、杖刀人として仕えてはきたが、下僕といった感覚は微塵もなかったと想像され、嫌な大王に対しては露骨に嫌だったのかもしれないのだ。では、本筋に戻ろう。

田狭と稚媛のあいだには、すでに二人の男子がいた。兄君と弟君といい、とってつけた名前なので後年不詳になったのだろう。

田狭、既に任所に之きて、天皇、其の婦を幸しはつることを聞きて、援を求めて新羅に入らむと思欲ふ（田狭はすでに任那に赴任し、風の便りに知ったのだ。だからといって新羅に援を求めるというのは極端な話だろうか)。

時に、新羅、中国に事へず(この中国とは、葦原中国(高天原と黄泉の国のあいだの地上世界)の事で、すなわち日本に、最近なにかと新羅は楯を突いていたのだ)。

天皇、田狭臣の子弟君と吉備海部直赤尾とに詔して曰はく、「汝、往きて新羅を罰て」とのたまふ(先の二つの理由から新羅を討てと、よりにもよって田狭の子に命令したわけで、新羅はそうそう勝てる相手ではないから、死んで来いといってるのに等しい)。

だが側に在りし、西漢才伎歓因知利の進言「巧なる者が韓国には多く在り。召して使わすべし」に従って、天皇、詔して曰はく、「然らば、歓因知利を以て、弟君等に副へて、道を百済に取り、巧みの者を献らしめよ」とのたまふ(有益な人材を確保しろという別の命令が加わるのだ。西漢は、漢の霊帝(在位一六八~一八九年)の曾孫・阿知王が十七県を率いて帰化し、その後西漢・東漢に分かれたが、秦の始皇帝後裔の秦氏とならぶ同時代の渡来人だ)。

弟君は、衆を率いて百済に到り、さらに新羅に入ると、老女に化けた国神(地元の神)が忽然と路に現れ、不思議なやりとりがあって、弟君みずからの判断で新羅は討たずに百済へ還るのだ。そして百済の献れる今季の才伎(新米の工人)を大嶋(百済のどこなのか不詳)に集め、風候ふと称ふに託けて、淹しく留れること月数ぬ(勝算のない戦いには赴きたくないし、かといって倭には帰れないし、進退きわまって長逗留していたのである)。

そこへ、任那国司の田狭から密かに使者が送られてきて、弟君に戒めて曰はく、

「伝に聞く、天皇、吾が婦を幸して、遂に児息を有つと。今恐るらくは、禍の身に及ばむこと、足を蹻てて（爪先を立てて＝素早く起こる意味）待つべし。吾が児汝は、百済に跨え拠りて、日本にな通ひそ。吾は、任那に拠り有ちて、亦日本に通はじ」

親子ともども日本（＝雄略天皇）からは離反して他国で生きていこうと戒めた密旨で、全文悲壮感が漂っている。そして危惧したとおり、禍は足を蹻てて身に及ぶのだ。

弟君は妻の樟媛を百済に同伴していて、その樟媛、国家の情深く、君臣の義切なり。忠なること白日に踰え、節青松に冠ぎたり。この謀叛を悪みて、盗に其の夫を殺して、室の内に隠し埋みて――。

弟君はあっさりと、こともあろうに妻に殺されて寝室の床下に埋められ、田狭はこれを最後に正史にはあらわれず、いわゆる杳として知れずなのである。

以上の話は雄略天皇七年（四六三年）だが、同時期、忌部は何をやっていたかというと、北武蔵に入植して「契約の神殿」を南北に七〇キロ以上も離して建て、さあどのように「天を雛形」にして「全世界の神殿」を地上に表そうかと青写真をめぐらしていた頃で、もうまったくといっていいほど生き様が異なるのだ。

ほんとに同じ国の出来事なのか？　と疑(うたぐ)ってしまうほどである。

西暦二〇〇年代の忌部は、大王と同格で倭を支えていた屋台骨だったが、吉備（古代世界の新参者）が三〇〇年頃に倭に加わると、ちょうど入れ替わるようにして、さ～と身を引いていって地方経営に特化させたのだろう。忌部の主体（神官たちの忌部様）は武蔵に居るのだ。

この雄略天皇のみならず前後の歴代天皇の記紀の記述には、朝鮮半島に関わる話が実に多い。だが忌部の名前は、そこにはまったく登場してこない。これは偏(ひとえ)に「三嶋の船」が使えたからだろう。中国から直に最新情報が得られたので、朝鮮半島に拘(こだわ)る理由がなかったからだ。

雄略天皇の遺詔(のちのみことのり)

星川皇子の乱は、雄略天皇の遺詔（遺言）に端を発するのである。

だが、これは異様に長文で（この遺詔は『隋書(ずいしょ)』（六三六年）にあった初代文(ぶん)皇帝の詔勅(しょうちょく)（遺言）を、ほぼ丸ごと盗用したことは研究者の間では有名らしく）ゆえ割愛させてもらい、一本(あるふみ)の方が簡潔で分かり易いので、こちらを紹介しよう（『日本書紀』には異伝が「一書(あるふみ)」などとして並列的に後述されることが多い）。

一本に云はく、星川王、腹悪しく心麁きこと、天下に著れ聞えたり。不幸して朕が崩なむ後に、当に皇太子を害らむ。汝等民部、甚多なり。努力相助けよ。な侮慢らしめそといふ。

星川皇子は、腹黒く心荒きことは、天下に知れ渡っている。不幸にして朕が崩じた後に、まさに皇太子を害するに違いない。お前たち民部（天皇家の公的な支配民）は甚だ多いから、努力して相助けよ（皇太子を）。決して侮るではないぞよ（星川皇子を）。

星川皇子の乱

乱は、次の清寧天皇の条項で語られるのだ。まずは興味深い冒頭文を紹介しよう。

白髪武広国押稚日本根子天皇は、大泊瀬幼武天皇の第三子なり。母をば、葛城韓媛と曰す。天皇、生れましながら白髪。長りて民を愛みたまふ。大泊瀬天皇、諸の子の中に、特に霊異びたまふ所なり。二十二年（四七八年）、立ちて皇太子と為りたまふ。

白髪皇子は第三子で、つまり兄が二人いて、母親も星川皇子とは異なるのだ。以前に説明したが普通の子ではなく、雄略天皇の多数の殺戮によって生じた鬼（死霊）の祟りを躱すために特に霊異なる皇太子を擁立した、と考えられなくもないが、そして、いよいよ「乱」が始まるのである。

二十三年（四七九年）の八月、大泊瀬天皇、崩りましぬ。吉備稚媛、陰に幼子星川皇子に謂りて曰はく、「天下之位登らむとならば、先づ大蔵の官を取れ」とのたまふ。長子磐城皇子、母夫人の、其の幼子に教ふる語を聴きて曰はく、「皇太子、是我が弟なりと雖も、安にぞ欺くべけむ。不可為」とのたまふ。星川皇子、聴かずして、輙く、母夫人の意に随ふ。遂に大蔵の官を取れり。外門を鏁し閉めて、式に難に備ふ。

乱を唆し裏で糸をひいていたのは、稚媛、とのことなのだ（穿った見方をすれば鬼と化していたであろう田狭の愛妻だ）。また、幼子とあるように『日本書紀』の年代を信じるなら、星川皇子は十四歳、兄の磐城皇子は十五歳、といったあたりだろうか。長兄の磐城皇子は、白髪皇子を欺くな、不可為（決してやってはいけない）と諭していて、分別ある人物として描かれている。そして本来ならば、この磐城皇子が皇太子であったろうと考えられるのだが。

大蔵は、朝廷の財産を管理していた重要な施設だが、金銀財宝の倉庫も兼ねていたようで、稚媛の指示どおりにそこに立て籠もったのである。

権勢の自由にして、官物を費用す。是に、大伴室屋大連、東漢掬直に言ひて曰はく、「大泊瀬天皇の遺詔し、今至りなむとす。遺詔に従ひて、皇太子に奉るべし」といふ。

大伴室屋大連と東漢掬直は、割愛した『日本書紀』本文で、雄略天皇が遺詔を託したとされる両名だ。その彼らに、遺詔に今こそ従って皇太子を奉れ！　と天の声が響くのである。

ところで、官物を自由に費やすとあったが、立て籠もっていて何ができたのだろう？　豪華な船来の衣装に袖を通して宝石類で身飾っていたのだろうか？　いや、立て籠もりはいわゆる時間稼ぎで、これは「乱」が決着した後に語られた話なのだが、先に紹介しよう。

是の月に、吉備上道臣等、朝に乱を作すと聞きて、其の腹に生れませる星川皇子を救はむと思ひて、船師四十艘を率て、海に来浮ぶ。

すは、全面戦争勃発なのだ！……。

新参者の吉備はこの頃には超大国になっていて、造山古墳（岡山県岡山市北区）は四〇〇年代前半の前方後円墳だが、墳丘長は三五〇**メートル**、作山古墳（同総社市三須）は四〇〇年代中頃のそれで、同二八二**メートル**、倭に匹敵しうるような国力を誇っていたのだ。いや、直近の四〇〇年代に限れば吉備の方が勝っており逆転しているのだ（一三八ページ参照）。

そんな吉備の大臣が、吉備の血をひく星川皇子らを救おうと、船団を率いて瀬戸内海を渡って来ていたのである。ダ、ダ、ダ、ダ、ダ、ダ、ダ、ダ（BGMはゴジラのそれが相応しい）。だが、大伴室屋大連と東漢掬直の両名に先手をうたれ、本文は次のように続く。

乃ち軍士を発して大蔵を囲繞む。外より拒き閉めて、火を縦けて燔殺す。是の時に、吉備稚媛・磐城皇子・その異父兄兄君（妻に殺されて寝室の床下に埋められた弟君の兄）・城丘前来目。星川皇子に随ひて、燔殺されぬ。

大蔵にあった金銀財宝ごと焼かれてしまったのだ。これは立て籠もった側の〝誤算〟であったろうか。大伴と東漢の両名は、吉備との全面戦争より、財宝焼失を選んだのだ。

吉備軍の船団はというと、既にして燔殺されぬと聞きて、海より帰る。天皇、即ち使を遣して、上道臣等を嘖譲めて、其の領む山部を奪ひたまふ。と事後処理が記されてあって、吉備の山を管理していた領民たちをごっそり奪い（おそらく山ごと）、この乱を境にして吉備の国力は急激に削がれ、四〇〇年代後半の両宮山（りょうぐうざん）古墳（墳丘長二〇八メートル）を最後に、宿寺山（しゅくてらやま）古墳（同一一八メートル）、朱千駄（しゅせんだ）古墳（同八五メートル）、小山（おやま）古墳（同六七メートル）と、並の豪族へと成り下がっていくのだ。

かくして、晴れて即位した清寧天皇ではあったが、「この天皇、皇后無く、また御子も無かりき」と数年で崩御してしまうのである。

これは星川皇子の乱と称せられてはいるものの、実質は大伴と東漢（とくに大伴）が起こした政権奪取（クーデター）で、あのまま序列通りに磐城皇子や星川皇子に践祚（せんそ）されると、倭が超大国の吉備に呑（の）み込まれてしまい、それを嫌った旧勢力の軍事系氏族の筆頭・大伴室屋大連が仕掛けた乱であったことは明白だろう。

だが、こちらにも〝誤算〟があって、神輿に担いだ第三子の白髪皇子があっけなく崩御し、後継者が不在・不詳となって王朝交代期を招いてしまったのだ。

雄略天皇の遺詔は、実際に存在したのかどうかすら、あやしいだろう。

雄略天皇は、兄の境黒彦皇子・八釣白彦皇子、従兄弟の市辺押磐皇子（いちのべのおしはのみこ）・御馬皇子など、他の皇位継承者たち全員を殺害して天皇位につき、そして遺詔で（当人のものであろうがなかろうが）、子孫を全滅させてしまったのだから、まさに〝亡国の天皇〟と呼ぶにふさわしい。乱をそそのかした稚媛は〝亡国の美女〟だったが、こちらには幾ばくかの同情は禁じ得ない。

忌部は、朝鮮半島有事に関しては高見の見物を決め込んでいたが、この星川皇子の乱はそうもいくまい。杖刀人の首として誰かしらが殿にいたはずで、惨劇を目の当たりにしたことは想像に難くない。

星川皇子は極めて稀らしい名前で、北武蔵の星川という川も当時二つと流れていないのだ。偶然であるはずがなく、両者には、いったいどんな関わりがあったのだろうか？

筆者はあまりにも多くの歴史の謎や秘密を解き明かしてきた。

これは、そのままにしておこう。

――了。

《竜に乗った妙見菩薩》高野山真別所円通寺本・図像抄より。

《宝莱山古墳》木々に覆われて判然としないが、この真南に岸谷杉山神社がある。

《岸谷杉山神社》130段もの石段を登り見晴らしがいい。
発掘すれば南斗の遺跡が出てくるはずだ。

《川島杉山神社》帷子川沿いの中途半端な高台にあり、
真北に玉敷神社、真南に森戸大明神が位置する。

《星川杉山神社》高台というより山の上にある。さすが横浜で手水舎は洗練されている。

《二子山古墳》保存のため周濠は埋め立ててしまい、現在この雄大な姿は見られない。

《鉄砲山古墳》こちらも周濠は埋め立ててしまい、この鬱蒼とした秘境感は味わえない。

《丸墓山古墳》桜の季節は美しい。

《浅間塚古墳》天帝の宮殿の門を守備する「太陽守」だ。

エピローグ（乱筆乱文）

日本の古代史が（歴史の教科書が）そこかしこで根底から書き換わったわけだが、ご堪能いただけただろうか。

本文は、十年ほど前に書いた小説『神の系譜「竜の源」高句麗』と同『新羅編』の中で骨子を解いた話に大幅に加筆してノンフィクション（一部物語（フィクション））に書き改めたもので、『百済編、任那編、加羅編』など五部作を費やして小説の中にすべて落とし込もうと予定していたのだが、今にして思うと無謀だったことが分かる。

また『新羅編』が出版されると一月もたたずにツイッターですっぱ抜かれてしまい、さきたま古墳群のイラストが示され、線をひいて「これは北斗七星だ」しかも「自分が発見した」といった口調で、ミステリーの結論部分をバラすのは御法度だが、その種の暗黙の了解や盗作の概念などはまったく通用せず、ネットは無法地帯であることを思い知らされた。なおこれに関してはムーの編集長・三上丈晴氏が同ツイッターで釘を刺していただき騒ぎは沈静化した（感謝）。だが、さらなる問題が生じる。さきたま古墳群が北斗七星であることを既成事実として扱い、それをベースにして新たなる謎解きを展開し始めたブロガーが複数現れたのだ。これは極めて忌々しき問題で、仮にその内容が筆者が将来書くそれとかぶるようであれば、盗作者の汚名を筆者が着せられてしまうのか!?……スマホをめぐってのアップルとサムスンの訴訟合戦と構図は似ていて、たとえアップルに百分の理があったとしても、裁判所(および世間)がどう判断するかは微妙なのだ。そういった種々のやっかいごとを払拭するために謎解きの全容を本書で開陳したわけなのである。ゆえ、本書からの引用は(常識の範囲内であれば)自由である。

また、筆者の小説の希少な愛読者への私信だが、謎解きを公開したので『神の系譜「竜の源」』シリーズは、中途で申し訳ないが打ち切りとさせていただく。だが『神の系譜』そのものは近々再開する予定で、そのさいの勝手なお約束を述べておこう。主人公たちは(サザエさん方式をとらせていただき)歳はとらずに永遠に高校二年生をループする。高校を卒業して大学へ行かせたりすると十中八、九面白くなくなってしまうからである(今世紀最高のTVドラマだと筆者が個人的に考えている『ヴェロニカ・マーズ』などは典型例だ)。

さて、本書では数多くの独自の謎解きが紹介された。

それらの整理をかねて、またカート・ヴォネガットが自身の小説に自ら評価点をつけたのをそっくり真似て、A、B、Cなどに＋－を加味して評価してみることにした。——

鉄砲山古墳と奥の山古墳は二重星ミザールとアルコルを模したもの（B＋）本書の前段部の白眉（はくび）だったが、最後まで読み進めると「まあ当然そのはずだよね」と驚嘆度はうすれる。

浄山寺と家康の謎解き（A＋）かれこれ二十年前に着想しており、熟成されていて完成度は高い。なお本書で紹介したのは、その一部である。

官邸と靖国神社（C＋）建造途中で気づいて小説に書いたが、もう一目瞭然で、もう少し巧（うま）くやれよと小一時間小言を（守護を目的とした縄張り線はバレると敵に妨害されるからだ）。

江の島大師と大國魂神社（C＋）これも線をひけば一目瞭然だが、このラインは存外知られているようで、他のあやしげな組織が複数ぶらさがっている、といったような噂がある。

北にお墓・南に菩提寺（×）劉邦（りゅうほう）の墓にまで遡って詳細に解説したのは本書が初のはずだが、概要は巷間囁かれていたことなので、独自の謎解きとは言えない。

金錯銘鉄剣の表・裏の行間を読む（A）つまり南武蔵から北武蔵への引っ越し（入植）の話だが、単純（シンプルイズベスト）だが明快であろうか。

金錯銘鉄剣銘文の上祖名・意富比垝（おほひこ）は大麻比古神社の祭神の大麻比古（A）一瞬キツネにつままれたような話だろうが、これも単純（シンプルイズベスト）だが明快であろうか。

金錯銘鉄剣銘文の「鬼」という漢字の使われ方（C）極端に穿（うが）った考え方だが、これが呪物であったかどうかの真相は当事者である忌部の笠原使主に尋ねるしかないだろう。

頼朝が施した縄張り（Ａ－）永福寺と江の島の鬼門・裏鬼門は他書でも言及されているが、品川神社や森戸大明神の謎解きは本書独自だ。頼朝の縄張りは実に巧妙なのだが、源氏三代わずか三十年で滅んだところを見ると、義経の怨霊（おんりょう）はそれほど凄まじかったのかもしれない。

小山安房神社の「舟太郎」伝承（Ｂ＋）ささやかな謎解きだが、奥は深い。

大麻止乃豆乃天神社は忌部氏（×）これは筆者独自の謎解きではない。以前から囁かれていたことで、筆者が知る限りで一番古いのは、竹内健著『邪神記』（一九七六年）に「わが大麻止乃豆乃天神は明らかに天太玉命の系列、則ち（すなわ）斎部なれば也（なり）」と明記されている。

「咩」の神社は渡来神（Ａ）以前「咩」や「比咩」がついた神社に関して神道関係者に訊いてみたことがあるのだ。「神道の教科書には載っていないが、ぼんやり認識している」とのことで、いわば暗黙の了解のようなものを表（おもて）に引きずり出した格好だが、本書全体を解き明かすことができた重要な「鍵」である。

三嶋大明神は渡来神（×）天竺からの渡来神であったことは神社に詳しい人なら大半がご存じだ。ただし、それを信じる・信じないは別問題で、筆者は「信じる」に賭けて謎を解いたのだ。けれど、三嶋大明神そのものの謎解きは未（ま）だで、それを本節（エピローグ）の最後に用意している。

天比理乃咩命の比理（Ａ＋）このヒリには筆者自身が驚いた。まさか検索できるとは！……

洋書「ＨＩＲＩ」も入手済みだが大判の分厚い専門書で、そのヒリ神殿が日本に存在することを見つけたことは世界的な発見だといえるだろうか。

安房命神社（Ａ）本来あるはずのところに無い、それこそが謎を解きあかす鍵である、といったミステリーの王道の一つを実践できて、実に美しい謎解きであった（と自画自賛）。

阿波忌部と三嶋一族の出会い（ファーストコンタクト）の真実（Ｂ＋）ちょっと大爆笑の謎解きだが、真実は意外なところにあるといった好例だろうか。

阿波忌部の東遷伝説（Ａ）三嶋一族と出会い、その三嶋一族は『南洋語族（オーストロネシア）』で、彼らが持っていた特殊な外洋船が使える、といった一連の謎解きをもって、ようやく阿波から安房への「東遷」は可能となるのだ。

『魏志倭人伝』の入墨（Ｂ）そもそも中国には入墨の風習がなかったので（刑罰としてならある）、中国かぶれの忌部が体じゅうに入墨をしていた、なんて話は到底考えられない。

『魏志倭人伝』の不弥国・投馬国（Ａ）不弥国の官「多模」は本文で説明したが、投馬国のそれは未だだ。これも本節の最後で謎を解くが、これによって忌部の正体が露呈することになるだろう。評価Ａはそれを加味してのものである。

日本最古の神社（Ａ）大麻比古神社・宅宮神社の原型おおとのぢ・おおとのべは西暦二〇〇年頃から存在する。奈良の大神神社（おおみわじんじゃ）が日本最古の神社だと従来考えられてきたが、ここの主祭神は大物主大神(おおものぬし)（＝大国主命）すなわち出雲族の神社で、出雲が倭に恭順の意を示したのはせいぜい西暦四〇〇年頃だから、そもそも不確か(あやしい)な話なのだ（大国主命の国譲りも同じく）。

壹與(とよ)の神殿（B＋）宅宮神社（＝おおとのべ）の古社地が壹與(とよ)の神殿であった可能性は極めて高いだろう。発掘調査を強くお勧めする。

阿波の若杉山遺跡は「南斗」（A）南武蔵の岸谷の杉山神社も同じく「南斗」で、ともに西暦二〇〇年代のそれだが、飲めや唄えの北辰祭(どんちゃんさわぎ)は、ここ南斗でやっていたのだ。南斗は神饌(しんせん)の中継者なので、ここに供え物をすると北斗側すなわち天帝に届くのである。

日本最古の祭り（B）大國魂神社の「くらやみ祭」は結局、最初に着想した通りの北辰祭だったわけだが、これを古代から途切れることなく連綿とやっていたかどうかは定かではない。

前方後円墳の謎解き（B＋）鬼（荒魂）が墓から暴(あば)れ出ないよう、魂の〇を枷・鎖・楔の△で台地に繋ぎ留めているわけだが、これは「道教」に基づく、といった前提さえ分かれば比較的単純な謎解きである。ゆえ、同種の発想に至っている著述家やブロガーはおられまいか……と探したが見つけられなかった。

大魔王の正体（A＋）讃岐の金刀比羅宮は神の乗り物(ヴァーハナ)で、三嶋大明神のいわゆる〝化身〟だと気づいたことが、本書を書き上げる大いなる原動力になったのだ。何度も言うが、あそこに金比羅を置いた人の感性は、ただただ素晴らしい。

杉山神社の謎解き（B）枌楡の着想に至っている作家はおられた（川原裕子著『スサノヲと枌の謎解き』）。それを除いて他は、これは忌部の神社で新・旧あって、多摩川を越えて北にはなく、そして氏寺に相当し、ゆえ祭神は不詳となる、などは本書独自の謎解きである。

久伊豆神社の謎解き（A）伊豆が久しい、これこそ単純明快の極致であろうか。また、総本山・玉敷神社の「タマナ・シマナ」というヒリ・モトゥ言語説は、筆者としてはかなり自信がある。

三嶋一族の人間GPS（A＋）さきたま古墳群の二子山古墳と大國魂神社をはじめ本文で多数紹介したが、その精度の高さは、もはや人間業とは思えない（第六章補足説明の大麻神社・鹿島神宮・香取神宮の正三角形にも関与していたはずである）。

武蔵「国分寺」の悲劇（A－）ありとあらゆる難癖をつけて、国分寺・国分尼寺の選定地をあらぬ方向へと追いやってしまった話は、実際その通りのはずで、ある意味捧腹絶倒だが、これで日本の考古学者・歴史学者たち全員を敵にまわした感は否めない。

全世界の神殿（S）北斗七星を（台地の関係上ややひしゃげてはいるが）二重星にいたるまで正確に模り、近隣にある太陽守や紫微左垣・紫微右垣の星々をそのまま配置し、さらには台地を削り川筋まで変えて天の河（星川）を再現し、帝の北極星（コカブ）を正しい位置に置いて、なおかつ夏至と冬至を表す、そこまで丹念に天空の模写を地上にほどこした遺跡は世界的に見ても極めて稀だろう。さらには、これらの遺跡が約五〇キロも離れた「南斗」と驚天動地の精度でもって対応しているのだから、まさに全世界に誇れる神殿なのだ。

神神の契約（S＋）国籍が異なる神と神とが契約をかわし、その痕跡が神社（神殿）に明確に残っていて、結果、先のような世にも稀（まれ）なる「全世界の神殿」が創造された、そういった奇想天外な話は、世界中古今東西を探してもここにしか絶対にないだろう。だが、これは実話なのである。

ざっと以上のようになるが、謎解きの独自性（オリジナリティ）に関しては最大限注意して精査してはいるものの、もれはあるやもしれず、その件は私の方が先に謎解きしている、といったクレームには善処するので、ご一報をお願いしたい。

また、これらの謎解きは専門（プロ）の考古学者や歴史学者たちから、はたして受け入れられるのだろうか?……まあ当面は絶望的だろう。

筆者は（ご存じの人も少なからずおられると思うが）専門がもう一つあって、超能力だ。そんな筆者が超能力に関する新書を読んだとして、先のように本邦初公開の話が次々と書かれていたとしたら、ほぼ全文を信用せず、「何を戯（たわ）けたことを」と歯牙（しが）にもかけないに決まっているからだ。新説が一つ二つなら受け入れられもするだろうが、これだけ多数あるときびしい。

話は変わるが、大國魂神社の公式ホームページの由緒には次のように書かれている。

「大國魂神社は大國魂大神を武蔵国の守り神としてお祀りした神社です。この大神は、出雲の大国主神と御同神で、大昔武蔵国を開かれて、人々に衣食住の道を教えられ（以下略）」

本文を読めば分かるが、出雲の大国主神は（大宮の氷川神社の近辺はさておき）南武蔵・北武蔵の開拓には一ミリも関与していない。

本文にあった尾張大國霊神社も、かつては祭神の尾張大國霊神を大国主神と同一視されていたのだが、近年みずから決断して、大国主神とは決別しているのである。

大国主神の立場になって考えてみるに、「そうそう勝手に俺様の名前を使うな」「関係ないのに俺様の名前を出すな」「何でもかんでも俺様のせいにすな」と怒り出しそうに思うのだが、いかがなものだろうか。

また、玉敷神社の祭神も大己貴命（＝大国主神）が置かれていて、多数ある久伊豆神社も同様だが、こちらもまったく関係がない。祭神は「久伊豆大明神」とすべきであろうか。

三嶋大社の祭神の大山祇命・積羽八重事代主神に至っては、もはや愚の骨頂で、かの平田篤胤（日本の神道史におけるいわばアリストテレスだが）の亡霊にどこまで縛られる気なのか。ここも祭神は「三嶋大明神」とすべきであろう。

さて、本文では（文脈の都合上）解かなかった謎があるので、それらをご説明しよう。

まずは『魏志倭人伝』の投馬国だが、原文と訳文を再掲する。

南至投馬國、水行二十日。官曰彌彌、副曰彌彌那利。可五萬餘戸（南にいたると投馬国で、水行二十日。官を彌彌（みみ）といい、副官を彌彌那利（みみなり）という。五万余戸ばかり）。

官（国王）の彌彌（みみ）、副官の彌彌那利（みみなり）、これが誰かを推理することになるが、ともにミミという特徴ある名前の持ち主である。

謎解きの前に『古事記』の大雑把な構造を説明しておこう。

初代は神武天皇だが、「東征」をはじめ物語は多く語られていて、かなりの分量がある。だが第二代〜九代天皇までは系図のみで物語はなく、これは「欠史八代（けっしはちだい）」と称されるが、そして第十代崇神天皇から再び物語が語られるのだ（『日本書紀』もほぼ同様である）。

この「欠史八代」をどう考えるかによって、古代史の様相はがらりと変わるのだ。

一）額面通りに系図を「縦」に考える。紀元二六〇〇年を標榜（ひょうぼう）するならこれだが、現実にはそぐわないだろう。

二）神武天皇と崇神天皇を同一とみなす①、もしくは、神武天皇の次が崇神天皇とする②、あるいは、神武天皇と崇神天皇のあいだに一人二人天皇がいた③、といった考え方だが、いずれにせよ欠史八代の系図は「横」に広げるしかないのだ。

なお、筆者は二）の③を採用させてもらうことにする。

神武天皇の条項の最後あたりに、きわめて興味深い話が語られているのだ。

神武天皇には、四人の皇子がいた。

当芸志**美美**命（たぎしみみのみこと）
日子八井命（ひこやいのみこと）
神八井**耳**命（かむやいみみのみこと）
神沼河**耳**命（かむぬなかはみみのみこと）

なんと、ミミが三人も登場してきたではないか！

長兄の当芸志美美命と他の三人は母親が異なっていて、神武天皇の崩御後、当芸志美美命が弟たちを殺そうと謀るのだ。それを察知した母親が子供たち三人に知らせ、逆襲に打って出るのである。次男の日子八井命は物語には関与せず、末（すえ）の二人が現場におもむいた。だが三男の神八井耳命は、ここぞというときに手足がぶるぶる震えだして失敗し、かわりに末弟の神沼河耳命が当芸志美美命を射（い）殺したのだ。その失態を恥じた三男は、皇位を末弟へ譲ることにして、

「僕は汝命を扶けて、忌人となりて仕え奉らむ」と言うのである。

――忌人！　これぞまさしく忌部ではないか！

そう早合点したいところだが、どうも違うようなのだ。

先の話の直後に、小文字の補足説明が大量に示されるのだが、

神八井耳命は、意富臣・小子部連・坂合部連・火君・大分君・阿蘇君・筑紫三家連・雀部臣・雀部造・小長谷造・都祁直・伊余国造・科野国造・道奥石城国造・常道仲国造・長狭国造・伊勢船木直・尾張丹羽臣・嶋田臣らの祖なり。

意富臣は、金錯銘鉄剣銘文の上祖名、意富比垝と合致する。だが他は、忌部五部神のテリトリーである阿波・讃岐・出雲・紀伊、加えるに安房、小山、南武蔵、北武蔵などとはまったく重ならないのだ。いや、むしろ互いに重ならないようにテリトリー分けをしていたかのようである。

すると、この神八井耳命は、副官の彌彌那利の方ではないかと考えられるのだ。その副官も忌人という同種の業種だったのである。

官（国王）の彌彌は自動的に、皇位を譲られた末弟の神沼河耳命しかありえなく、すなわち次の天皇、第二代綏靖天皇となるのである。

ちなみに綏靖天皇は、『古事記』全文中で最も説明が少ない天皇の第一位で、わずかに六〇

文字程度しかなく、この文章とほぼ同じ分量なのだ。

また、投馬国の五万余戸だが、一戸に五人いたとすると二五万人になり、これは現在の鳥取市（鳥取県の県庁所在地）の人口約一九万人、府中市のそれは約二六万人、などと比較するまでもなく、古代では破格の超大国なので、ここの官（国王）は、「欠史八代」の天皇の一人、と考えるのが妥当なのではないだろうか。それに実際、西暦二〇〇年代は、倭の屋台骨を一手に支えていたのが、他ならぬ忌部なのだから（二八四ページ参照）。ゆえ、再々言っている壹與の神殿は、阿波（ここ）にあったはずなのである。――


では、最後を飾るに相応しい話をしよう。

三嶋大明神そのものの謎解きである。

ヒリ・モトゥを検索していたさいに偶然見つけたのだが、その親戚筋の言語に、なんと「ミシマ語」があったではないか！……綴りは、その通りの「Misima」で、おもにミシマ島で使われていて、話者は約一・八万人とごく少数だ。

ミシマ島は、大きなニューギニア島の東、約二〇〇キロほどの場所にあって、幅一〇キロ長さ四〇キロほどの細長いそれで、日本の小豆島（しょうどしま）の一・四倍ほどの広さだ。にもかかわらず標高一〇〇〇メートルを超えた火山がある火山島である。

だが、安直に飛びついてはいけない。

付近は第二次世界大戦中、日本軍の激戦の地であって、北に約七〇〇キロ離れてはいるが、ニッサン島といった、戦争が原因で命名されたような島が存在するからだ。

同種の可能性があったので念入りに調べたところ、まず「Misima Island」でウィキペディアがヒットし、それによると、「ミシマ島には、紀元前一五〇〇年頃からポリネシア人が住んでいて、一七六八年にフランス人船長のルイ・アントワーヌ（以下省略）によって発見され、一七九三年にフランス人探検家アントワーヌ（以下省略）によって探検された。ミシマ島の名前は、エリザベート‐ポール‐エドゥアール・ドゥ・ロッセルがそう名づけた。彼は、科学探検の旅の途中で海軍大将アントワーヌ（以下省略）の副官だった」とのことなのである。

これで第二次世界大戦の日本軍などと関係しないことは判明した。

次に、名づけたエリザベート‐ポール‐エドゥアール・ドゥ・ロッセル「Elisabeth-Paul-Édouard de Rossel」だが、これも同じくウィキペディアにあって、一七六五生まれ一八二九年没のフランス人で、海軍将校で地図の制作者だ。その経歴を調べた限りでは、日本を訪れたような形跡はない（日本はまだ鎖国中で、当時フランスの船などが日本に来航した記録はない）。

また、フランスといえば、モネやマネやロートレックやルノワールやゴッホ（オランダ人だがフランスに居住）などの名だたる画家が浮世絵を模写しまくったジャポニズム（日本ブーム）

で知られるが、これは一八五〇年以降の話で、有名な喜歌劇(オペレッタ)『ミカド』も一八八五年であり、年代的にいって関係はなさそうである。

すると、ミシマ、とエリザベート‐ポール‐エドゥアール・ドゥ・ロッセルが名づけたのは、現地の人がそう呼んでいたから、としか考えられないのである。

では、現地語で調べてみよう。と言いたいところだが、ミシマ語の辞書はさすがにマイナーすぎて入手できず、ヒリ・モトゥ辞書で代用させてもらうことにした（こちらは複数入手可能で、筆者がおもに使っているのはオーストラリア国立大学発行のそれである）。

ミシマ、にかなり近い発音の単語があった。

——ミナマ。その意味は「鰻(ウナギ)」である。

では、ミシマ島の地図を示そう（イラスト参照）。

そう思って見てみると、まさにウナギではないか！……

ミシマとは、島の形状を表していたのである。

三嶋大明神は、ウナギ大明神だったわけなのだ。

……了

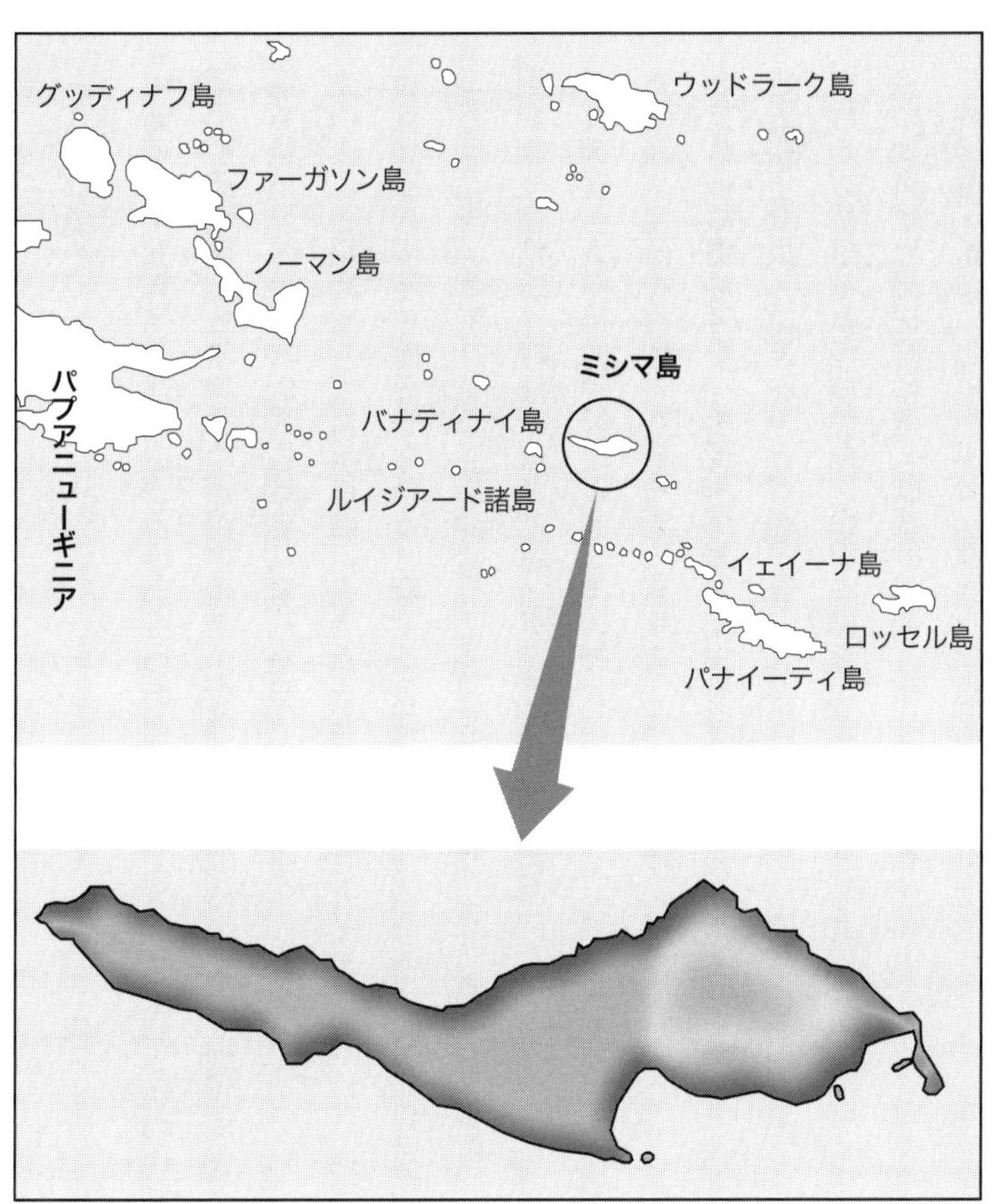
グッディナフ島
ウッドラーク島
ファーガソン島
ノーマン島
ミシマ島
パプアニューギニア
バナティナイ島
ルイジアード諸島
イェイーナ島
ロッセル島
パナイーティ島

《参考文献》

『鉄剣銘一一五文字の謎に迫る・埼玉古墳群』高橋一夫著（新泉社）二〇〇五年
『埼玉の津と埼玉古墳群』松浦茂樹編著（野外調査研究所・発売　関東図書）二〇一一年
『前方後円墳の世界』広瀬和雄著（岩波新書）二〇一〇年
『さいたま古墳めぐり』宮川進著（さきたま双書）一九九七年
『古代武蔵の国府・国分寺を掘る』府中市教育委員会、国分寺史教育委員会編（学生社）二〇〇六年
『『古語拾遺』を読む』青木紀元監修、中村幸弘・遠藤和夫共著（右文書院）二〇〇四年
『源威集』加地宏江校注（東洋文庫・平凡社）一九九六年
『忌部神社・大麻比古神社』週刊日本の神社ＮＯ・六七（デアゴスティーニ）二〇一五年
『古墳時代毛野の実像』右島和夫・若狭徹・内山敏行編（雄山閣）二〇一一年
『妙見信仰の史的考察』中西用康著（相模書房）二〇〇八年
『吉野裕子全集・第三巻』吉野裕子著（人文書院）二〇〇七年
『古代の方位信仰と地域計画』山田安彦著（古今書院）一九八六年
『星の民俗学』野尻抱影著（講談社学術文庫）一九七八年
『星の神話・伝説』野尻抱影著（講談社学術文庫）一九七七年

『日本の星・星の方言集』野尻抱影著（中公文庫）一九七六年
『星の神話伝説集』草下英明著（現代教養文庫）一九八二年
『星座』原恵・林完次共著（小学館）一九八一年
『星座の神話』原恵著（恒星社厚生閣）一九七五年
『渡来の女神・妙見』相原文二著（文芸社）二〇〇九年
『ハワイ・南太平洋の神話』後藤明著（中公新書）一九九七年
『ニッポン人はどこから来たの？』ディスカバー・ジャパン（枻出版社）二〇一二年
『捜神記』干宝著・竹田晃訳（平凡社ライブラリー）二〇〇〇年
『鎌倉史跡事典』奥富敬之著（新人物往来社）一九九九年
『式内社の歴史地理学的研究』森谷ひろみ著（非売品）一九七七年
『ＨＩＲＩ』ロバート・スケリー／ブルーノ・デイビッド共著（ハワイ大学出版）二〇一七年

【著者プロフィール】

西風隆介（ならい・りゅうすけ）

1955年、神戸生まれ。甲陽学院卒。鳥取大学農学部卒。場末のバーのピアノ弾き（水野晴郎さんのホテルニューオータニ・クリスマスディナーショで演奏）や、東京丸の内にある商社（新東亜交易）勤務などを経て文筆業に転出。「ゆうむはじめ」のペンネームで『宜保愛子霊能力の真相』（データハウス）などで超能力の科学的解明をし、話題となる。超能力関係の著述やテレビ出演多数。その後「西風隆介」のペンネームで人気小説『神の系譜』シリーズ（徳間書店）などの古代史をテーマとした話題作を執筆。なお父親の津田庄八郎は日本最初の女子サッカーチームの創設者として知られる。

神神の契約

古墳と北斗七星に秘められた真実

2021年１月15日　第１刷発行

著　者　西風　隆介
発行者　唐津　隆
発行所　株式会社ビジネス社
〒162－0805　東京都新宿区矢来町114番地
神楽坂高橋ビル５Ｆ
電話　03－5227－1602　FAX 03－5227－1603
URL　http://www.business-sha.co.jp/

〈カバーデザイン〉三瓶可南子
〈本文イラスト〉ヤギワタル
〈本文DTP〉メディアタブレット
〈印刷・製本〉モリモト印刷株式会社
〈編集担当〉本間肇〈営業担当〉山口健志

ISBN978-4-8284-2248-0

ビジネス社の本

吉本隆明　わが昭和史

吉本隆明……著

下町の少年期から「昭和天皇の死」まで

思想界の巨人が描く「昭和と私」のアンソロジー!!
NHKで放送した『100分de名著　共同幻想論』が注目!
みずからの足跡をたどりながら、
今や30年を隔てる「激動の昭和」を縦横無尽に斬る!!
『言語にとって美とはなにか』『共同幻想論』
『心的現象論』などのモチーフを自註!
「三島の死」「連合赤軍事件」「反核異論」なども収録。

本書の内容

Ⅰ　戦前
Ⅱ　戦後
Ⅲ　主著
Ⅳ　昭和の終わりへ

定価　本体1800円+税

ISBN978-4-8284-2224-4